KB066315

광해군

| 탁월한 외교정책을 펼친 군주 |

광해군 — 탁월한 외교정책을 펼친 군주

1판 1쇄 발행 2000년 7월 10일
1판 30쇄 발행 2017년 7월 20일
2판 6쇄 발행 2023년 1월 10일

지은이 한명기
펴낸이 정순구
책임편집 조원식
기획편집 조수정 정윤경
마케팅 황주영

출력 블루엔
용지 한서지업사
인쇄 영신사
제본 대원바인더리

펴낸곳 (주) 역사비평사
등록 제300-2007-139호 (2007.9.20)
주소 10497 : 경기도 고양시 덕양구 화중로 100(비전타워21) 506호
전화 02-741-6123~5
팩스 02-741-6126
홈페이지 www.yukbi.com
이메일 yukbi88@naver.com

ISBN 978-89-7696-804-3 03990

광해군

| 탁월한 외교정책을 펼친 군주 |

한명기 지음

역사비평사

책을 내면서

왜 갑자기 광해군인가

나라 안팎이 온통 정보화 바람, 돈바람으로 정신이 없다. 인터넷으로 상징되는 정보통신의 발전 속도는 그 끝을 가늠할 수 없을 만큼 빠르고 무섭다. 코스닥에 상장된 벤처기업의 주가가 얼마라는 이야기, 주식 투자로 수십억을 벌었다는 사람들의 '전설'이 화젯거리가 되었다. 바야흐로 '세계화'의 본류에서 뛰놀며 '신지식인'으로 부상한 극소수 사람들의 '무용담'이 판을 치면서 여전히 'IMF의 그늘'에서 신음하는 사람들의 존재는 잊혀버렸다.

요즘 같은 시대에 광해군(光海君)의 평전을 쓴다는 것은 일단 촌스러운 일이다. 어느 분야에서건 무한경쟁이 강조되고 "1등만이 살아남는다"고 외치는 시대에 광해군은 도무지 어울릴 것 같지 않은 인물이다. 왜냐하면 광해군은 우선 '패배자'이기 때문이다. 쿠데타를 만나 왕위를 빼앗기고 비극적인 최후를 맞았을 뿐 아니라 죽은 뒤에도 '폭군'이니 '패륜아'니 하는 악명을 벗어버리지 못했던 사람이 바로 광해군이다. 성공 신화가 판치는 시대에 광해군을 이야기한다는 것은 모험일 수도 있다.

그럼에도 필자는 광해군과 그가 살았던 시대를 이야기하려고 한다. 그를 '위인'으로, 그의 전기를 '위인전'으로 부르기에는 문제가 있을지 모르지만 그의 삶과 그의 시대는 이야기할 가치가 충분하다고 생각하기 때문이다. 광해군은 결국 실패했고 비참한 최후를 맞았지만, 그 과정에서 나타난 그의 삶은 매우 극적이었다. 광해군의 삶을 비극으로 몰아간 17세기 초반은, 역시 격동의 시대를 살고 있는 오늘의 우리가 한 번쯤 반추해볼 만한 역사적 교훈들을 무수히 지니고 있다.

광해군은 애초 왕이 될 수 있는 인물이 아니었다. 첩의 몸에서 태어난 자식인 데다 그나마 맏이가 아닌 둘째였기 때문이다. 아버지 선조가 그를 특별히 총애한 것도 아니었다. 그럼에도 임진왜란을 만나 엉겁결에 왕세자가 되었다. 피난 보따리를 싸야 하는 다급한 순간에 선조가 그를 추천했고 몇몇 신하들 역시 그것을 받아들였기 때문이다.

왕세자가 된 후 그는 일선을 누비면서 전쟁을 지휘했다. 아버지 선조는 궁벽진 의주로 피난하여 여차하면 명나라로 귀순하려 했을 뿐이다. 자연히 광해군의 신망은 높아가고 선조의 위신은 땅에 떨어졌다. 아버지는 이제 아들을 견제하게 되었다. 권력은 비정한 것이기 때문이다. 더욱이 선조는 늘그막에 처녀에게 새장가를 들어 아들을 낳았다. 그 처녀가 인목대비이고 그 아들이 바로 영창대군이다. 선조가 무슨 변덕을 부릴지, 언제 왕세자 자리에서 실족할지 모른다는 공포 속에서 광해군은 17년을 버텨야 했다.

천신만고 끝에 왕위에 오른 광해군은 의욕이 넘쳤다. 임진왜란 때문에 피폐해진 민생을 어루만지고 무너져 내린 국가의 기반을 재건하려고 노심초사했다. 대동법을 실시하고 『동의보감』을 반포한 것은 그가 남긴 업적의 상징이다. 뿐만 아니라 왕이 될 수 없었던 처지에서 왕이 되었던 콤플렉스를 치유하려고 왕권 강화를 위해 몸부림쳤다. 신하들 사이의 정쟁을 막기 위해 그들을 다독이고, 자신의 권위를 세우기 위해 궁궐들을 새로 지었다. 한때는 분위기를 바꾸기 위해 수도를 옮기려고도 했다.

하지만 쉽지 않았다. 정쟁은 그치지 않았고, 역모 사건이 이어졌다. 그 중심에는 항상 영창대군의 그림자가 어른거렸다. 광해군에게 협력했던 대북파 신하들은 '화근'을 제거해버리자고 부추겼고, 소심한 광해군은 결단을 내리지 못했다. 그런 와중에 영창대군은 살해되고, 인목대비는 유폐되었다. 광해군은 "어머니를 폐하고 동생을 죽였다"는 명에를 쓰고 말았다.

나라 밖의 도전도 만만치 않았다. 왜란이 끝나 겨우 한숨 돌리는가 싶었는데 압록강 너머의 만주에서 격변이 일어나고 있었다. 여진족 왕조 후금(後金)을 세운 누르하치(奴爾哈赤)가 만주를 집어삼키더니 명나라를 궁지로 몰아넣었다. 위기에 처한 명(明)은 조선에 손을 내밀었다. 누르하치를 응징하는 데 필요한 병력과 물자를 보내라고 강요했다.

임진왜란 때문에 너희가 거의 망할 뻔했을 때 우리는 원군을 파견하여 너희를 구원했다. 이제 너희가 그 은혜를 갚아야 할 차례다.

명이 내세운 명분은 대충 이런 것이었다. 하지만 몸으로 전쟁을 체험했던 광해군은 고분고분하지 않았다. '사나운 후금과 노회한 명의 싸움에 끼어들면 망할 수밖에 없다'고 판단한 그는 명의 요구를 거부했다. 그러면서 한편으로는 명을 설득하려 애쓰고 다른 한편으로는 후금을 다독거렸다. 하지만 조정의 신하들이 들고일어났다. '명은 조선에게 부모의 나라이며 조선을 구원해주었으니 은혜를 갚아야 한다'고 아우성이었다. 명 역시 '계속 거부하면 조선을 먼저 손봐주겠다'고 협박했다. 광해군은 군대를 보낼 수밖에 없었다. 그러나 어렵사리 모아 보낸 조선군은 누르하치에게 참패하고 말았다.

광해군은 이후에도 계속되었던 명의 요구를 일축했다. 그러면서 때로는 사신을, 때로는 첩자를 보내 끊임없이 명과 후금의 동향을 살피고 정보를 수집했다. 광해군만큼 열심히 주변 열강의 동향을 살피고, 그만큼 기민하게 국제 정세 변화에 대처하려 했던 군주는 일찍이 없었다. 그의 외교 목표는 분명했다. "명에게 지켜야 할 기본적인 예의는 지킨다. 그러나 조선의 존망 여부까지 걸어야 할 요구는 거부한다. 후금이 오랑캐임은 분명하지만, 일단 그들을 다독여 침략을 막는다. 그리고 그렇게 해서 얻어진 평화의 시간 동안 최악의 경우에 대비한 실력을 배양한다"라는 것이었다.

광해군은 1623년 인조반정을 만나 왕위에서 쫓겨났다. 쿠데타를 주도한 세력은 "어머니를 폐하고 동생을 죽인 것", "명의 은혜를 배반한 것" 등을 그 명분으로 내세웠다. 광해군은 나락으로 떨어졌다. 그는 쿠데타 세력을 탓하고 싶었겠지만, 내정을 제대로 추스르지 못한 책임을 스스로 질 수밖에 없었다.

쫓겨난 직후 그의 아들은 탈출을 시도하다 발각되어 자살했다. 며느리도 스스로 목을 매 남편을 따라갔다. 부인 역시 쇼크로 눈을 감았다. 그의 눈앞에서 벌어진 연쇄적인 참극이었다. 광해군은 강화에서 교동으로, 교동에서 제주로 귀양지를 옮겨 다니며 질긴 목숨을 이어갔다. 제주에서는 시중드는 계집종한테까지 구박을 받았다. 권력무상, 인생무상을 온몸으로 체험했다. 그러고는 1641년 아무도 지켜보는 이 없는 가운데 눈을 감았다. 그에게는 광해군이란 이름 대신 '혼군(어리석은 임금)', '폐주(쫓겨난 임금)'란 이름이 붙었다.

광해군을 쫓아낸 사람들, 그에게 '혼군'과 '폐주'란 이름을 붙여준 사람들은 어떻게 되었는가? 1636년 겨울, 조선은 청나라의 침입을 받는다. 이듬해 인조는 남한산성에서 나와 청 태종에게 무릎을 꿇고 항복한다. 세 번 큰절을 올리고, 한 번 절할 때마다 이마를 세 번씩 조아리는 가장 치욕적인 항복 의식이었다. 이윽고 맏아들 소현세자와 둘째 아들 봉림대군이 만주로 끌려가고, 수만의 포로가 조선을 등져야 했다. 국왕이 그 치욕을 당하고 수만의 생령이 '도마 위의 고기'가 되기까지, 쿠데타를 주도했던 공신들은 대부분 멀쩡했다. 그들은 정권을 획득하는 데는 성공했지만 국가를 보위하는 데는 실패했다. 명과 후금을 구슬러 전쟁을 막고자 했던 광해군을 '패륜아'라고 욕했던 그들은 과연 무슨 생각을 했을까?

임진왜란, 광해군의 즉위, 인조반정, 병자호란으로 점철된 17세기 초반은 외세의 영향력과 우리 내부의 문제가 칡넝쿨처럼 얽혀 있던 시대다. 중국 중심의 세계 질서에 무조건 순응할 것인가? 아니면 조금이나마 거기서 벗어나고자 시도할 것인가? 외세에 대한 대응을 둘러싸고 벌어진 양자의 대립은 국내 정치에 파란을 몰고 왔고, 끝내는 17세기 초반을 '비극의 시대'로 만들었다. 그런데 그 비극에서 주연이나 조연으로 활약했던 인물들의 행동과 사고 하나하나는 오늘 우리에게 '반면교사'가 되어 심각한 교훈을 남긴다. 바로 그 비극의 중심에 광해군이 있었다. 필자는 광해군을 미화도, 비하도 하지 않겠다. 다만 남겨진 자료를 찾아, 철저하게 자료를 바탕으로 그의 행적과 그의 시대를 그리려 한다.

그것은 오늘 우리의 현실을 돌아보는 데 도움이 되리라 본다. 지금 한반도에는 일찍이 없던 변화의 바람이 불고 있다. 설마 했던 남북정상회담은 기적처럼 실현되었지만 열강의 입김은 여전히 거세다. 이미 회담이 시작되기도 전에 그들은 두 정상이 다뤄야 할 의제의 내용까지 자신들의 입맛대로 주문한다. 미국, 일본, 중국, 러시아, 그 누구도 한반도 문제가 우리 민족 내부의 문제가 되는 것을 바라지 않는다.

우리는 과연 우리 스스로를 추스르고 열강의 입김을 넘어서서 민족통일을 이루어낼 수 있을까? 안으로는 민족 화해를 위한 대승적인 아량이, 밖으로는 열강을 구슬릴 수 있는 외교적 지혜가 절실한 시점이다. 그 같은 지혜를 키우고 능력을 기르려 할 때 역사로서의 광해군과 그의 시대는 분명 소중한 거울이 될 것으로 믿는다.

2000년 7월 1일

한명기

광해군

탁월한 외교정책을 펼친 군주

정인홍, 이이첨과의 인연

전란의 상처를 다독이다

왕권 강화의 의지와 집착

'절대군주'를 꿈꾸다

대륙에서 부는 바람

외교 전문가! 광해군

명청 교체의 길목에서

광해군, 명을 주무르다

반정인가 찬탈인가

권력 16년, 춘몽 16년

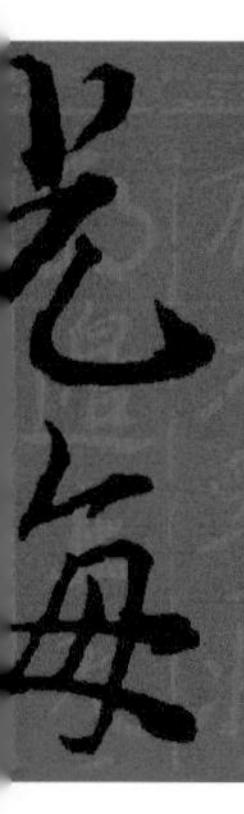

광해군 평가의 극과 극

죽은 뒤 다시 죽은 광해군

지난 6월 중순 광해군의 무덤에 다녀왔다. 그의 무덤을 찾아가는 일은 쉽지 않았다. 답사 안내서에 표시된 대로 퇴계원 사거리를 지나 390번 국도를 탔지만 위치를 알리는 이정표가 없었다. 지나가는 사람에게 몇 번을 묻고서야 무덤으로 이어지는 어귀에 들어설 수 있었다. 어귀를 찾았다고 문제가 해결된 것은 아니었다. 한참을 들어가도 입구가 나타나지 않았다. 어렵사리 찾은 안내문은 모 교회가 운영하는 공원묘지 앞의 식당 간판에 같이 적혀 있다. 광해군은 마치 죽은 뒤 공원묘지에 묻혔다는 느낌이 든다.

공원묘지 너머의 국유림 속에서 광해군의 무덤을 찾았다. 하지만 손에 잡힐 듯이 바로 보이는데도 무덤까지 제대로 된 길이 없다. 공원묘지와 국유림 사이에는 녹색 철사로 만든 담장이 쳐 있고, 그 담장에는 자물쇠가 달린 문이 두 개 있다. 무덤과 바로 연결되는 문에는 그나마 자물쇠

광해군 부부의 묘

왼쪽이 광해군의 묘이고 오른쪽이 부인 유 씨의 묘다. 숲 속의 비탈에 위치하여 음침한 데다, 크기나 규모도 국왕의 무덤이라 생각되지 않는다. 무덤 앞에 서면 광해군이 "쫓겨난 국왕"이라는 사실과 '인생무상', '권력무상'을 실감하게 된다. 경기도 남양주시 진건면 송릉리 소재.

가 굳게 채워져 있다. 쫓겨난 임금이니 함부로 찾아오지 말라는 것인가? 잠기지 않은 다른 문을 통해 우회하고, 경사가 심한 등성이를 조심조심 걸어야 광해군 부부의 무덤에 도착할 수 있다.

어렵사리 무덤 앞에 섰을 때는 인생의 비감함을 곱씹게 된다. 쫓겨난 광해군의 무덤이 왕릉의 규모일 것이라는 기대는 애초에 하지도 않았지만 생각했던 것보다 훨씬 초라했다. 봉분과 묘비, 상석, 문인석 한 쌍, 석등 하나가 전부다. 석등은 총알 자국이 난 채 깨져 있다. 왕실 인물들의 무덤 입구에 보이는 홍살문이나 정자각(丁字閣)도 없다. 규모로 치면 어느 높은 벼슬아치의 무덤과도 비교가 되지 않는다. 그저 '아담하다'고 표현하는 것이 누워 있는 광해군 부부에게 그나마 위로가 될지도 모를 일이다.

무덤이 위치한 곳의 분위기는 음침하다. 영월에 있는 단종의 무덤은 그런대로 가꾸어져 있고, 광해군보다 먼저 쫓겨났던 연산군의 무덤도 나름대로 볕이 잘 든다. 그런데 얼핏 보기에도 광해군이 묻힌 자리는 평범한 사람들의 묘소 자리보다도 못하다. 무덤이라고 하면 '양지바른'이란 수식어가 늘 따라오는 것을 염두에 둔다면 말이다.

왕릉이나 대군들의 무덤에 참배하려면 대개 무덤 입구에서부터 언덕으로 '올라가야' 한다. 광해군 무덤은 정반대다. 자물쇠가 달린 녹색 철물을 열고 들어와 능선을 '내려가야' 한다. '어차피 쫓겨난 임금'이니 마음 놓고 '내려다보아도' 된다는 심리에서 이런 곳에 무덤을 썼을까? 광해군은 죽은 뒤에도, 지금까지도 철저히 외면당하고 있었다.

조선왕조에는 광해군 말고도 이런저런 이유로 왕위에서 쫓겨나 불행한 삶을 마감했던 임금이 둘이나 더 있다. 어린 나이에 즉위했다가 숙부 수양대군에게 쫓겨났던 노산군, 포악하고 방탕했다는 이유로 중종반정을 만나 쫓겨났던 연산군이 그들이다. 세 사람에게는 '~조(祖)'나 '~종(宗)' 대신 '~군(君)'이란 칭호가 주어졌다.

하지만 어린 나이에 영월 땅 청령포로 쫓겨났던 처참함이 식자들의 눈물샘을 자극해서 그랬는지는 몰라도, 노산군은 뒷날 단종이란 호칭을 회복하고 복권되었다. 그가 왕위에 있던 시절의 역사를 기록한 실록도 『단종실록』이라는 정식 명칭을 받았다. 포학하거나 방탕했던 정도로 치면 광해군과 비교가 되지 않을 정도로 심했던 연산군은 "그냥 쫓겨날 만하니까 쫓겨났다"는 인식이 퍼지면서 더 이상 고의적인 격하나 매도를 당하지는 않았다.

광해군(光海君, 1575~1641)에게만은 달랐다. 쫓겨난 뒤에도 의도적으로 평가절하되고 철저하게 외면당했다. 조선 후기의 역사책이나 개인 문집에서 찾을 수 있는 '혼군'이나 '폐주'라는 명칭은 예외 없이 광해군을 가리킨다. 죽은 뒤에도 의도적인 격하가 계속되었던 것이다. 혹자는 쫓겨난 세 사람 가운데 광해군이 가장 문제가 많은 임금이라서 그렇다고 할 수도 있을 것이다.

뒤집어 생각해보면 문제는 달라진다. 죽은 뒤에도 의도적인 격하를 계속 당했다면 살았을 때의 업적이 만만치 않았다는 것의 반증일 수도 있다. 아니면 광해군을 쫓아내고 정권을 잡은 사람들의 치적이 형편없어서 그럴 수도 있다. "옛날보다 나아진 것이 없다"는 따가운 시선을 피하면서 옛 임금에 대한 추억 자체를 없애야만 했을 것이고, 계속 '과거와의 전쟁'을 치러야만 했을 것이다. 그 '전쟁'이란 다름 아닌 '광해군 죽이기'였을 것이다. 광해군이 죽은 뒤에도 '광해군 죽이기'는 계속되었던 것이다.

광해군과 그가 임금 자리에 있던 세월만 매도된 것이 아니었다. 인조반정 이후에는 글을 통해서나마 그에게 충성을 바치는 행위조차 금기시되었다. 인조반정 직후, 금강산에 들어가 있었던 유몽인(柳夢寅)은 「상부(孀婦)」라는 시를 남겼다.

> 일흔 살 늙은 과부가
> 안방을 지키며 홀로 산다네
> 여사(女史)의 시구도 익히 읽었고
> 임사(妊姒)의 가르침도 자못 아는데

이웃에선 다시 시집가라 권하네
남자의 얼굴이 꽃과 같다나
백발에 화장을 하다니
정녕 바른 분이 부끄럽지 않은가

일흔 살 먹은 과부란 유몽인 스스로를 가리킨다. 『어우야담』의 작자로 잘 알려진 유몽인이 쓴 시는 광해군을 배반하고 인조를 다시 섬길 수는 없다는 의지를 노래한 것이다. 새 남편감이 아무리 훌륭하다 해도 본래의 지아비를 배반할 수 없다는 다짐이 확고하다. 하지만 인조반정의 주도자들은 유몽인을 용납하지 않았다. 유몽인은 이 시로 인해 '반혁명 행위자'로 몰려 처형된다.

유몽인의 수난은 목숨이 끊어진 뒤에도 이어졌다. 그는 19세기까지도 '섬길 가치가 없는 군주에게 헛되이 충성을 바친 가짜 충신'으로 매도되었다. 유몽인은 이이첨이나 정인홍처럼 광해군 대를 주름잡았던 권력의 실세가 아니었다. 광해군에게 그다지 총애를 받은 적도 없었다. 그럼에도 그가 비참한 최후를 맞고 죽은 뒤에도 이렇게 가혹한 비판을 받은 것을 보면, 인조반정 이후 광해군에 대한 평가가 얼마나 부정적인 것으로 굳어졌는지 알 수 있다.

광해군에 대한 부정적 평가는 이미 '반정'이라는 단어 속에 원초적으로 담겨 있다. '반정(反正)'은 중국의 고전인 『춘추』나 『사기』 등에 보이는 "발난세반제정(撥亂世反諸正, 어지러운 세상을 다스려 바른 세상으로 돌이킨다)"이란 구절에서 나온 말이다. 따라서 반정은 문자 그대로 '올바른 상태로의 복귀'를 뜻한다. 이런 의미에서 반정 이전의 광해군 시대는 '어지럽고 올바르지 못한 시대'일 수밖에 없다.

인조반정이 성공했던 직후, 쿠데타를 주도한 서인(西人)이나 그에 동조했던 남인(南人)들은 반정이 성공한 것을 가리켜 '나라를 다시 세운 경사(再造之慶)'라고 극찬했다. 나아가 인조반정이 성공함으로써 '윤리가 다시 밝아졌다'고 평가했다. 결국 '반정'이니 '재조지경'이니 하는 용어들이 사용되는 분위기 아래에서는 — 설사 광해군에게 평가받을 만한 치적과 장점이 있었고, 그의 시대에 무엇인가 배울 만한 요소가 있었다고 하더라도 — 광해군이나 그의 시대를 다시 볼 수 있는 여지는 없었던 셈이다.

『광해군일기』 속의 광해군

광해군을 쫓아낸 인조반정의 주체들은 자신들의 거사를 정당화하기 위한 사업을 펼쳤다. 한편으로 명나라에 사신을 보내 거사의 불가피성을 설명하여 인조를 새로운 국왕으로 승인해줄 것을 요청하고, 다른 한편 광해군 시대의 역사를 정리하는 작업에 착수했다. 그것은 자신들이 일으킨 쿠데타가 정당했다는 것을 드러내기 위해 무엇보다 중요한 작업이었다. 『광해군일기』는 바로 그 과정의 산물이었다.

1977년 유네스코는 『조선왕조실록』을 세계의 기록문화유산으로 지정했다. 『조선왕조실록』의 역사적 가치를 인정한 것이다. 500여 년에 이르는 장구한 시대의 사실들을 기록하고 있는 점, 유례를 찾을 수 없을 만큼 방대하고 다양한 내용의 면면 등을 따져볼 때 『조선왕조실록』은 세계 수준의 역사서임이 틀림없다. 그런데 『광해군일기』는 『조선왕조실록』

가운데서도 사학사(史學史)적으로 단연 중요한 위치를 차지한다. 왜 그럴까? 일단 실록이 편찬되는 과정부터 살펴보자.

실록은 어떻게 편찬되는가? 한 임금이 세상을 떠나고 그를 이어 새 임금이 즉위하면 대개 실록청(實錄廳)이란 임시 기구를 만든다. 죽은 임금이 왕으로 있었던 시절의 역사를 편찬하기 위해서다. 보통 정승급의 인물이 실록청의 책임자인 총재관(總裁官)이 되고, 그 아래 중간 관리자로서 당상(堂上), 낭청(郎廳) 등의 직책을 둔다. 명목상으로는 총재관이 실록 편찬과 관련된 모든 책임을 지지만, 실제로는 각 당상의 역할이 더 중요하다. 당상의 밑으로는 사료 수집과 초고 작성의 실무를 맡은 사관들이 소속된다.

선왕(先王)의 실록을 편찬하기로 결정한 뒤부터 실록청의 관리들은 선왕이 살아 있던 시절의 사료들을 수집하는 작업을 벌인다. 선왕을 따라다녔던 사관들이 적어 놓은 사초(史草, 사관이 매일매일 기록한 원고)와 국왕의 비서실인 승정원(承政院)에서 기록한 일기(이것이 오늘날 전하는 『승정원일기』다)를 비롯하여 각 관청에서 남겨놓은 여러 가지 문서와 관리들이 개인적으로 남긴 기록들이 망라되어 모아진다.

이렇게 모아진 사료들의 내용을 토대로 실록청에 소속된 사관들은 실록의 초고를 만들어낸다. 방대한 사료를 바탕으로 빠른 시간 안에 원고를 작성해야 하므로, 초고는 대개 초서로 기록하는 것이 보통이다. 이렇게 만들어진 초벌 원고를 보통 '초초본(初草本)'이라고 한다.

각 사관들을 감독하는 위치에 있는 당상들은 초초본을 검토하여 불필요한 부분을 덜어내고 누락된 부분을 보충하는 등 수정 작업을 벌인다. 수정 작업을 통해 두 번째 원고가 만들어지면 총재관과 대제학(大提

學) 등은 그것을 다시 검토, 수정하는 작업을 벌인다. 이렇게 해서 완성한 원고가 '중초본(中草本)'이다. 여전히 초서로 휘갈겨 쓴 이 중초본 원고를 알아보기 쉽게 정서하여 다시 만든 것이 바로 '정초본(正草本)'이다.

정초본이 완성되면 그것을 대본으로 활자를 뽑아 조판 작업을 벌이고 인쇄에 들어가는데, 이것이 바로 완성된 실록이다. 실록이 완성되면 그것들을 각지에 산재한 사고(史庫)에 보관하는 한편 초초본, 중초본, 정초본 등의 대본들은 물로 씻어내게 된다. 그것을 '세초(洗草, 초고를 씻어버린다는 의미)'라고 한다.

세초를 하는 까닭은 두 가지다. 하나는 초고를 만드는 과정에서 사용된 방대한 분량의 종이를 '재활용'하기 위한 것이다. 다른 하나는 초고본들을 남겨둘 경우, 이미 활자로 인쇄된 실록의 최종본과 비교하여 혹여 시비가 생길 것을 우려해서다.

이 같은 과정을 거쳐 편찬된 『조선왕조실록』 가운데서도 『광해군일기』는 독특한 위치를 차지한다. 우선 '광해군의 실록'은 '실록'이란 이름을 획득하지 못했다. 광해군이 쫓겨난 임금이라 '일기'라는 명칭으로 격하된 것이다. 『광해군일기』의 또 다른 특징은 『조선왕조실록』 가운데 유일하게 중초본이 오늘날까지 남아 있다는 점이다. 본래 '세초'를 통해 없어졌어야 할 중초본인데 우여곡절 끝에 '물에 씻기는 것'을 면하게 되었던 것이다.

인조반정의 주체들이 『광해군일기』의 편찬 작업을 시작한 것은 1624년(인조 2) 7월이었다. 반정의 주체들로서는 자신들이 '뒤엎어버린 시대'의 역사를 빨리 정리하고 싶었을 것이다. 역사 편찬을 통해 광해군 정권이 '쫓겨날 수밖에 없었던 정권'임을 후대까지 알리고, 거사의 정당성도 과시하려 했을 것이다. 하지만 여건이 여의치 못했다. 같은 해 1월, 논공 행상에 불만을 품었던 공신 이괄(李适)은 반란을 일으켜 서울을 점령한다. 그 과정에서 광해군 시대의 사료는 대부분 불타 없어지고 말았다. 반란이 진압된 뒤 부족한 사료를 보충하기 위해 경향 각지에서 한창 수집 활동을 벌이고 있던 1627년에는 정묘호란이 터졌다. 후금군을 피해 인조와 신료들이 강화도로 피난하던 와중에 『광해군일기』 편찬은 중단되고 말았다. 이후에도 넉넉지 못한 재정 여건과 후금의 군사적 위협 때문에 작업은 지지부진했다.

우여곡절 끝에 1633년 12월, 중초본을 완성했다. 광해군을 쫓아낸 지 10년 만이었다. 중초본을 완성했으니 다시 정서하여 활자를 뽑고 인쇄를 하는 것이 순서였다. 그런데 또다시 재정 문제가 불거졌다. 고민 끝에 인쇄는 포기하고 두 벌의 정서본을 만들었다. 이어 정서한 두 벌을 강화도의 정족산과 무주의 적상산에 설치한 사고에 보관했다. 정서하는 데 대본으로 썼던 중초본은 세초하지 않고 봉화의 태백산 사고에 집어넣었다. 『광해군일기』만 유일하게 정서본과 중초본이 동시에 남아 있게 된 배경이다.

오늘날 중초본인 태백산본 『광해군일기』가 남아 있는 것은 커다란 의미를 지닌다. 중초본과 정서본의 내용을 비교함으로써 일기 편찬 과정에서 자행된 '광해군 죽이기'의 실상을 어느 정도나마 엿볼 수 있기 때문이다. 다음의 내용을 보자.

> 중원의 형세가 참으로 위태로우니 이러한 때에는 안으로는 자강을 꾀하고, 밖으로는 기미(羈縻)하여 한결같이 고려가 했던 것처럼 해야만

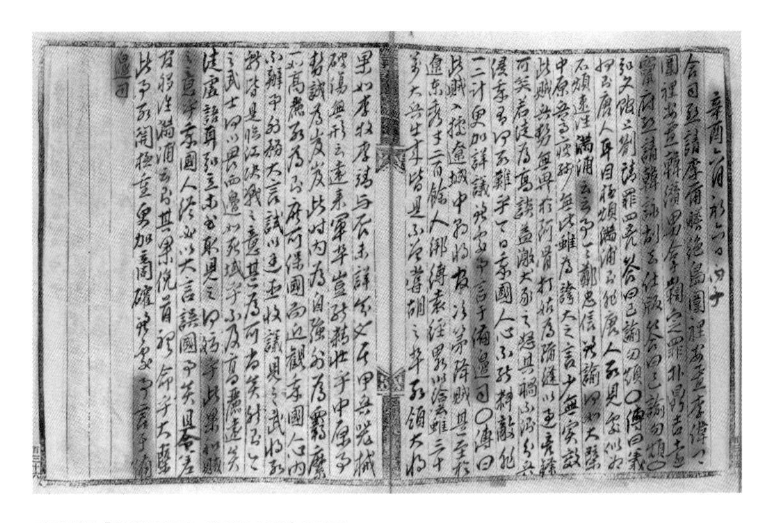

태백산본 『광해군일기』 1621년 6월 6일조

중초본인 까닭에 글자가 대부분 초서로 되어 있다. 태백산본 『광해군일기』의 내용을 가감하고 정서하여 다시 완성한 것이 정족산본 『광해군일기』다. 가감하는 과정에서 칠해놓은 먹 자국이 어지럽다. 특히 왼쪽 부분에 "이것이 과연 적과 화친을 하자는 뜻이겠는가(此果和賊之意乎)"라는 구절을 지운 자국이 선명하다.

나라를 보호할 수 있을 것이다. 그러나 근래 우리나라의 인심을 보면 안으로는 일을 분변하지 못하면서 밖으로 큰소리만 친다. 시험 삼아 조정 신료들이 의견을 모은 것을 보면, 장수들이 말한 것은 전부 압록강 변에 나아가 결전해야 한다는 것이니 그 뜻은 참으로 가상하다. 그렇다면 지금의 무사들은 무슨 연고로 서쪽 변방을 '죽을 곳'으로 여겨 부임하기를 두려워하는가? 생각이 한참 미치지 못하고 한갓 헛소리들뿐이다. 강홍립이 보내온 편지를 보는 것이 무슨 방해될 일이 있는가? 이것이 과연 적과 화친을 하자는 뜻이겠는가? 우리나라 사람은 허풍 때문에 끝내 나라를 망칠 것이다.

『선조실록』과 『선조수정실록』

『선조실록』은 광해군 대 북인들이 편찬했고, 그 내용에 불만을 품었던 서인들이 인조반정 이후 다시 편찬한 것이 『선조수정실록』이다. 광해군을 쫓아낸 서인들의 입장에서는 인조를 '선조의 후계자'로 생각했기 때문에 북인들이 편찬한 원래의 『선조실록』이 마음에 들 까닭이 없었다.

1621년(광해군 13) 6월 6일에 있었던 일들을 기록한 『광해군일기』의 부분이다. 당시 만주의 누르하치 진영에 억류되어 있던 조선군 사령관 강홍립(姜弘立)이 보내온 밀서를 받아보는 여부를 놓고 논란을 벌인 뒤 광해군이 신료들을 질타한 내용을 담고 있다. 1619년, 명나라의 강요로 후금을 치는 데 필요한 원병을 이끌고 참전했던 강홍립은 이른바 '심하 전투'에서 패한 뒤 후금에게 항복했다. 강홍립은 후금 수도에 머물면서 계속 편지를 보내왔거니와, 신료들은 항복했던 강홍립의 편지를 받아들이면 안 된다고 고집했다. 명나라가 알면 "일부러 항복했다"는 의심을 살지도 모른다는 이유 때문이었다. 하지만 광해군은 아무런 문제가 없다고 했다. 강홍립의 편지를 통해 후금 내부의 정보를 얻어낼 수 있었기 때문이다. 그런데 문제가 되는 대목은 광해군의 발언 가운데 밑줄 친 부분이다.

인조반정의 주체들이 광해군을 쫓아내는 것을 정당화하면서 내세웠던 명분 가운데 하나가 바로 "광해군이 명나라를 배반하고 오랑캐인 후금과 화친하고자 했다"는 것이었다. 그런데 밑줄 친 부분—이것이 과연 적과 화친을 하자는 뜻이겠는가—은 광해군 스스로 자신은 화친론자가 아니라고 강조하는 내용이다. 그런데 이 부분은 중초본인 태백산본 일기에서는 붉은 먹으로 지워져 있다. 정서하는 과정에서 없애버리기 위해서다. 따라서 정족산본 일기에는 이 내용이 빠져 있다. 이미 그를 쫓아내는 명분으로 '광해군은 화친론자'라는 명제가 설정되었다면 위의 기사는 지워버리는 편이 인조반정 주체들에게 훨씬 유리할 것이기 때문이다. 따라서 만일 중초본 일기가 세초되어 사라지고 정서본만 남아 있었더라면, 광해군은 자신이 화친론자가 아니라고 '변명'조차 하지 못했을 것이다.

중초본 일기를 세초하지 않고 남겨두었던 당시의 실록청 관계자들이 혹시라도 광해군이 훗날 재평가되리라고 생각했을까? 이런 문제까지 생각해보았는지는 알 수 없다. 다만 분명한 것은, 어쨌든 중초본이 남아 있는 덕분에 가려져왔던 광해군의 진면목을 이해하는 데 다소나마 도움이 된다는 점이다.

중초본이 남아 있는 것은 그나마 다행이지만, 그 한계 또한 분명하다. 어쨌든 광해군과 북인(北人)들을 쫓아냈던 서인들의 손에 의해 기록되었기 때문이다. 문제는 인조반정 이후 북인들이 정치적으로 거의 전멸했다는 데 있다. 조선시대 각 정파 사이의 정치적 대립은 실록에도 그 영향의 흔적들이 남아 있다. 광해군 대 북인들이 편찬했던 『선조실록』의 내용에 불만을 품었던 서인들은 인조반정 이후 그 내용을 수정한 『선조수정실록』을 만들었다. 남인들이 『현종실록』을 편찬하자 서인들은 『현종개수실록』을 만들었고, 소론들이 『숙종실록』을 만들자 노론들은 『숙종실록 보궐정오』를 편찬했던 예가 대표적이다.

하지만 인조반정 이후 거의 전멸해버린 북인들의 행적은 오롯이 '승리자'인 서인들의 손에 의해 기록되었고, 그들은 서인들이 기록한 '자신들의 실록'을 다시 검토하거나 수정할 기회를 갖지 못했다. 광해군과 북인들이 남긴 행적, 그들이 활동했던 시대의 역사적 모습을 서인들의 눈과 평가를 통해 보아야 한다는 것! 광해군과 그의 시대를 제대로 이해하기 어려운 것은 일차적으로 여기서 비롯되었다고 할 수 있다.

식민사관! 광해군을 띄우다

광해군에 대한 재평가와 역사적 복권은 20세기에 들어 이루어졌다. 오늘날 중고등학교 국사 교과서나 한국사 개설서는 더 이상 광해군을 '폭군'이나 '혼군'으로 매도하지는 않는다. 오히려 17세기 초반 명청(明淸) 교체기의 어려운 상황 속에서 탁월한 '중립 외교', '실리 외교'를 통해 명과 청, 어디에도 휩쓸리지 않고 국가의 안전과 이익을 지켜내는 데 성공했던 임금으로 찬양한다. 미국, 일본, 중국, 러시아 등 주변 열강의 입김 아래 헤매고 있는 오늘 우리의 처지를 반영하여, 그는 우리 역사상 몇 안 되는 '외교 전문가'로 인식되기도 한다.

교과서나 개설서 등에서 광해군을 이처럼 '탁월한 외교 전문가'로 부각시켰던 근거는 1959년에 발표된 이병도의 글이었다. 그는 「광해군의 대후금 정책」이란 논문에서 광해군이 명과 후금 사이에서 벌였던 중립적인 외교정책을 찬양했다. 광해군을 부정적으로만 평가해왔던 분위기 아래서 이병도의 시각은 새롭게 받아들여졌고, 이후 대부분의 개설서가 이병도의 평가를 채택했다.

하지만 광해군을 긍정적으로 평가했던 이병도의 논지는 독창적이거나 새로운 것은 아니었다. 그것은 이미 식민지 시대 한국사를 연구했던 일본인 학자들의 논지를 그대로 따온 것이었다. 그 대표적인 인물은 이나바 이와키치(稲葉岩吉)와 다카와 고조(田川孝三)였다.

조선시대사를 연구하는 학자들은 두 사람의 이름이나 저서의 제목 정도는 알고 있을 것이다. 식민지 시대 두 사람은 모두 한국사 연구자로서 만만치 않은 업적을 쌓았고, 그들의 연구 성과는 지금도 여전히 넘어야 할 벽으로 남아 있다. 특히 이나바 이와키치는 '광해군 시대'를 자신의 박사학위 논문 주제로 삼을 정도로 깊이 탐구했다. 그런데 이나바는 무슨 이유로 광해군을 복권시켰을까?

이나바는 1933년 『광해군 시대의 만주와 조선의 관계(光海君時代の滿鮮關係)』란 제목으로 자신의 모교인 교토제국대학에 박사학위 논문을 제출했다. 논문은 통과되어 이듬해 같은 제목으로 서울에서 책이 출간되었다. 400여 쪽에 이르는 방대한 분량의 이 책은 광해군 대의 대외관계를 본격적으로 연구한 최초의 연구서다.

이나바는 이 책에서 광해군 대의 대명·대후금 관계를 세밀하게 살핀 뒤 결론 부분에서 명과 후금 어느 쪽에도 휩쓸리지 않고 중립을 지키려 했던 광해군을 '택민주의자(澤民主義者)'라고 찬양했다. 광해군과 달리 명의 편에 서서 후금을 공격해야 한다고 주장했던 당시의 신하들은 '명분론자(名分論者)'라고 비판했다. 이나바는 특히 광해군이 지녔던 대외 인식을 임진왜란 당시 일본과 화의를 맺자고 주장했던 성혼(成渾)이나 병자호란 당시 주화파였던 최명길(崔鳴吉)의 사상과 연결시키면서, 당시 상황에서는 광해군의 입장이 불가피한 것이었다고 강조했다. '택민주의'란 아마도 중립적인 외교를 통해 또 다른 전쟁이 일어나는 것을 방지함으로써 백성들에게 혜택이 돌아가도록 했다는 뜻으로 여겨진다.

이나바 이와키치의 이 같은 입장은 그의 지도를 받았던 조선인 홍희(洪憙)에 의해서도 뒷받침되었다. 홍희는 1935년에 발표한 「폐주광해군론(廢主光海君論)」이란 글에서 광해군을 혹심한 정쟁의 소용돌이 속에서 희생된 인물로 파악하고, 그가 쫓겨나게 된 것은 이귀(李貴)를 비롯한 인조반정 주체들의 권력욕과 이이첨 등을 비롯한 대북파 신료들의 문제점 때문이라고 했다. 광해군은 별다른 과오가 없었음에도 정쟁 때문에 희생되었다고 옹호했던 것이다.

이나바 이와키치와 홍희가 나름대로 자료를 근거로 광해군을 재평가한 것은 분명 의미가 있다. 하지만 이들의 저서와 논문이 나왔을 무렵 두 사람이 보인 정치적 행적을 살펴보면 이들의 광해군 평가에는 일정한 함정이 있음을 알 수 있다.

우선 이나바는 식민지 시대 조선사편수회와 같은 단체에서 활동했던 대표적인 만선사관론자(滿鮮史觀論者)였다. 만선사관이란 무엇인가?

> 조선의 역사는 만주의 흥망성쇠에 따라 운명이 결정된다. 압록강 하나를 사이에 두고 붙어 있는 조선과 만주는 뗄래야 뗄 수 없는 관계다.

선통제와 강희제

강희제(오른쪽)는 청의 네 번째 황제이고, 선통제(왼쪽)는 마지막 황제였다. 강희제는 청의 기반을 반석에 올려놓은 성군(聖君)으로 평가받는다. 일본의 만주 침략, 나아가 중국 본토 침략을 정당화하려 했던 이나바 이와키치는 열렬한 '강희제 숭배론자'였다. 나아가 그는 신해혁명으로 쫓겨난 선통제를 복위시키는 데 일본이 적극 협조해야 한다고 강조했다.

이나바는 「만주와 조선을 떼려야 뗄 수 없는 이유의 역사적 고찰」이란 논문에서 위와 같은 논지를 폈다. 그의 주장대로라면 한국사의 독자성은 철저하게 부정되고, 한국사는 결국 '만주 역사의 부속물'에 지나지 않게 된다.

만선사관은 또한 만주를 의도적으로 조선과 한 묶음으로 취급함으로써 만주에 대한 중국의 지배권이나 영향력을 배제하려는 의도를 담고 있다. 당시 조선은 이미 일본의 식민지였으므로 조선과 '공동운명체'인 만주 역시 일본의 식민지로 치부되는 것이다. 만선사관이란 결국 한국사의 독자성을 부정하고, 만주를 중국의 관할로부터 떼어냄으로써 궁극에는 일본의 만주 침략과 지배를 합리화하려는 의도에서 만들어낸 식민사관인 것이다.

그렇다면 이나바가 광해군을 긍정적으로 평가했던 것은 그가 신봉했던 만선사관과 어떻게 연결되는 것일까? 이와 관련해서는 그가 누구보다도 열렬한 '청조(淸朝) 옹호론자'였다는 사실이 주목된다. 그는 1939년 출간한 『신동아건설과 사관(新東亞建設と史觀)』이라는 저서에서 오랑캐가 중국을 통치했던 사례를 언급하면서, 그것이 중국(구체적으로는 한족漢族)에 긍정적인 영향을 끼쳤다고 주장한다. 이어 대표적인 '오랑캐' 왕조로 청나라를 들고, 그것을 대표하는 인물로 강희제(청나라 네 번째 황제)를 꼽았다. 이나바의 주장에 따르면 오랑캐 왕조의 중국 통치는 중국 민족에게는 '소금 같은 역할'을 했으며 청나라가 중국을 정복한 것은 역사의 필연이었다.

1644년 이자성(李自成)이 이끄는 농민 반란군은 북경을 점령했고, 명의 마지막 황제 숭정제(崇禎帝)는 목을 매 자살했다. 당시 산해관에서 청군과 대치 중이던 명나라 장수 오삼계(吳三桂)는 반란군을 진압하기 위해 청군에게 손을 내밀었고, 청군은 그를 받아들여 피 한 방울 흘리지 않고 산해관을 돌파할 수 있었다. 이나바는 청군이 북경에 들어가 반란군을 토벌했던 전말을 서술하고, 그들이 북경에서 "중국은 주인을 잃고 백성들은 방향을 잃은 것을 보았다"고 운운한 뒤, 청군의 북경 진공은 중국에 평화를 가져다주기 위한 것이지 결코 침략이 아니라고 강변했다.

이나바는 심지어 1911년 중화민국 건국 이후 물러났던 청의 마지막 황제 선통제를 복위시켜야 한다고 강조하고, 그 과정에서 일본이 망해버린 청을 도와야 한다고 주장했다. 나아가 일본의 만주 침략을 '성전(聖戰)'으로, 만주국 건설을 '동아의 새로운 건설'로 불렀다. 287년 전 '평화를 가져다주기 위해' 북경으로 진군했던 청군의 모습은 어느 틈에 슬그머니 '새로운 동아시아를 건설하기 위해' 만주로 진입하는 일본군의 모습과 겹쳐지는 것이다.

이나바는 뿐만 아니라 도요토미 히데요시(豊臣秀吉)가 1592년 조선을 침략함으로써 명의 관심을 조선으로 돌리게 만들었고, 명이 한눈을 파는 틈을 타서 누르하치(努爾哈赤)가 청을 건국하는 사업에 매진할 수 있었다고 강조했다. 히데요시가 결과적으로 누르하치의 건국을 도왔던 것처럼 이제는 일본이 만주국을 보살펴야 한다는 논리가 되는 셈이다. 결국 만주와 일본의 '긴밀한 관계'를 드러내려는 것이자 1930년대 일본의 만주 침략과 중국 본토 진공을 합리화하는 것일 수밖에 없다.

따라서 이나바가 광해군을 긍정적으로 재평가했던 것이 무엇을 의미하는지는 곧 드러난다. 이미 거의 망해가고 있었으며 부패가 극에 이르렀던 명이 후금(뒷날의 청)을 치는 데 필요한 원병을 보내라고 요청한 것을 거절하고 청과 우호관계를 유지하려 했던 광해군의 행위를 불가피한 것이었다고 칭찬한 것은, 광해군 대외 정책의 '탁월성'을 한국사의 전개 과정 속에서 고찰하는 것이 아니라 한국사와 한 묶음인 만주 역사의 전개 과정에서 부각시키는 것이 된다. 이나바가 광해군을 '띄웠던' 것은 한국사의 자주성을 부정하는 만선사관의 틀 속에서만 의미를 지녔다.

광해군에 대한 평가는 이처럼 극단적이다. 부정적인 평가의 경우, 인조반정을 성공시켜 광해군을 쫓아냈던 서인들의 집권이 이어진 상황에서 광해군에 대한 지속적이고 의도적인 '죽이기'를 계속함으로써 그의 본모습을 가리는 측면이 있다. 긍정적인 재평가는 식민사관이 지닌 정치적 노림수에 말려들 위험성이 적지 않다. 부정적이든, 긍정적이든 양쪽 입장 모두 지극히 정치적이다. 이제 이 같은 상황을 염두에 두고 광해군과 그가 살았던 시대 속으로 들어가보자.

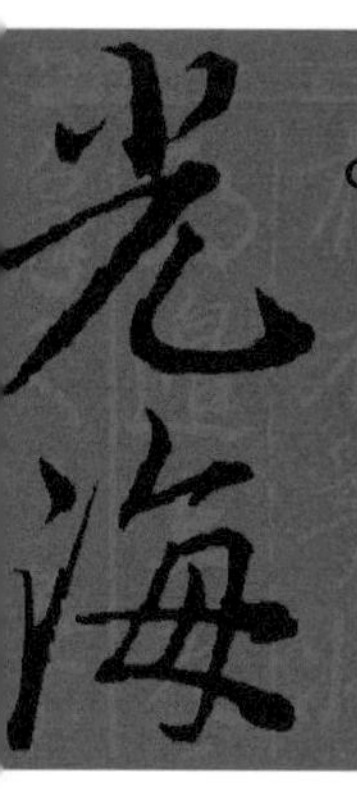

어린 시절

출생과 소년기

광해군은 1575년 선조의 둘째 아들로 태어났다. 그의 이름은 혼(琿)이고, 어머니는 후궁이던 공빈 김 씨였다. 어머니 공빈은 김희철(金希哲)의 딸이었다. 김희철은 당시 사포서(司圃署, 왕실의 채소와 과수 등의 재배를 맡은 관청) 사포라는 그다지 변변치 못한 관직에 있었다. 김희철의 본관은 충청도 옥천이지만, 그의 집안은 대대로 원주 동남쪽의 손이곡(孫伊谷)이라는 곳에서 살았다. 손이곡은 일찍이 명종 대의 예언가 남사고(南師古)가 "왕기가 서려 있어서 장차 국왕이 나올 것"이라 예언했던 곳이다.

김희철이 남사고의 예언에 관심을 가졌는지는 알 수 없다. 하지만 딸이 선조의 후궁으로 뽑혀 들어가 왕자 임해군(臨海君)과 광해군을 잇달아 낳는 것을 보고 '국왕의 외조부'가 될 희망을 품었을지도 모를 일이다.

선조는 본래 의인왕후 박 씨를 정비로 맞아들였는데 자식이 없었다. 선조는 대신 아홉 후궁과의 사이에 열세 명의 왕자를 두었는데 그 가운데 공빈 김 씨 몸에서 태어난 임해군과 광해군이 각각 장남과 차남이 된다. 따라서 별다른 이변이 없다면 열세 명의 왕자 가운데 임해군이 왕위를 이어받을 가능성이 가장 높았다. 김희철은 임해군과 광해군이 장성하는 것을 보지 못하고 죽었는데, 훗날 광해군이 왕이 됨으로써 남사고의 예언은 어쨌든 적중했던 셈이다.

남아 있는 자료가 너무 적어서 유년이나 소년 시절 광해군의 삶의 모습을 온전히 복원해내기란 거의 불가능하다. 우선 중요한 자료는 『선조실록』이지만, 여기에 실린 왜란 이전의 광해군에 관한 내용은 부실하기 짝이 없다. 그나마 야사류의 내용 가운데 그의 어린 시절을 유추할 수 있는 기록이 파편처럼 남아 있을 뿐이다.

드문드문 눈에 띄는 자료들을 통해 유추해볼 수 있는 광해군의 유소년 시절은 그다지 밝은 분위기는 아니었던 것 같다. 우선 어머니 공빈 김 씨는 그가 세 살 때 세상을 떠났다. 광해군을 낳은 뒤부터 계속된 출산 후유증 때문이었다. 물론 공빈이 계속 살아 있었더라도 왕실의 관례상 광해군의 어머니는 정비인 의인왕후 박 씨로 치부되었을 것이다. 하지만 생모의 죽음은 유년기 이후 광해군의 마음에 짙은 그늘을 드리웠던 것으로 여겨진다.

『광해군일기』와 야사류에는 어머니에 대한 그리움을 드러내는 광해군의 이야기가 여기저기서 보인다. 뿐만 아니라 『광해군일기』 속에서 목도되는 광해군의 내성적인 성격 역시 생모를 일찍 여읜 것과 관련이 있을 것으로 여겨진다. 그가 훗날 왕위에 오르자마자 공빈을 왕후로 격상시키고 그녀의 위패를 종묘에 모시려고 그토록 애썼던 배경에는 어머니에 대한 그리움이 짙게 자리잡고 있었을 것을 짐작하기 어렵지 않다.

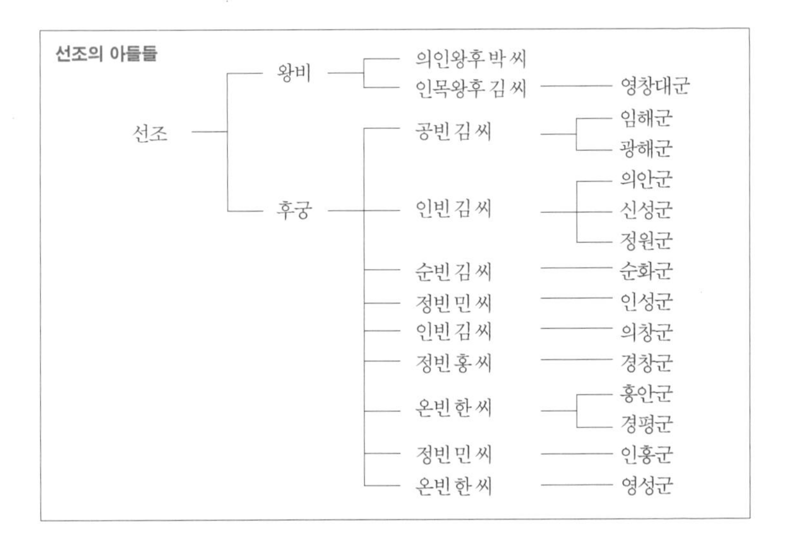

생모를 잃은 광해군이 조금씩 철이 들어가던 소년 시절은 그의 이복 동생들이 계속 태어나던 때이기도 했다. 의안군, 신성군, 정원군, 순화군, 인성군, 의창군, 경창군 ……. 아버지 선조는 거의 한 해도 빼놓지 않고 후궁들의 몸에서 왕자들을 얻었다. 각기 배가 다른 왕자들이 계속 태어나면서 후궁들 사이에서는 선조가 누구의 소생을 후계자로 낙점할 것인지를 놓고 치열한 암투가 벌어지고 있었다.

공빈 김 씨는 본디 선조의 총애를 입어 다른 후궁들이 감히 끼어들지 못했다. 병이 위독해지자 선조에게 하소연하기를 "궁중에 저를 원수로 여기는 자가 있어 제 신발을 가져다가 제가 병들도록 저주했습니다. 그런데도 전하는 누구인지 조사해 밝히지 않으시니, 제가 오늘 죽는다면 이는 전하가 그렇게 만든 것입니다. 죽어도 원망하거나 미워하지 않겠

> 습니다"라고 했다. 선조가 심히 애도하여 궁인들을 만날 적에 사납게 구는 일이 많았다. 인빈 김 씨가 선조에게 극진히 하면서 공빈의 묵은 잘못을 들춰내자, 선조는 다시는 애도하지 않으면서 "공빈이 나를 저버린 것이 많다"라고 말했다. 이때부터 인빈 김 씨가 특별한 은총을 입어 방을 독차지하니 이는 전에 비할 바가 아니었다.

『선조수정실록』에 나오는 기사로 선조의 많은 후궁들 사이에서 벌어지고 있던 갈등과 암투를 짐작케 해주는 드문 자료다. 야사류에도 공빈이 죽은 뒤 선조가 인빈 김 씨와 그 소생인 신성군을 총애했다는 기사가 여러 군데에서 나온다. 하지만 신성군은 요절하고 말았다. 그 후 인빈 김 씨는 다시 정원군을 낳았는데, 그가 바로 인조의 아버지가 된다. 광해군이 왕이 된 이후 정원군은 늘 전전긍긍했다. 광해군과 대북파의 견제 때문이었다. 그런데 광해군은 정원군의 아들 능양군(훗날의 인조)에 의해 왕위에서 끌어내려졌다. 공빈과 인빈 사이의 미묘한 관계는 자식들 대까지 이어졌고, 광해군을 몰아내고 인조가 왕이 됨으로써 결국 인빈의 '승리'로 끝났다고 할 수 있겠다.

어쨌든 정비의 몸에서 난 적자는 없고 후궁 소생의 첩자들만 득실대던 상황은 광해군을 포함한 왕자들 사이에서도 부왕의 신임을 얻기 위해 보이지 않는 경쟁을 유발시켰던 것으로 보인다.

소년 시절 광해군은 여러 사부들에게 교습을 받았다. 『선조실록』에는 소년 시절 광해군을 가르쳤던 스승으로 하락(河洛)이나 이기설(李基卨) 등 당대의 명망 있는 학자들의 이름이 보인다. 또 광해군이 아홉 살 때 하락에게서 『소학』을 배웠다는 내용이 나온다. 『소학』을 배운 이후 광

회강반차도(會講班次圖)

왕세자를 교육하는 서연(書筵) 장면을 그렸다. 회강이란 매월 그믐과 보름에 관원들이 모인 자리에서 왕세자가 배운 내용을 복습하는 행사를 일컫는다. 왕세자는 다음 대권을 계승할 존재이기 때문에 그에 대한 교육이야말로 조선시대 왕실의 가장 중요한 대사 가운데 하나였다.

해군이 어떤 책들을 읽었는지는 명확하지 않다. 아마 당시 사대부가의 자제들처럼 사서삼경을 비롯한 여러 고전들을 읽었을 것이다.

흥미로운 것은 소년 시절의 광해군이 친형 임해군이나 배다른 형제들에 비해 총명하고 학문에 힘썼다는 이야기가 여러 군데에서 보인다는 점이다.

선조가 왕자들 앞에 여러 가지 물건들을 늘어놓고 마음대로 고르게 하니 왕자들이 다투어 보물을 골랐는데 유독 광해군만은 붓과 먹을 집었다. 선조가 이상하게 여겼다.

선조가 여러 왕자들에게 "반찬감 가운데 무엇이 으뜸이냐?"라고 묻자 광해는 "소금입니다"라고 대답했다. 선조가 다시 그 까닭을 묻자 광해는 "소금이 아니면 백 가지 맛을 이루지 못하기 때문입니다"라고 했다. 선조가 다시 "네게 부족한 것이 무엇이냐?"라고 묻자 광해는 "모친이 일찍 돌아가신 것이 마음에 걸릴 뿐입니다"라고 했다. 광해가 세자가 된 것은 순전히 이 말에 힘입은 것이었다.

앞의 이야기는 『정무록』에, 뒤의 이야기는 『공사견문록』에 나온다. 광해군이 총명했다는 이야기는 이 밖에도 여러 곳에서 나온다. 그것은 적어도 왕세자가 되기 이전, 광해군에 대한 왕실 내외의 평가가 꽤 긍정적이었음을 짐작케 한다.

한편, 단편적이긴 하지만 여러 자료들을 토대로 유추할 때 광해군은 특히 역사책을 읽는 데 많은 노력을 기울였던 것 같다. 『고려사』나 『십팔사략』, 『용비어천가』 같은 책들이 그가 열심히 읽었던 역사서들이다. 신하들과 경연을 열 때나 내외의 정책 방향을 놓고 토론을 벌일 때, 다른 것은 몰라도 광해군은 앞 시대의 사실이나 고사 등을 인용하면서 아주 해박한 모습을 보여주고 있다. 그것이 가능했던 것은 아마도 그가 역사서 탐독을 즐겼던 것과 밀접한 관련이 있을 것이다.

관례를 치른 뒤 광해군은 유자신(柳自新)의 둘째 딸과 결혼식을 올렸다. 유자신은 참봉 정도의 벼슬밖에는 지내지 못했지만 그의 부친 유잠(柳潛)은 선조 초에 공조판서와 한성판윤을 지냈다. 또 외가인 하동 정 씨

집안은 조선 초의 대학자 정인지의 후손으로 명문 반열에 들었다.

광해군의 부인 유 씨는 자기 주관이 뚜렷하고 당찬 여인이었다. 1619년 광해군이 명과 후금 사이에서 어느 쪽도 편들지 않는 중립적인 외교 정책을 펼치려 할 때, 유 씨는 광해군에게 "후금과의 관계를 끊고 명을 도와야 한다"는 내용의 글을 보내 반박한 바 있었다. 또 인조반정이 일어났던 당일, 창덕궁으로 들이닥친 반정 주체들에게 "오늘의 거사가 대의를 위한 것이오? 아니면 일신의 영달을 위한 것이오?"라고 힐난하여 반정 주체들을 곤혹스럽게 만들기도 했다.

광해군의 처가에는 형제들이 많아 유 씨를 포함해 6남 3녀였다. 6명의 처남 가운데 둘째 유희담(柳希聃)과 셋째 유희분(柳希奮)은 임진왜란 당시 광해군을 수행하여 평안도, 함경도, 강원도 등지를 주유했다. 특히 유희분은 이때의 공으로 광해군의 신임을 받아 광해군 초반 정국에서 외척으로 막강한 영향력을 행사했다. 유희분은 매부 광해군의 신임을 바탕으로 소북파의 영수로 군림했지만 얼마 후 대북파 이이첨(李爾瞻)에게 밀려났고, 인조반정이 일어나면서 삶을 마감했다. 어쨌든 그 역시 광해군과 영욕을 같이했던 셈이다.

유년과 소년 시절을 경복궁에서 보낸 광해군은 가정을 꾸린 뒤 경복궁을 나와 이현(梨峴, 오늘의 동대문 근방)에 있는 저택으로 거처를 옮겼다. 그리고는 1592년 임진왜란이 일어난 직후 왕세자로 책봉되어 다시 경복궁으로 돌아올 때까지 그곳에 머물게 된다.

붕당의 시대

광해군이 유년과 소년 시절을 보냈던 1580년대는 조선왕조의 역사에서 중요한 전환기였다. 광해군이 태어날 무렵 조선 조정은 정치적으로 격변을 겪고 있었다. 16세기 초반 이래 지속되어온 척신 정치(戚臣政治)가 끝나고, 척신 정치 시절 박해를 받았던 사림파들이 대거 조정에 진출하면서 바야흐로 정치판이 물갈이를 하고 있었다.

사림들은 명종 대까지 기승을 부리던 척신 정치 아래서 많은 피를 흘렸다. 척신 정치는 이른바 훈구와 외척들이 정치판을 좌지우지하는 행태를 가리킨다. 조선 초 이래 이러저러한 계기를 통해 공신으로 책봉된 가문의 후예들, 혼인 등을 통해 왕실과 인척 관계를 맺은 외척의 피붙이들. 이런 사람들이 바로 훈구척신이자 당시의 지배층이었다. 권력의 핵심부를 장악하고 사회경제적 특권을 독점했다. 권력이 더욱 비대해지면서 척신들은 그것을 남용했다. 권력형 비리와 부정 축재를 자행하면서 국가의 기강이 무너지고 사회의 공도(公道)는 땅에 떨어졌다. 명종 대 윤원형(尹元衡) 같은 척신의 권력은 국왕권을 능멸할 정도였다. 그는 아예 권간(權奸, 권력을 오로지하는 간신)이라 불렸다.

사림들은 그 같은 척신들의 행태를 비판했다. 비판의 무기는 성리학이었다. 성리학은 수기치인(修己治人)을 표방하는 학문이다. '제 몸을 닦은 뒤에야 다른 사람을 다스린다'는 것이다. 사림들의 기준으로 보면 훈구척신들은 제 몸조차 제대로 닦지 않은 한심한 인간들이었다. 그런 인간들이 권력을 휘두르면서, 사회정의는 사라지고 그 와중에 백성들만 죽어나고 있었다. 조정에 들어온 사림들은 훈구척신들을 맹렬히 비난했다. 훈구척신들은 명분에서는 '꿀렸지만' 가만히 있지 않았다. 그들의 반격 아래 사림들이 희생되었다. 바로 그것이 연산군 대에 시작되어 명종 대까지 네 차례나 일어났던 사화(士禍)였다.

선조가 즉위하면서 사정은 달라졌다. 후사 없이 명종이 세상을 떠나면서 척신들의 위세는 한풀 꺾였다. 대신 사림들이 대거 조정에 진출했다. 네 차례나 사화를 만나 목숨을 잃거나, 유배되거나, 조정에서 쫓겨났지만 사림들은 다시 일어섰다. 그들의 고향에는 경제적 기반이 있었고, 그들을 추종하는 후배들이 있었다. 비록 조정에서 쫓겨나도 그들은 고향에서 성리학을 공부하고 서원(書院)을 세워 제자들을 가르쳤다. 그들에게는 오뚝이처럼 재기할 수 있는 '재생산 기반'이 있었던 것이다. 그것이 바로 그들이 끝내 승리할 수 있었던 배경이었다.

이제 조정에서 주류적 위치로 부상한 사림들 사이에는 일종의 불문율이 생겼다. 외척들을 정치판에서 배제하여 윤원형 같은 권간의 출현을 막아야 한다는 원칙이었다. 지긋지긋한 척신 정치판을 몸으로 겪었던 사림들 사이에 형성된 공감대였다. 수기치인의 원칙을 바탕으로, 척신 정치 시절에 무너져버린 공도를 재건하기 위한 원칙이기도 했다.

하지만 선조의 즉위와 사림의 진출이 혁명을 통해 이루어진 것이 아닌 이상, 구시대의 잔재가 하루아침에 완전히 없어질 수는 없었다. 조정에는 여전히 척신 정치에 의해 집권적 위치에 올랐던 척신들이 남아 있었고, 이들을 처리하는 방향을 놓고 사림들 내부에서는 논란이 벌어졌다. 그 와중에 사림들이 분열하는 사태가 일어났다. 이른바 동인과 서인의 분립이었다.

광해군이 태어나던 해인 1575년(선조 8), 조정에서는 이조전랑(吏曹銓

郞) 자리를 놓고 정치적 분란이 일어났다. 전랑은 정랑(正郞)과 좌랑(佐郞)을 말하는데, 각각 5품과 6품밖에 안 되는 자리이지만 장관인 판서까지 견제할 수 있는 핵심 요직이었다. 또 전랑으로 있던 사람이 다른 관직으로 옮길 때는 자신의 후임자를 스스로 천거할 수 있는 권한도 지니고 있었다. 당시 전랑으로 있던 인물은 김효원(金孝元)이었다. 기예가 출중한 젊은 사림으로 이황(李滉)과 조식(曺植) 문하에서 수학한 제자이기도 했다. 그런데 김효원이 다른 관직으로 옮기게 되자, 주위에서는 그에게 심충겸(沈忠謙)이란 인물을 후임자로 추천했다. 심충겸은 당시 대사헌으로 있던 심의겸(沈義謙)과 형제 사이로 명종의 비 인순왕후의 동생이었다. 일단 출신 배경으로 본다면 심충겸은 분명 외척이었다.

김효원은 심충겸이 전랑이 되는 것을 막기 위해 '거부권'을 행사했다. 그가 외척이라는 이유를 들었다. 사림 중심의 새로운 정치판에서 외척을 배제해야 한다는 당시의 공감대로 보면 당연한 일이었다. 하지만 문제가 그렇게 간단한 것은 아니었다. 심의겸 형제를 보통 외척들과 똑같이 보아서는 안 된다는 동정론이 한쪽에서 힘을 얻고 있었다. 척신 정치가 한창이던 1563년(명종 18), 심의겸은 자신의 고모부 이량(李樑)이란 인물을 조정에서 몰아냄으로써 사림들로부터 신망을 얻은 적이 있었다. 이량은 윤원형과도 결탁했던 '골수 척신'이었다. 그런 이량을 쫓아내는 등 사림들의 편에 섰던 심의겸 형제를 외척이라는 이유만으로 조정에서 배제해서는 안 된다고 주장하는 인물들이 나타났던 것이다. 외척이라고 해서 무조건 배척할 것이 아니라 옥석을 가려야 한다는 입장이었다.

그것은 사림들이 정치판의 주류로 자리잡아가던 상황에서 '과거 청산'의 방향을 둘러싼 갈등이자 대립이었다. 김효원의 입장처럼 원칙론을 강조했던 사림들이 '동인'이 되었다. 심의겸 형제를 포용하려 했던 사림들이 '서인'이 되었다. 양자 사이의 분열이 이른바 동서분당(東西分黨)이자 조선왕조에서 붕당 사이의 대립이 시작되는 출발점이었다.

과거 청산의 방식에서 강경한 태도를 보였던 동인은 주로 퇴계 이황과 남명 조식에게서 수학했던 인물들이 대부분이었다. 유성룡(柳成龍), 김성일(金誠一), 정탁(鄭琢), 김우옹(金宇顒), 정인홍(鄭仁弘), 김효원 등 영남 출신 사림들로, 당시 대개 언관이나 낭관 등의 자리에 있었다. 서인은 박순(朴淳), 윤두수(尹斗壽), 정철(鄭澈), 이이(李珥), 성혼(成渾) 등으로 기호지방 출신이 많았고 대체로 동인에 비해 연장자들이었다.

동서분당의 초기에는 아무래도 원칙을 강조하는 동인들의 목소리가 컸고, 정치적으로도 그들이 우세한 입장에 있었다. 율곡 이이는 본래 양자 사이의 분열과 대립을 조정하여 화합시키려고 노력했다. 선조의 즉위 이후 사림들이 어렵사리 집권적 위치에 서게 되었는데 그 사림들이 다시 분열되다니? 이이가 보기에 조정에는 아직 외척의 잔당들이 남아 있었고, 척신 정치가 남긴 잔재 또한 만만치 않았다. 국왕 선조 역시 명확하게 사림들의 편이라고 할 수 없었다. 그런 판국에 사림들이 분열한다면 언제 다시 척신 잔당들의 '반격'이 나타날지도 모를 일이었다. 이이는 그 같은 사태를 막으려 했던 것이다. 하지만 쉽지 않았다. 동인과 서인의 대립은 날로 심해졌고, 점차 이이 혼자의 힘으로 조정할 수 있는 수준을 넘어서고 있었다.

그런 와중에 1589년(선조 22) 기축옥사(己丑獄事)가 일어났다. 본래 이이의 제자였다가 동인으로 당적을 바꾼 인물 가운데 정여립(鄭汝立)이 있었다. 그에 대해서는 여기저기서 설명이 구구하지만 당시 기준으로

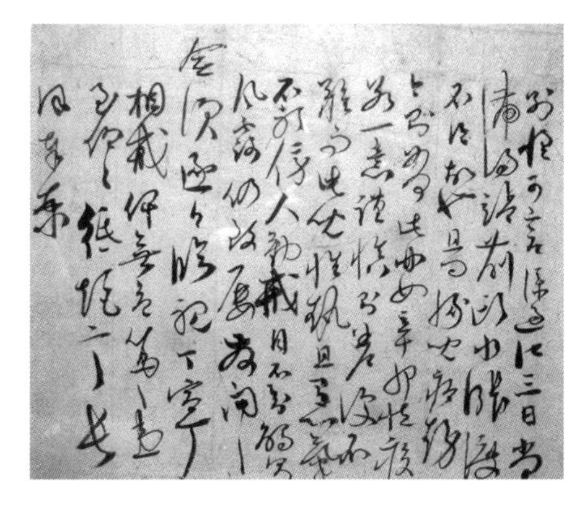

정철의 필적

「관동별곡」, 「사미인곡」, 「속미인곡」 등 국문학사에 빛나는 명작을 남긴 정철은 뛰어난 가객(歌客)이자 노련한 정치가였다. 그는 동서분당 이후 서인을 이끌었고, 기축옥사가 일어나자 그 수사 책임자로 활약했다. 하지만 그것은 동인, 특히 북인들과 원한을 쌓는 계기가 되고 말았다.

볼 때 자유로운 영혼의 소유자임이 분명한 듯하다. '천하는 공물(公物)'이라는 생각을 지녔던 그는 대동계(大同契)라는 것을 조직했다고 한다. '대동'은 차별과 갈등이 없는 유토피아의 세계다. 역모를 꾀하다가 자살했다는 그가 진짜 대동의 세계를 실현하려 했는지는 분명치 않지만, 그의 행적과 언동은 국왕 선조와 조정에 큰 충격을 주었다. 선조의 왕권을 부정했기 때문이다.

어쨌든 정여립은 '역모를 기도하다가' 여의치 않자 자살했다. 문제는 그와 관련된 인물들을 수사하는 과정에서 억울하게 죽은 희생자들이 많았다는 점이다. 선조는 정여립과 관련된 인물들에 대한 수사를 서인 정철에게 맡겼다. 정여립과 일면식이라도 있는 사람은 전부 끌려왔다. 여의치 않을 경우 가혹한 육체적 고문이 따르는 수사가 장기화되면서 죽는 사람이 늘어나고 사림 사회의 민심은 걷잡을 수 없이 흉흉해졌다. 그것이 바로 기축옥사였다.

기축옥사 과정에서 명망 있는 사림인 최영경(崔永慶)과 이발(李潑) 같은 동인들이 죽었다. 최영경은 '정여립의 잔당'인 길삼봉(吉三峰)이란 가공의 인물을 찾는 과정에서 희생되었다. 남명 조식 문하의 수재였던 최영경의 죽음은 동인들에게 커다란 충격을 주었다. 특히 조식과 서경덕(徐敬德)의 제자들은 수사 책임자인 정철에게 이를 갈게 되었고, 그 불만은 궁극적으로 선조에게로 옮아갔다. 그들은 선조가 정철을 시켜 기축옥사를 벌이면서 사림들을 '가지고 논다'고 생각했다.

최영경 등의 죽음을 불러온 기축옥사를 치른 뒤에 조식과 서경덕 계열의 사림들이 북인으로 떨어져 나갔다. 이황(李滉)의 제자들은 남인이 되었다. 동인이 남인과 북인으로 다시 갈라진 것이다. 결국 기축옥사를 계기로 조정에는 남인, 북인, 서인의 붕당이 생겨나게 되었다.

기축옥사 때문에 붕당 정치는 위기를 맞았고, 사림 정치의 앞날에도 어두운 그림자가 드리워졌다. 선조 초반, 오랜 척신 정치가 끝나고 사림들이 조정의 주류로 섰을 때 그들은 나름대로 강한 사명 의식을 지니고 있었다.

> 우리는 수기치인을 표방하는 성리학을 공부한 학인이자 사류(士類)다. 우리는 이제 새 시대를 맞아 조정 내외에서 공도를 실현한다.

사류. 이 단어야말로 남인, 북인, 서인으로 갈라지기 이전 척신들에게 맞서고 있던 사림들을 묶어주는 공통분모이자 자의식의 원천이었다. 비록 동인과 서인이 나누어졌어도, 정치적 입장이 달라졌어도, 상대방의 존재를 인정할 수 있는 근거이기도 했다. 그런데 그 사류가 동인과 서인으로 갈라지더니 그것도 모자라 기축옥사를 겪으면서 서로 '피를 보는'

지경에까지 이르렀다. 특히 북인들은 '최영경 등이 억울하게 희생되었다'고 호소하는 자파의 주장에 남인들이 미온적인 반응을 보이는 것이 불만이었다.

1591년 서인의 영수 정철은 실각했다. 다른 서인들 역시 집권적 위치에서 밀려나고 말았다. 정철이 선조에게 선불리 왕세자를 세우라고 건의했던 것이 화근이었다. 이 사건을 보통 건저의(建儲議, 후계자 논의) 파동이라고 부른다. 하지만 정철의 실각은 각 붕당들을 적절히 '밀고 당기면서' 견제하고자 했던 선조의 의중에서 비롯된 것이었다. 서인의 실각과 함께 남인과 북인이 다시 집권적 위치에 서게 되었다. 붕당 사이의 교체와 부침이 본격화되는 서막이었다.

이듬해인 1592년 임진왜란이 터졌다. 바야흐로 7년여에 걸친 대전란이 시작된 것이다. 종묘사직 자체가 망해버릴지도 모르는 상황에서 각 붕당은 이렇다 할 대책을 제시하지 못했다. 광해군의 운명도, 붕당 정치의 앞날도 한 치 앞을 내다볼 수 없는 지경으로 빠져들고 있었다.

왕세자가 되다

임진왜란이 일어났던 것은 역설적이지만 광해군에게는 행운이었다. 1592년 4월 13일 부산에 상륙한 일본군은 파죽지세로 북상했다. 조선군은 수적으로도 열세인 데다 여러 면에서 일본군의 상대가 될 수 없었다. 일본군은 한마디로 '준비된 군대'였다. 지휘관들은 대부분 전국시대를 거치며 전장에서 잔뼈가 굵은 베테랑들이었고, 병사들은 새로운 무기인 조총을 갖고 있었다. 뿐만 아니라 그들은 오랫동안 조선 내정을 주시하면서 조선을 연구했다. 거기에 더하여 전쟁이 일어나기 전부터 조선에 드나들었던 대마도 출신 상인들이 통역으로 참전했다. 그들은 조선말을 자유로이 구사할 수 있었을 뿐 아니라 영남에서 서울까지의 지리도 훤하게 꿰뚫고 있었다. 그러니 전쟁 초반의 승부는 이미 결정된 것이나 다름없었다.

4월 28일, 일본군을 저지할 '최후의 보루'로 믿었던 도순변사(都巡邊使) 신립(申砬)마저 충주의 탄금대전투에서 참패하고 자살했다는 소식이 서울로 전해졌다. 신립의 패전으로 이제 충주에서 서울로 이르는 길목에는 아무런 방어막도 없게 되었다. 일본군의 진격은 더 빨라졌고, 서울 입성은 시간문제였다. 서울 장안은 순식간에 공포 분위기에 휩싸이고, 피난길에 오르는 사람들이 줄을 이었다.

조정에서도 파천론(播遷論)이 대두되었다. 선조가 서울을 떠나 북쪽으로 피난하여 회복을 도모해야 한다고 운을 떼자, 대부분의 신료들은 격렬하게 반대했다. 하지만 뾰족한 대책이 있는 것도 아니었다. 그저 수도를 버리면 민심이 흩어져 다시 회복할 수 없다는 원칙론만 제시할 뿐이었다. 결국 선조는 평안도 지역으로 떠나는 것을 염두에 두고, 이원익(李元翼)에게 먼저 내려가 현지 민심을 파악하라고 지시했다.

한편에서 피난 보따리를 싸고 있던 어수선한 상황에서 우부승지 신잡(申磼)은 선조에게 종묘사직의 장래와 민심 수습을 위해 왕세자를 책봉하라고 건의했다. 신잡은 탄금대에서 죽은 신립의 형이었다. 선조는 대신들을 불러 모아 왕자들 가운데 누가 왕세자로서 적당한지를 물었다. 아무도 쉽게 대답할 수 없었다. 낮에 시작된 논의는 한밤중까지 이어졌다. 대신들의 입장에서는 열세 명이나 되는 왕자들 가운데서 다음의 주군이 될 인물을 함부로 천거하는 것은 엄청난 도박일 수밖에 없었다. 선조가 누구를 의중에 두고 있는지도 모를뿐더러, 당시 선조는 한창 장년의 나이인 마흔한 살에 불과했다. 후계자를 운운하기에는 아직 일렀다. 이미 정철이 '건저의' 운운했다가 정치적 생명을 마감하지 않았던가? 왕세자를 세워야 한다는 신잡의 건의조차 정상적인 상황이었다면 '불충'으로 몰릴 수 있는 대담한 발언이었다.

사실 선조는 왜란 이전까지 후계 문제에 대해 이렇다 할 내색을 하지 않았다. 자신의 나이가 아직 한창인 점도 있었지만, 열세 명의 아들 가운데 누구를 왕세자로 세워야 할지 결정하는 것은 쉬운 문제가 아니었던 것이다.

한참 시간이 흐른 뒤 선조는 대신들에게 광해군이 어떠냐고 물었다.

광해군이 총명한 것을 알고 있었고 늘 염두에 두고 있었다.

선조는 광해군을 칭찬했고, 신하들은 얼떨결에 선조의 말에 전폭적으로 동의했다. 선조 자신이 오랫동안 광해군을 의중에 두어왔는지는 모를 일이지만, 신잡의 건의를 즉석에서 받아들여 그를 왕세자로 결정한 것은 그야말로 '전격적'인 일이었다. 불과 1년 전, 정철을 쫓아낼 때와는 영 딴판이었다. 임진왜란이 일어난 직후의 상황이 선조에게 그만큼 절박하게 인식되었다는 것의 반증이었다.

광해군을 왕세자로 세우겠다는 선조의 이야기를 들은 직후, 신잡은 이현에 있는 광해군의 저택에 군사를 보내 호위토록 해야 한다고 건의했다. 그리고 이튿날인 4월 29일, 광해군이 왕세자로 결정되었다는 사실이

공식적으로 발표되었다. 당시 광해군은 열여덟 살이었다.

평화로운 시기였다면 광해군을 왕세자로 책봉하는 의식은 화려하게 거행되었을 것이다. 문무백관이 경복궁 근정전에 모이고 『국조오례의(國朝五禮儀)』에 수록된 절차에 따라 의식이 거행되어야 마땅했다. 하지만 일본군이 지척까지 밀고 올라오는 상황에서는 그럴 겨를이 없었다. 광해군은 왕세자로 지명되자마자 피난 보따리를 꾸려야 했다. 그의 쓸쓸한 말로만큼이나 왕세자로서의 출발도 초라했던 것이다.

하지만 왜란이 일어나지 않았다면, 일본군이 그렇게 빨리 밀고 올라오지 않았다면, 선조가 광해군을 그렇게 쉽게 왕세자로 낙점했을까? 또 신하들 역시 그렇게 순순히 동의할 수 있었을까? 단 하루도 걸리지 않은 논의 과정과 몇몇 신하들의 구두 동의만으로 왕세자가 결정된 것은 가위 파격적인 일이었다. 그리고 이는 전쟁이 끝나고 상황이 안정되는 날, 엄청난 논란과 파란이 일어날 것을 예고하는 것이었다.

실제 왕세자가 되었다는 기쁨도 잠시뿐이었다. 4월 30일 새벽, 광해군이 선조를 따라 경복궁을 나와 피난길에 올랐을 때 그들을 따르는 문무관은 채 백 명이 되지 않았다. 전날 밤, 궁궐을 호위하는 군사들은 대부분 달아나고 궁궐의 성문도 채워지지 않았다. 모든 것이 파장 분위기였던 것이다.

피난하는 도중 목도했던 민심 또한 험악했다. 왕의 가마가 지척에 있음에도 무뢰배들이 경복궁에 들어가 보화를 약탈했다. 국왕의 호위를 거부하고 달아나는 군사 가운데는 "임금(일본군을 지칭)이 이제 왔으니 살아났구나. 기꺼이 적군을 맞이해야지"라고 떠드는 자도 있었다. 피난 행렬이 서울을 벗어나자마자 임해군의 저택을 비롯한 왕자궁들이 불에 탔다. 평소 불만을 품은 백성들이 불을 지른 것이었다. 서울의 상인들은 일본군이 와도 담담하게 맞이하고 있다거나, '경상도 백성들은 전부 일본군에게 붙었다'는 소식이 들려왔다. 선조와 광해군 일행을 따르던 신료들 중에도 나라가 이미 망할 수밖에 없다고 여겨 도망하는 자들이 나타나고 있었다. 이런 추세가 계속 된다면, 들려오는 소문이 사실이라면, 광해군은 왕위에 올라보지도 못하고 나라가 망할 판이었다.

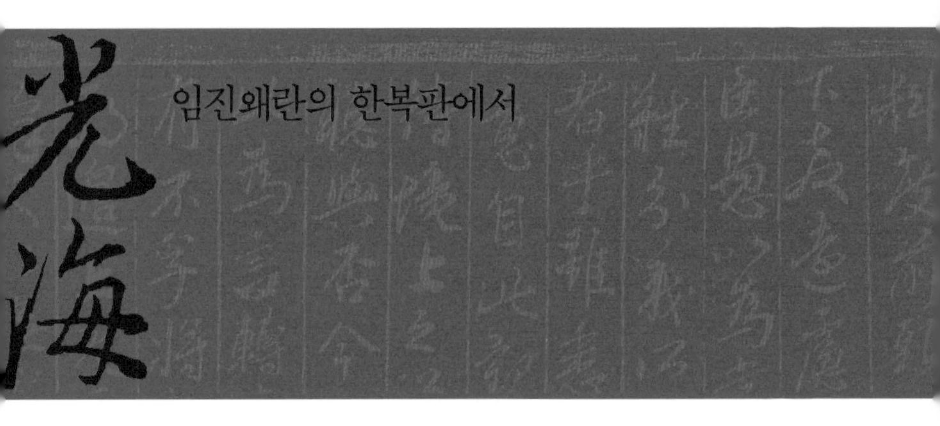

임진왜란의 한복판에서

임시정부를 이끌다

선조가 무슨 마음에서 광해군을 전격적으로 왕세자로 삼았는지는 알 수 없다. 1592년 5월 20일 선조는 평양에 머물면서 광해군을 왕세자로 책봉한다는 교서를 다시 반포하고, 친히 편지를 써서 광해군에게 주었다.

> 세자 혼은 훤칠하고 숙성하며 어질고 효성스러움이 자못 알려졌다. 뭇사람들이 추대하니 넉넉히 중흥의 운을 만들 수 있는지라, 사방의 사람들이 구가하여 이르기를 "우리 임금의 아들이시다"라고 한다. 왕위를 물려줄 계획은 오래전에 결정하였거니와 군국의 대권을 총괄토록 하려 한다. 이에 혼으로 하여금 임시로 국사를 다스리게 하노니 무릇 관직을 내리고 상벌을 시행하는 일을 편의에 따라 스스로 결단해서 하게 하노라 …… .

『난중잡록』에 나오는 구절이다. 광해군이 왕세자임을 다시 한 번 강조하고 그에게 인사권과 상벌권을 넘기겠다는 내용이다. 그것은 바로 광해군에게 이른바 분조(分朝)를 맡기겠다는 것이었다.

분조란 말 그대로 조정을 둘로 나눈다는 것이다. 일단 서울을 떠나 종사 회복을 위한 계책을 마련코자 했던 선조는 전황이 좀처럼 나아지지 않고 일본군의 추격이 계속되자 커다란 위기감을 느꼈다. 이에 광해군에게 자신의 권력을 일부 떼어줌으로써 그로 하여금 전쟁을 수행하고 민심을 수습케 하려 했던 것이다. 말하자면 광해군에게 '임시정부'를 맡긴 셈이었다. 그러면서 최악의 경우 선조 자신은 압록강을 건너 요동으로 들어가 명에게 의탁할 계획을 세웠다.

대부분의 신료들은 명으로 가겠다는 선조의 주장에 반대했지만, 선조는 고집을 굽히지 않았다. 그러면서 자신의 뜻을 명나라 측에 타진하라고 지시했다.

요동으로 귀순하겠다는 선조의 의사를 접한 명나라 요동 지역 사령관 학걸(郝杰)은 북경 조정에 긴급 보고를 띄웠다.

> 일본군은 이미 대동강까지 이르렀고, 조선 국왕은 요동으로 들어올지도 모른다고 합니다. 그를 거절하자니 안쓰럽고 받아들이자니 난처합니다. 처리 지침을 내려주십시오.

북경의 명 조정 역시 당황했다. 명 조정은 고심 끝에 학걸에게 다음과 같은 지침을 주었다. 일단 일본군을 막는 데 최선을 다하도록 선조를 독려하되, 그가 요동으로 넘어올 경우 적당한 거처를 마련해 위로해주라는 것이었다. 동시에 조선의 피난민들이 선조 일행과 함께 섞여 들어오는 것은 절대로 금지하라는 내용도 첨부했다.

위와 같은 시나리오가 현실로 나타나지는 않았지만, 선조는 1592년 6월 자신의 요동행을 전제로 광해군에게 국왕 자리를 넘겨주려고 했다. 그러나 조정 신료들은 또다시 격렬하게 반대했다.

신료들은 물러나겠다는 선조의 의사에 순순히 동의할 수 없었다. 그것은 신하로서 최악의 '불충'일뿐더러, 상황이 바뀌면 목숨을 내놓아야 할 일일 수도 있었다. 선조의 입장에서는 이미 임금으로서 자존심을 구긴 처지에서 신료들의 '충성도'를 떠보는 것일 수도 있었다. 선조는 이후에도 자신의 입장이 곤란해질 때마다 광해군에게 왕위를 넘기겠다는 의사를 여러 번 내비친다. 그것이 선조의 진심이었는지는 모르겠지만, 위기를 돌파하기 위해 생각해낸 '카드'일 것이라는 생각이 든다.

신료들의 반대에 밀린 선조는 물러나겠다는 의사를 철회하는 대신 광해군에게 분조를 이끌고 함경도로 떠나라고 지시했다. 바야흐로 조선 역사상 처음으로 국왕의 권한이 분할되는 상황이 연출되었던 것이다.

광해군이 분조를 이끌면서 벌였던 활약은 눈부셨다. 무엇보다 중요한 성과는 백성들에게 조정이 아직 건재함을 알렸다는 점이다.

선조가 의주까지 피난해온 뒤로 삼남 지방을 비롯한 조선 팔도에 대한 조정의 통제력은 여의치 않았다. 물론 이순신(李舜臣)이 이끄는 수군이 전라도 연안에서 서해로 이어지는 제해권을 장악하여 수로를 통한 의주와의 연결에는 문제가 없었다. 하지만 서울을 비롯하여 팔도의 요소요소에는 일본군이 들끓고 있었다. 때문에 백성들 가운데 상당수는 선조가 여전히 왕 노릇을 하고 있는지, 조정이 유지되고 있는지에 대해 의

구심을 품고 있었다. 왕조 국가에서 조정이란 사서(士庶)를 막론하고 백성들이 충성을 바칠 대상이자 구심점이다. 적어도 선조가 궁벽진 의주에 쫓겨 가 있는 동안, 백성들의 의식 속에서 조정은 이미 사라진 것이나 마찬가지였다.

광해군이 분조를 이끌고 처음 출발한 것은 1592년 6월 14일이었다. 그는 이후 12월 말까지 영변, 운산, 희천, 덕천, 맹산, 곡산, 이천(伊川), 성천, 은산, 숙천, 안주, 용강, 강서 등 평안도와 함경도, 강원도, 황해도 등의 여러 지역을 옮겨 다니면서 흩어진 민심을 수습하는 한편, 의병의 모집과 전투의 독려, 군량과 말먹이의 수집 운반 등 전란 수행을 위한 활발한 활동을 벌였다. 같은 해 7월 이천에 머물고 있던 광해군은 의병장 김천일(金千鎰)에게서 의병 활동을 보고받고 그에게 항전을 독려하는 격문을 보내 사기를 고취했다. 김천일은 이후 강화도에 머물면서 광해군의 명령을 삼남 지방에 알리는 역할을 담당했다.

광해군은 이어 전 이조참의 이정암(李廷馣)에게 황해도의 연안성을 사수하라는 명을 내린다. 이정암은 겨우 500여 명의 의병을 이끌고 5천 명 가까운 적을 맞아 결사적으로 항전함으로써 연안성을 지켜냈다. 연안성 사수는 참으로 의미가 컸다. 황해도 일대에서 약탈을 일삼던 적세는 한풀 꺾였고, 황해도의 일본군과 연결을 꾀했던 평양의 고니시 유키나가군(小西行長軍)은 고립되었다. 뿐만 아니라 의주에서 연안을 거쳐 서해의 강화도로 연결되는 조선 조정의 교통로가 확보될 수 있었다.

광해군의 활동은 왜란 초 일본군에게 어이없이 유린되었던 조선 조정이 비로소 본격적으로 항전을 독려하고 전쟁 수행에 나서는 시발점이 되었다. 백성들은 조정이 아직 건재하다는 사실을 확인하게 되었고, 여기저기서 광해군의 분조를 향해 사람들이 모여들고 있었다. 바야흐로 분조는 민심을 수습하고 전란을 수행하는 구심점이 되었다.

분조를 이끄는 동안 광해군이 겪었던 고초는 대단히 컸다. 1592년 6월부터 12월까지 그가 분조를 이끌고 전전했던 지역은 모두 일본군이 득실대던 곳에서 그다지 멀지 않았다. 또 험준한 산악과 고개가 널려 있어 거둥하는 것 자체가 쉽지 않은 지역들이었다. 궁중에서 손가락 하나 까딱하지 않고 호의호식하던 그였지만, 때로는 노숙까지 감수해야 했다. 산악 지역에서의 노숙은 후유증이 큰 것이어서, 1593년 봄과 여름 동안 광해군은 해주에 머물면서 계속 병석에 누워 있어야만 했다.

6월 15일에 선왕께서 요동으로 건너가려 계획하고 종사의 신주를 전하(광해군)께 부탁하고는 신하 약간 명을 거느리고 박천에 머무르고 계셨습니다. 이때 전하께서는 신주를 모시고 험난한 길로 희천을 지나 장동에 머무르다 원홍을 지나 평전에 도착하게 되었습니다. 그때 산길이 험준하여 백 리 길에 사람 하나 없었는데, 나무를 베어 땅에 박고 풀을 엮어 지붕을 만들어 노숙하였습니다. …… 험난한 산천을 지나느라 하루도 편안히 지내지 못하면서 7일에 이천에 머무르며 이튿날 칠로(七路)에 격문을 보내 여러 성의 사람들을 불러 적을 토벌하고 국가를 회복하는 의리로 깨우쳤습니다. 격문이 닿는 곳마다 인심이 분발하여 고을의 백성들을 모아 의병으로 봉기했습니다. 이리저리 흩어져 다니던 사대부들도 짚신을 신고 지팡이를 끌며 끊이지 않고 모여들어 어느 정도 조정의 모양을 이루게 되었습니다. 그러니 국세가 회복되고 종사가 다시 안전하게 될 수 있던 것은 이천(伊川)으로 거둥한 데서 연유한 것이 아니겠습니까? …… 그로부터 경상도와 강원도에서 길을 떠났던 사람들은 산길을 통해 도착하고, 전라도와 충청도에서 길을 떠났던 사람들은 바닷길을 통해 도착하여, 조정의 명령이 사방으로 전달되어 원근에 사는 백성들의 마음이 모두 귀향하게 됨으로써 중흥의 기틀을 이룩하였던 것입니다. 이것이 과연 누구의 공입니까?

위의 기록은 1610년, 분조 당시 광해군을 수행했던 유대조(兪大造)란 인물이 올린 상소문의 일부다. 그런데 흥미로운 것은 왜란 당시 광해군의 활약상을 가장 실감나게 담은 위의 내용이 정족산본 『광해군일기』에는 완전히 삭제되어 있다는 점이다. 아마 인조반정 이후 광해군 축출의 정당성을 확보하는 과정에서 그렇게 했던 것이겠지만, 왜란 당시 광해군의 활약은 그를 비판하는 측에게도 부담스러울 정도로 눈부셨던 것만은 분명해 보인다.

분조를 이끌면서 보여준 활약을 통해 광해군은 왕세자로서의 위치를 어느 정도 굳히게 되었던 것 같다. 적어도 왜란 중의 활약을 기준으로 따진다면, 많은 형제들 가운데 왕세자로서 광해군의 위치와 권위에 위협을 줄 만한 인물은 없어 보였다. 더욱이 왕위 계승을 위한 선천적 자격에서 광해군보다 우위에 있던 친형 임해군은 왜란을 겪으면서 선조를 실망시키고 말았다.

『선조수정실록』에 보면 임해군과 관련된 기록들이 몇 가지 등장한다. 그에 따르면 임해군에 대한 평가는 부정적이다. 그는 우선 학문을 닦는 데 태만했다. 장차 성군이 될 자질을 기르는 기반이 학문이라고 보면 문제가 될 수밖에 없었다.

일본군 장수 가토 기요마사
가토는 왜란 초반 함경도를 점령하고, 왕자 임해군과 순화군을 포로로 잡았다. 명과 강화를 추진하여 전쟁을 끝내려 했던 고니시 유키나가와는 달리 전쟁을 계속하자고 주장한 강경파였다. 조선에서의 부정적인 이미지와는 달리 일본에서는 용맹하고 세심할 뿐 아니라 회계에도 밝은 지장(智將)이라는 평가를 받았다.

뿐만 아니라 그의 궁에 소속된 노비들의 작폐가 극심하여 문제가 되었다. 피난길에 올랐던 선조가 개성에 도착했을 때 개성 주민들이 가장 심각한 '애로 사항'으로 꼽았던 것이 궁가의 작폐였다. 왕자궁의 노비들이 주인의 위세를 믿고 마구잡이로 민폐를 끼쳐 당시 사회적인 문제가 되었고, 바로 그 한가운데 임해군이 있었던 것으로 여겨진다. 나중에 그를 "광포하다"고 기술했던 실록의 평가는 어느 정도 개연성이 있었던 것이다. 선조가 피난길에 오른 직후, 서울의 난민들은 임해군의 저택을 비롯하여 왕자들의 궁을 불질러 태워버렸다. 평소 왕자궁 소속 노비들의 횡포 때문에 원망을 품었던 난민들의 분풀이였다. 그런데 유독 광해군의 저택만이 무사했다는 기록은 흥미롭다.

어쨌든 선조는 피난길에 오를 때 임해군을 함경도로 들여보내면서 근왕병을 모으고 민심을 수습하라고 당부했다. 하지만 그는 함경도로 들어간 뒤 다시 선조를 실망시키고 말았다. 근왕병은커녕, 동생 순화군(順和君)과 함께 회령에서 일본군에게 포로가 되고 말았던 것이다. 그런데 충격적인 것은 그가 포로가 되는 과정이었다. 임해군은 애초부터 일본군에 의해 포로가 된 것이 아니었다. 그는 당시 회령으로 귀양을 와 있던 아전 국경인(鞠景仁)에게 포박되어 일본군 장수 가토 기요마사(加藤清正)에게 넘겨졌던 것이다.

국경인은 이 때문에 이후 대표적인 '반역자'로 역사책에 이름을 올리게 되었다. 그런데 그는 왜 왕자를 잡아서 일본군에 넘기는 엄청난 짓을 저질렀을까? 그것은 아마도 조선 초부터 차별을 받았고, 중앙 조정에게도 '교화와는 거리가 먼 지역'으로 멸시받아왔던 이 지방 사람들의 반감과 관련이 있는 것으로 보인다. 더욱이 일본군의 교묘한 선무공작이 맞물리면서 왜란 당시 반역자가 속출했는데, 국경인 역시 조정에 대해 원망을 품고 있던 차에 그 같은 분위기에 편승했던 것이 아닌가 싶다. 요컨대 '임해군 포박 사건'은 왜란을 통해 드러난 조선 사회의 모순을 상징하는 사례였다고 하겠다.

어쨌든 임해군이 일본군에게 사로잡힌 것은 조선 조정에 엄청난 부담으로 작용했다. 우선 일본군은 1593년 2월 이후 명군과 강화 협상을 벌이면서 임해군의 석방 문제를 중요한 '카드'로 활용했다. 그들은 일본군이 한반도에서 철수하고 임해군을 석방하는 대가로 경상도, 전라도, 충청도를 일본에 넘겨줄 것과 진사사절(陳謝使節)을 보낼 것을 요구했다.

또 명나라 조정은 임해군이 포로가 되도록 만든 책임은 궁극적으로 선조에게 있다고 질타했다. 임해군은 선조에게 그야말로 '애물단지'가

되고 말았다. 이 같은 임해군에 비해 광해군은 상대적으로 돋보이는 존재일 수밖에 없었다.

명군, 조선에 들어오다

눈부신 분조 활동으로 광해군에 대한 조야의 신망은 높아졌고, 왕세자로서의 위치는 굳어진 것처럼 보였다. 하지만 예기치 않은 문제들이 생겼다. 그 문제들은 기본적으로 명의 조선에 대한 압력과 관련이 있었다.

명나라가 임진왜란에 참전했던 것은 결코 조선을 돕기 위해서만은 아니었다. 도요토미 히데요시는 조선을 치기 전부터 공공연히 '가도입명(假道入明, 조선의 길을 빌려 명을 친다)'을 떠벌이고 있었다. 이 같은 사실은 명의 복건 지방과 일본을 오가며 무역했던 상인들을 통해 알려졌고, 명 조정에도 보고되었다. 명은 실제로 왜란이 일어나기 2년 전부터 도요토미 히데요시의 침략 가능성을 감지하고 있었다.

실제 임진왜란이 일어난 직후 명이 보인 태도는 흥미롭다. 조선에 왜란이 일어났다는 사실을 알려주자 그들은 산동, 천진 등 자국 연안의 방어 태세부터 먼저 점검했다. 그러고는 상황을 관망했다. 조선이 사신을 거듭 보내 구원군을 보내달라고 호소해도 별로 급한 기색을 보이지 않았다. 일본군의 진로, 조선의 대응 등을 유심히 살피면서 자국에 미칠 영향을 따져보고 있었던 것이다. 그들이 무엇보다 주시한 것은 일본군이 과연 압록강을 건너 자국 영토로 진입할지의 여부였다.

의주까지 밀려온 조선 조정이 지원을 거듭 호소하자 명은 1592년 7

월 약 3천 명의 기마병을 보내왔다. 최초의 명나라 원군이었다. 하지만 그들의 전력은 형편없었다. 우선 그들은 일본군, 혹은 왜구와 싸워본 경험이 전무한 군대였다. 병력 규모로도 일본군의 상대가 되지 못했고, 무기는 더더욱 형편없었다. 전체 병력 가운데 1천 명 정도는 창이나 칼도 없이 몽둥이로 무장하고 있었다. 지휘관 조승훈(祖承訓)이란 자는 그런 병력을 이끌고 평양성을 공격하는 만용을 부렸다. 하지만 몽둥이로 일본군의 조총을 막을 수는 없었다. 명군은 그야말로 '박살'이 났고, 조승훈은 패잔병을 이끌고 압록강을 건너 도망쳤다.

조승훈의 패전은 명에게 충격 그 자체였다. 이제 일본군의 위력을 절감하게 되었다. 그런 일본군이 압록강을 건너오게 된다면? 명은 조선에 다시 참전하는 문제를 심각하게 고민하기 시작했다. 갑론을박 끝에 내려진 결론은 이러했다.

> 조선이 일본에 완전히 넘어가면 요동이 위험해진다. 요동이 떨어지면 천진이 위협받고, 궁극에는 북경마저 안심할 수 없다. 결국 조선은 요동의 '울타리'이자 일본군이 중원으로 건너오는 '다리'나 마찬가지다. 그러므로 조선을 지켜야만 한다.

왜란이 일어나기 전 왜구들이 주로 공략했던 곳은 복건과 절강이었다. 왜구 때문에 이들 지역이 겪어야 했던 피해는 심각했다. 하지만 복건과 절강은 수도 북경과는 수천 킬로미터나 떨어져 있다. 왜구, 아니 일본 정규군이 복건과 절강에 상륙한다 해도 그들이 북경까지 위협할 수 있다고는 생각하지 않았다. 아마 북경까지 오는 도중 제풀에 지쳐버리거나 중국에 '동화'될지도 모를 일이었다. 일본군이 이들 지역을 위협한다 해도 북경에서 보면 그것은 '강 건너 불'이었다. 하지만 요동은 달랐다. 요동에서 북경은 그야말로 지척이었다.

명은 결국 다시 원병을 보내기로 했다. 요동을 지키는 울타리로서 조선의 전략적 중요성을 새삼 절감했기 때문이었다. 요동이 명에게 '이(齒)'라면 조선은 '입술(脣)'이었다. 입술이 없어지면 이가 시린 법이다. '순망치한(脣亡齒寒)', 그것이야말로 명군이 조선에 다시 들어오게 되었던 진짜 이유인 것이다.

1950년 마오쩌둥(毛澤東)이 한국전쟁에 중공군을 보냈던 배경도 마찬가지였다. 한국전쟁 초기, 북한군은 승승장구했다. 낙동강 유역 일부만을 남기고 남한 전체를 점령했다. 하지만 마오쩌둥은 북한이 곧 '세계 최강' 미국에게 밀리게 될 것임을 알고 있었다. 미군이 그 거대한 군사력을 본격적으로 투입한다면? 역전은 다만 시간문제일 뿐이었다. 전세가 역전되어 미군이 북상하고 압록강까지 이른다면? 그것은 불과 몇 개월 전에 성립한 중화인민공화국의 사회주의 정권을 위협하게 될 것이다. 천신만고 끝에 이룩한 사회주의 혁명은 곧바로 위기에 처할 것이다. 마오쩌둥은 1950년 7월, 약 13만 명의 중공군을 집안, 단동 등 북한과 마주 보는 압록강변으로 보냈다. 이어 인천상륙작전이 성공하고 자신이 예상했던 대로 국군과 미군이 압록강변까지 밀고 올라오자, 주저 없이 중공군을 북한에 투입했다.

오늘날 중국에선 1950년 한국전쟁을 '항미원조(抗美援朝)전쟁'이라고 부른다. 미국에 저항하여 조선을 돕기 위한 전쟁이라는 뜻이다. 당시 참전했던 중공군의 공식 명칭은 '항미원조전쟁 중국인민지원군(中國人

항미원조기념탑

중국 단둥시 항미원조기념관 내에 세워진 항미원조기념탑이다. 임진왜란을 항왜원조전쟁, 한국전쟁을 항미원조전쟁이라고 부르는 중국인들에게, 한반도는 예나 지금이나 가장 중요한 전략 요충일 수밖에 없다.

民志願軍)'이다. 재미있는 것은 '지원군(支援軍)'이 아닌 '지원군(志願軍)'이라는 점이다. 앞의 말은 '돕는다'는 의미를 담은 '원군'인 데 비해 뒤의 말은 자발적인 필요에 의해 참전한 '자원군'의 의미가 강하다. 결국 마오쩌둥의 한국전쟁 참전은 북한의 요청이 없었어도 이루어졌을 것임을 암시하는 것이 아닐까? 한반도는 예나 지금이나 중국에게 참으로 중요한 전략적 요충지라는 사실을 웅변해주는 대목이다.

그러면 오늘날 중국에서 임진왜란은 무엇이라 부르는가? '항왜원조(抗倭援朝)전쟁'이다. 일본에 저항하여 조선을 돕기 위한 전쟁이라는 뜻이다. 명칭으로 보면 '조선을 돕기 위한 전쟁'이지만, 명의 참전은 사실 자국의 안보를 확보하는 차원에서 이루어진 것이었다.

병부상서 석성(石星)과 제독 이여송

석성(왼쪽)은 왜란 당시 명나라의 국방장관이었고, 이여송(오른쪽)은 조선에 들어온 명군의 최고 지휘관이었다. 조선족 출신인 이여송은 평양전투에서 일본군을 격파하여 전세를 역전시켰지만, 벽제전투에서 패함으로써 오점을 남기고 말았다. 석성 역시 이여송의 패전 이후 강화 협상에 골몰하다가 협상이 결렬되자 실각하고 만다.

명은 조선에서 일본군을 막는 것이 명 본토를 막는 것보다 여러 가지로 유리하다고 여겼다. 우선 자국 땅을 전장으로 만들지 않을 수 있었다. 더욱이 조선은 평원 지대인 요동에 비해 지형이 험해 방어에 유리했다. 여차하면 명군이 필요로 하는 군량이나 군수물자를 조선에 요구할 수도 있었다. 또 자신들의 절박한 필요성 때문에 참전하면서도 조선에 대해서는 '구원군'으로서 생색까지 낼 수 있었다. 죽이 되든 밥이 되든 압록강 이남에서 일본군을 저지할 수만 있다면, 명의 목표는 일단 달성되는 것이었다. 이 같은 배경에서 명은 1592년 12월 병부시랑(오늘날의 국방부 차관) 송응창(宋應昌)과 제독 이여송(李如松)이 거느리는 4만 5천의 대군을

「평양성탈환도」

1593년 1월 이여송이 이끄는 명군이 평양성을 탈환하는 장면이다. 평양전투에서 명군이 승리할 수 있었던 것은 거의 전적으로 화력의 우세에서 비롯된 것이었다. 그림의 왼쪽 두 번째 폭에 불을 뿜고 있는 명군의 불랑기포(佛狼機砲)가 보인다.

파견했다.

왜란 당시 두 번째 보낸 원병이었다. 이번 원병 가운데는 왜구와 싸웠던 경험을 지닌 남병(南兵)들도 포함되어 있었다. 복건, 절강, 광동 출신의 병사들로 구성된 남병은 기본적으로 포병이었다. 왜구를 막기 위해 멸로포(滅虜砲), 호준포(虎蹲砲), 대장군포(大將軍砲) 등 화포를 다수 갖추고 있었다.

1593년 1월 9일 명군은 평양전투에서 일본군을 격파했다. 애초에 크게 이기리라고 기대하지 않았는데 뜻밖의 승리였다. 명군이 지니고 있던 화포가 대단한 위력을 발휘했던 것이다. 멸로포, 호준포, 대장군포 등등 명군 화포들의 화력 앞에서 일본군은 조총만으로 저항할 수 없었다.

결국 고니시 유키나가(小西行長)가 이끄는 평양의 일본군은 남쪽으로 도주하고, 함경도에 주둔했던 가토 기요마사의 부대는 고립되어버렸다. 전세는 단번에 역전되었다.

명군은 일본군을 추격하면서 남하하기 시작했다. 그런데 문제가 생겼다. 평양전투의 전공 포상 문제를 놓고 송응창과 불화를 빚던 이여송이 공명심에 못 이겨 일본군을 무리하게 추격하다가 역습에 말려들었던 것이다. 포병의 화포 지원을 받지 않은 채 휘하의 가정(家丁, 사병적 성격을 지닌 이여송 개인의 친위대)과 기마병만으로 일본군을 쫓았던 이여송은 파주의 벽제관 부근에서 대패했다. 이여송은 휘하 병력의 대부분을 잃고 개성으로 도망치고 말았다. 1월 27일의 일이었다.

명군, 조선의 걸림돌이 되다

벽제관의 패전을 계기로 명군은 태도를 바꾸었다. 일본군과 더 이상의 접전을 회피하고 강화 협상을 통해 전쟁을 종식시킨다는 방향으로 돌아섰던 것이다. 명군 지휘부에서는 "더 이상 속국을 위해 피를 흘릴 수는 없다"는 주장이 대두되었다. 명 조정에서도 조선 원정군에게 소요되는 비용이 너무 부담스럽다는 이유로 빨리 전쟁을 끝내야 한다는 목소리가 높아갔다. 이미 평양을 탈환하고 일본군을 서울 남쪽으로 후퇴하도록 만든 것만으로도 "명은 조선을 위해 할 만큼 했다"라거나 "명이 일본과 원수가 될 까닭이 없으니 결전을 벌일 필요는 없다"는 등의 목소리에 힘이 실리고 있었던 것이다.

명의 입장에서 그 같은 태도는 어쩌면 당연했다. 어차피 그들의 목적

벽제관

1930년대의 모습이다. 벽제관은 본래 조선을 방문하는 명나라 사신들이 서울에 들어오기 직전에 머물던 영빈관이었다. 1593년 1월 벽제관 옆의 혜음령(惠陰嶺) 부근에서 이여송의 명군은 일본군의 역습에 말려 대패했다. 이여송은 개성으로 도망쳤고, 이후 명군은 일본군과의 싸움을 회피하게 된다.

은 압록강 이남에서 일본군을 저지하는 것이었다. 그러니 대충대충 싸우면 되는 것이지 굳이 사생결단하겠다고 나서서 낯선 땅에서 '개죽음'을 할 필요는 없었다. 명군 지휘부가 더 이상 전투를 치르지 않고 철수하려 한다는 소식이 전해지자 명군 진영에서는 환호성이 터져 나왔다.

명 조정은 골동품 상인 출신인 심유경(沈惟敬)을 조선에 보내 고니시 유키나가와 협상을 시작했다. 세 치 혀만 갖고 일본군을 물러나게 하라는 명을 받은 심유경이 나타나자, 송응창은 명군에게 싸움을 중지하라고 지시했다. 그러고는 조선 조정에 대해서도 자신들의 결정에 따를 것을 종용했다.

지금 그대들의 나라는 전쟁 때문에 만신창이가 되었다. 까닭 없이 쳐들어와 나라를 이 지경으로 만든 일본이 밉기야 하겠지만 어쩌겠는가?

강화를 통해 몇 년간 시간을 벌고, 그동안 백성들의 어깨를 펴주고 힘을 길러라. 와신상담하여 힘을 기른 뒤에 그때 가서 일본에 복수하면 되지 않겠는가?

전란으로 만신창이가 된 조선을 배려해주려는(?) 분위기가 물씬 풍긴다. 하지만 조선 조정은 속이 터질 수밖에 없었다. '영원히 함께할 수 없는(萬歲不共) 원수'인 일본과 강화를 하라니? 조선으로서는 도저히 받아들일 수 없었다. 특히 선조는 속이 뒤집힐 지경이었다. 일본군은 선왕들의 무덤까지 파헤친 족속이 아니던가? 그런 야만인들과 강화를 맺을 수는 없었다. 선조는 유성룡 등을 이여송과 송응창에게 보내 명군을 전진시켜 일본군을 한반도 밖으로 몰아내줄 것을 간청했다.

명군 지휘부의 반응은 냉담했다. 송응창은 유성룡에게 "싸우려면 너희들이나 싸워라"라고 핀잔을 주었다. 송응창은 심지어 측근들에게 "오랑캐를 설득시키는 것이 왜 이리 힘드냐"고 모욕적인 푸념을 늘어놓기도 했다.

강화 논의가 대두되어 명군이 일본군과의 싸움에 손을 놓고 있던 1593년 2월, 전라감사 권율(權慄)은 한강변의 행주산성에서 일본군을 대파했다. 벽제전투에서 완패한 뒤 일본군과 전투를 꺼렸던 명군은 머쓱해졌다. 그러나 그것도 잠시뿐이었다. 송응창은 권율을 잡아오라고 지시했다. 불러다가 곤장을 칠 요량이었다. 그가 명군의 허락 없이 일본군을 함부로 공격했다는 것이 이유였다.

4월 19일, 일본군이 서울에서 철수할 때는 조선군이 추격하여 보복할 것을 우려하여 명군이 일본군을 '에스코트'하는 기막힌 상황마저 빚어졌다. 조선군 지휘부와 선조는 땅을 쳤다. 하지만 이미 작전권과 지휘권을 명군에게 넘겨준 것이나 마찬가지인 상황에서, 조선이 할 수 있는 일은 아무것도 없었다. 이제 명군이 조선에서 '구원군'이 아니라 '걸림돌'이 되었다는 사실을 분명하게 보여주는 대목이었다.

선조는 답답한 마음에 일본군에게 항복할 것을 고려하기도 했다. 상황에 변화를 주면 일본군의 태도가 주전(主戰)의 방향으로 돌아서고, 그러면 혹시라도 명군이 마음을 고쳐먹고 일본군과 최후의 결전을 벌일지도 모른다는 절박한 기대 때문이다. 참으로 졸렬한 발상이었다. 하지만 명의 군사력에 의지하여 전쟁을 치를 수밖에 없었던 비참함과 울분이 서려 있는 고육책이기도 했다.

선조와 조선 조정이 자신들이 시도하는 강화 협상에 계속 반발하는 기미를 보이자, 명에서는 왕위 교체론을 흘리기 시작했다. 자신들의 전략 구상에 방해가 되는 선조를 그대로 두지 않으려 했던 것이다. 1593년 9월 명나라 신료 증위방(曾偉邦)이란 자는, 선조가 어리석고 나태하여 왜란을 초래했다고 규정하고 그에게 기회를 준 뒤 '개과천선'의 기미가 보이지 않으면 왕위에서 물러나도록 하고 대신 광해군을 즉위시켜야 한다는 주장을 폈다.

이 대목에서 다시 한국전쟁을 떠올리게 된다. 1951년 6월 이후 미국은 휴전을 통해 전쟁을 끝내기로 마음을 굳혔고, 이승만은 이에 격렬하게 반발했다. 그는 1953년 미국의 동의 없이 반공 포로들을 석방했는가 하면 '북진통일'을 주장했다. 이승만을 설득하려 애썼던 미국은 그것이 여의치 않자 비상수단을 꾀했다. 이승만을 제거하는 쿠데타 계획을 세웠던 것이다. 결국 이승만은 자신의 '고집'을 꺾을 수밖에 없었다. 한반도와 그곳에 사는 사람들에게 짙게 드리워져 있는 강대국의 영향력을 절감할 수 있는 대목이다.

지는 선조, 뜨는 광해군

1593년 10월, 선조와 광해군은 서울로 돌아왔다. 하지만 강화 논의가 제기되었음에도 불구하고 일본군은 조선에서 철수하지 않았다. 대신 그들은 남해안 일대로 물러나 장기주둔 태세에 돌입했다. 강화 협상이 틀어질 것임을 예고하는 전조였다. 명군 역시 일본군을 따라 남하할 수밖에 없었다. 싸울 의지는 없이 그저 대치하는 수준이었다. 그러면서도 그들은 조선군이 일본군을 공격하는 것을 쉽사리 허락하지 않았다. 어쨌든 강화 협상을 성공시키려면 일본군을 구슬려야 했기 때문이었다.

명군의 협상 책임자인 심유경은 영남 일대의 일본군에게 '심유경 표첩(票帖)'이란 것을 발급해주었다. 일종의 통행 허가증이었다. 그것을 소지한 일본군이 조선인 마을을 들락거려도 조선 사람들은 그들에게 적대행위를 할 수 없었다. 일본군을 공격했던 조선군 지휘관이 명군 지휘부에 붙들려가 곤장을 맞는 사태가 빚어졌다.

이제 조선은, 아니 조선 백성은 이중으로 시달리게 되었다. 한편에선 일본군에게 시달리고, 다른 한편에선 싸우지 않고 군량만 축내는 명군에게 엄청난 피해를 보아야 했다. 적과 싸울 의지가 사라진 병력은 군기가 빠질 수밖에 없다. 명군이 그러했다. 그들이 자행하는 민폐가 속출했다. 살인, 강간, 약탈 ……. "명군은 참빗, 일본군은 얼레빗"이란 속요가 하층민들 사이에 퍼져갔다. 명군이 자행하는 민폐가 일본군보다 더 크다는 것을 빗댄 속요였다.

명군이 남쪽으로 내려간 뒤 명나라 조정은 '광해군 카드'를 빼어 들었다. 광해군을 전라도, 경상도 지역으로 내려 보내 선조를 대신하여 군사 관계 업무를 총괄토록 하라고 종용했던 것이다. 고분고분하지 않은 선조 대신 광해군을 삼남 지방으로 내려 보내 명군을 지원토록 할 요량이었다.

1593년 윤달 11월 19일, 광해군은 다시 서울을 떠나 남행길에 올랐다. 이번에는 분조가 아니라 '무군사(撫軍司)'라는 것을 이끌었다. 하지만 사실상 두 번째 분조 활동인 셈이었다. 좌의정 윤두수, 병조판서 이항복(李恒福), 호조판서 한준(韓準) 등이 무군사에 소속되어 그를 따랐다. 1593년 12월, 공주에 도착한 광해군은 이후 전주, 홍주, 청양, 직산 등 전라도와 충청도 일대를 돌며 병력을 모집하여 훈련 시키고 군량을 수집하여 명군에게 공급토록 했다. 그는 1594년 8월 25일 서울로 귀환했다.

특히 광해군이 홍주에 머물고 있던 1594년 봄, 송유진(宋儒眞)이 반란을 일으켰다. 광해군을 수행했던 신료들은 그의 안위를 염려하여 다른 곳으로 피신할 것을 종용했지만, 그는 따르지 않고 그대로 머물면서 난의 진압 과정을 지휘했다.

반란은 이미 예견된 것이었다. 1594년은 대기근의 해였다. 백성들은 굶어 죽기 직전에 몰렸는데 관청의 징발과 징세는 그치지 않고 오히려 더 심해졌다. 지방에 주둔한 명군은 군량을 빨리 공급하라고 조선 조정에 재촉해댔고, 그 부담과 피해는 온전히 백성들에게 전가되었다. 관리들은 민가의 소소한 곡물까지 전부 거두어 갔다. 전란과 징색 때문에 벼랑 끝에 몰린 백성들은 저항을 꾀할 수밖에 없는 상황이었다. 송유진 등이 반란을 꾀한 것도 그 같은 분위기에 편승한 것이었다.

그런데 반란을 일으키면서 송유진 등이 내세웠던 슬로건은 광해군에게는 곤혹스런 내용이었다.

> 군대를 이끌고 서울로 올라가 궁궐을 포위한다. 삼 일 동안 통곡함으로써 임금이 스스로 허물을 뉘우치고 동궁에게 왕위를 넘겨주도록 종용하겠다.

전란 중 아버지 선조의 권위가 땅에 떨어진 사실을 광해군이 직접 목도하는 순간이었다.

어쨌든 분조와 무군사 활동을 통해 왕세자 광해군은 조선 팔도의 남과 북을 거의 주유한 셈이 되었다. 왕세자가 된 이래 물경 27개월을 서울의 궁궐이 아닌 지방에서 보냈다. 조선시대 임금 가운데 광해군만큼 전국의 구석구석을 돌아다녔던 왕도 없었다. 그는 이 경험을 통해 전쟁이 백성들에게 남긴 상처를 직접 보았고, 왜란 중의 밑바닥 민심을 파악할 수 있었다.

광해군이 서울로 돌아온 이후에도 명 조정은 계속 광해군에게 경상도와 전라도의 군무를 주관하라고 요구했다. 선조가 미적거리자 1595년 3월에는 명나라 황제 명의로 칙서까지 보내왔다. 선조는 칙서를 받기 위해 모화관으로 나아갔다. 광해군과 백관들도 같이 갔다. 사신으로 북경에 다녀온 윤근수 편에 보내온 칙서였다.

> 황제는 조선국 광해군 혼에게 칙서를 내려 유시하노라. 지난번 경략

> 관이 보고하기를 "왜군들은 도망갔고 속국은 이미 회복되었습니다. 광해군은 청년으로 영특하고 총명하여 신민들이 복종하니, 충의로운 신하를 선발하여 거느리고 전라도와 충청도에 머물면서 방어를 책임지도록 하십시오"라고 하였다. …… 이제 그대에게 전라도와 경상도 지방의 군사 관계 업무를 책임지도록 명령하노라. 군량미를 비축하고 병사들을 불러 모으며, 진지를 구축하여 병기를 배치하고, 병사를 훈련시켜 요새를 지키는 일들을 맡도록 허락하니 권율 등을 거느리고 마음을 다하여 다스릴지어다. 그대는 마땅히 분발하여 부왕의 실패를 만회하여 국가가 보존되도록 도모하고, 안으로는 전쟁 때문에 생긴 상처를 치유하고 밖으로는 전비를 가다듬어 만전의 계책을 세움으로써 영원한 방책을 강구토록 하라.

선조는 당혹스러웠을 것이다. 광해군과 신료들을 보기에도 민망할 수밖에 없었다. 영특하고 총명하다고 광해군을 칭찬한 것까지는 그런대로 괜찮다. 하지만 선조가 아닌 광해군에게 내리는 것으로 되어 있는 칙서의 형식이나, 노골적으로 "부왕의 실패 …… " 운운한 대목에서는 참기 어려웠을 것이다. 아들과 신하들을 거느리고 교외로 직접 행차까지 했던 선조에게 명 황제의 칙서는 모욕 그 자체였다.

광해군 역시 전전긍긍할 수밖에 없었다. 아버지 선조는 믿지 못하겠으니 군사 관계 업무를 자신에게 처리하라고 '지시'한 명의 월권 앞에서 아버지의 권위는 땅에 떨어졌다. 그것은 곧장 광해군의 심적·정치적 부담으로 다가오는 것이었다. 명의 그 같은 태도는 결과적으로 선조와 광해군을 이간질하는 것이자, 두 사람 사이의 불화를 부추기는 것일 수밖에 없었다.

이미 국토의 대부분을 잃고 국경까지 쫓겨 가서 국왕으로서 권위와 체면을 구긴 선조였다. 명은 계속 자신을 조여오고, 반면에 아들 광해군의 신망은 높아지고 있었다. 아무리 부자 사이라지만 권력이란 공유할 수 없는 것이다. 이 곤란한 상황에서 선조는 다시 광해군에게 왕위를 넘겨주겠다고 선수를 쳤다. 조정 신료들은 선조에게 양위 주장을 거두라고 아우성을 쳤고, 광해군 역시 바짝 엎드릴 수밖에 없었다. 이 대목에서 고개를 빳빳이 세우는 것은 '불충'으로 몰리는 지름길이기 때문이다.

선조는 이후에도 걸핏하면 양위하겠다고 나섰다. 임진왜란을 치르는 동안 모두 15번이나 되었다. 광해군과 신료들의 자세를 떠보려는 '제스처'였다. 물론 그때마다 신료들에게서 취소하라는 간청과 충성 서약을 받아냈다. 명이 압박해오고 광해군이 떠오름에 따라 '권력 누수'의 기미가 보일 때마다 선조가 생각해낸 절묘한 생존술이었다.

아버지 선조의 심기를 거스르지 않고 살아남으려 했던 광해군의 노력도 만만치 않았다. 엄연히 분조를 이끌면서도, 명 조정으로부터 군사 지휘권을 위임받았음에도 그는 대단히 신중했다. 심하게 말하면 신중이 지나치다고 할 정도였다. 그는 선조로부터 위임받은 인사권, 상벌권 등을 쉽게 행사하지 않았다. 대신 거의 모든 현안을 선조에게 일단 보고한 다음 재가를 받아 처리했다. 함부로 '전결 처리'를 하지 않았던 것이다. 나중에 선조가 광해군의 그 같은 태도를 문제 삼기도 했다. 아버지의 눈치를 보느라 전전긍긍했던 경험이 뒷날 그가 우유부단한 성격의 소유자로 인식되는 데 빌미가 되었을 수도 있을 것이다.

광해군, 반명 감정을 품다

선조와의 갈등 기미는 시간이 지나면서 그럭저럭 사라져갔다. 하지만 왜란이 끝날 무렵부터는 명 조정이 광해군의 발목을 잡기 시작했다. 조선 조정은 왜란 시기부터 광해군을 왕세자로 승인해달라고 명 조정에 계속 요청했지만, 명은 번번이 거부했다. 이유는 광해군이 맏아들이 아닌 둘째 아들이라는 것이었다.

조선 전기 이래 조선 국왕이 결정한 왕세자를 명이 그대로 승인해주는 것은 외교적 관행이었다. 왜란 이전까지 명이 구체적으로 특정인을 왕세자로 세우라거나, 누구는 안 된다고 거부했던 적은 없었다. 그러므로 명이 광해군은 안 된다고 버티는 것은 조선으로서는 뜻밖의 일이자 참으로 난감한 문제였다.

더욱이 왜란 이후의 명은 조선에게 과거보다 훨씬 버거운 존재였다. 거의 망해가던 나라가 명의 참전 덕분에 되살아나지 않았던가? 명은 이제 조선에게 '은인'이었다. 세상에 '공짜'란 없는 법이다. 명은 왜란 말엽부터 자신들이 조선에 베푼 '은혜'에 대해 생색을 내기 시작했고, 조선 조정에도 그 '은혜'에 보답해야 한다는 분위기가 번져가고 있었다. 이른바 재조지은(再造之恩, 망해가는 나라를 다시 세워준 은혜)이라는 것이 이제 명이 조선을 주무르는 빌미이자 명분이 되어가고 있었다.

이 같은 상황에서 명이 광해군을 왕세자로 인정하기를 회피하는 것은 조선에서는 참으로 심각한 문제였다. 조선 조정은 광해군을 왕세자로 결정한 1592년부터 1604년까지 13년 동안 모두 다섯 차례의 책봉 주청사를 북경에 보냈다. 광해군을 승인해달라고 요청하기 위한 사신이었다. 하지만 명은 그때마다 거절했다. 조선은 명을 설득하기 위해 갖은 논리를 동원했다. "태평 시절에는 맏아들을 세워야 하지만 왜란과 같은 비상시국에는 공을 세운 둘째 아들도 무방하다"는 논리가 만들어졌다.

하지만 소용이 없었다. 1604년 명의 관료 섭운한(聶雲翰)은 광해군을 승인해달라고 온 조선의 주청사 일행을 '난신적자(亂臣賊子)'라 매도하는가 하면, 조선의 승인 요청을 '짐승들이나 하는 행위'라고 몰아붙였다. 그런가 하면 신종황제는 조선에 보낸 칙서에서 임해군을 원상복귀시키고 광해군에게는 분수를 지키라고 종용했다. '분수를 지키라'는 것은 왕세자 자리에서 물러나라는 의미였다. 광해군에게는 참으로 난감한 상황이 벌어지고 있었다.

명은 조선의 요청을 왜 그렇게 집요하게 거부했을까? 표면적인 이유는 광해군이 '둘째'라는 것이었다. 하지만 속내는 딴 데 있었다. 무엇보다 명의 신종이 당시까지 황태자를 결정하지 않았던 것과 관계가 있었다. 명 조정의 입장에서는 황제가 아직 황태자를 세우지 않은 상황에서 번국의 왕세자 책봉을 먼저 승인할 수는 없었다. 둘째이자 '첩의 자식'을 세운다는 것은 더더욱 말이 안 되었다. 광해군을 선불리 승인했다가 나중에 신종이 적장자 이외의 다른 왕자를 선택할 경우 어떻게 할 것인가? 반대할 명분이 없어지는 것이었다.

조선과 광해군을 흔들어 길들이려는 측면도 있었을 것이다. 왜란 당시 참전할 때도 마찬가지였다. 애초에는 조선의 구원 요청을 못 들은 척한다. 갈수록 조선은 곤경에 빠지고, 그럴수록 명에 대한 구원 요청은 절박해진다. 막판에 허우적거리며 지푸라기라도 잡으려 할 때 비로소 군대를 보낸다. 그런 상황에서 명나라 원군은 그야말로 '구세주'로 대접받게 된다. 광해군은 둘째이자 첩의 자식이므로 애초부터 승인할 수 없다는 '원칙'을 강조한다. 조선 조정은 몸이 달아버린다. 계속 사신을 보내 승인해달라고 호소한다. 명은 계속 거부하다가 어느 시점에서 '못 이기는 척' 광해군을 승인해준다. "명나라는 원칙을 어기면서까지 나를 승인해주었다!" 그것보다 더한 은혜가 어디 있는가? 광해군을 흔든 명의 의도는 아마도 이런 것이 아니었을까?

광해군이 그런 명에 대해 어떤 감정을 품었을 것인지는 짐작하기 어렵지 않다. 변덕스럽기 짝이 없다고 여겼을 것이다. 왜란 중에는 선조를 대신하여 국왕의 역할을 하라고 종용하여 자신을 곤란하게 만들었다. 명군 지휘관들은 입만 열면 "왕세자가 영민하니 국운이 융성할 조짐"이라고 했는가 하면, 황제 명의의 칙서까지 보내 "영특하고 총명하다"고 추켜세웠다. 그런 그들이 전쟁이 끝나자마자 둘째라는 이유를 들어 발목을 잡았다. 그렇게 장유(長幼)의 순서를 따질 요량이면 왜란 당시에는 왜 임해군을 내버려두었는가? 이해할 수 없는 일이었다.

요컨대 광해군을 왕세자로 승인하고, 책봉하는 과정에서 명이 보였던 미온적이고 이중적인 태도는 광해군이 '반명 감정'을 품는 데 충분한 소지를 제공했다고 여겨진다.

즉위를 향한 멀고도 험한 길

엎친 데 덮친 격이었다. 1602년 선조는 당시 광해군보다 아홉 살이나 어린 처녀를 취하여 장가를 다시 들었다. 인목대비(仁穆大妃). 광해군과는 운명적으로 악연을 맺기 위해 나타난 여인이라고나 할까? 선조가 그녀를 계비로 맞아들인 것은 광해군과 인목대비 모두에게 비극의 씨앗이 되고 말았다.

중전 박 씨가 세상을 떠난 것은 1600년(선조 33)이었다. 재혼하기 직전인 1601년, 선조는 명에 사신을 보내 광해군을 승인해주도록 다시 요청하자는 예조의 상소를 본 뒤 퉁명스럽게 대꾸했다.

> 그대들은 왕비의 자리가 오랫동안 비어 있음에도 왕비를 책봉해야 한다는 주장은 한마디도 없으면서 왕세자만 책봉해야 한다고 하는 이유가 무엇인가?

선조의 힐문에 신료들은 머쓱해질 수밖에 없었다. 눈치 빠른 일부 신료들은 이제 아예 선조의 마음이 광해군에게서 떠났다고 예단하기도 했다. 선조의 발언은 그의 재혼이 광해군에게 가져다줄 파장을 암시하는 것이었다.

이윽고 1606년 봄, 인목대비에게서 왕자가 태어났다. 후계자로서 하자가 전혀 없는 적자(嫡子) 영창대군이었다. 영창대군이 태어난 이후 선조가 영창대군을 특별히 총애했다는 구체적인 증거는 뚜렷하지 않다. 하지만 문제는 이제 신료들 사이에서 향후 왕위의 향방을 놓고 쑥덕공론이 새어나오는 기미가 보인다는 것이었다. 더욱이 광해군이 아직 명의 승인을 얻어내지 못했던 상황에서, 광해군의 앞날의 불확실성은 더욱 짙어질 수밖에 없었다.

광해군에 대한 선조의 태도가 변하는 조짐을 보이면서 신료들 가운데서도 광해군을 초조하게 만드는 인물들이 나타났다. 대표적인 이가 바로 영의정 유영경(柳永慶)이었다. 심신이 모두 지쳐 있던 선조는 재위 말년에 그를 영의정으로 임명했다. 유영경의 급속한 출세는 관료로서 타고난 재능 때문이었다. 왕의 의중을 짚어 향배를 정하는 데 탁월한 재능을 지녔던 그는 영창대군 출생 직후 백관을 이끌고 선조에게 하례를 올렸다. 광해군에게는 꺼림칙한 일이 아닐 수 없었다.

광해군에 대한 유영경의 견제는 계속되었다. 설사 견제가 아니었다 하더라도 선조의 죽음을 전후한 시기에 그가 보였던 행적은 의심을 불러일으키기에 충분했다. 1607년 선조는 병석에 드러누웠다. 이제 선조가 다시 일어나는 것은 불가능해 보였다. 자연히 광해군에게 왕위를 넘겨주고 섭정토록 하는 문제가 제기될 수밖에 없었다. 선조 왕권의 누수가 막 시작되려는 참이었다. 유영경은 무슨 낌새를 알아챈 것인지 광해군의 섭정 논의에 대해 반발했다. 인목대비가 언서(諺書)를 내려 왕세자에게 섭정토록 할 것을 종용했음에도 유영경은 그것을 거부했다. 『응천일록(凝川日錄)』 등의 기록에 따르면, 유영경은 이때 광해군에게 왕위를 넘기라고 지시한 선조의 비망기를 숨겨놓고, 그 내용을 조보(朝報, 오늘날의 관보에 해당하는 소식지)에도 내지 못하도록 했다고 한다.

1608년 선조의 병세는 막바지에 이르렀다. 광해군과 유영경의 싸움 역시 막바지에 왔다. 이때 다시 돌발 변수가 생겼다. 정인홍이 선조에게 광해군에게 왕위를 넘겨주고 몸조리에 전념하라고 건의하고, 전위를 방해한 유영경을 처단하라는 내용의 상소를 올렸던 것이다. 정인홍의 상소 내용은 엄청난 것이었다. 그는 선조에게 직격탄을 날렸다.

전하는 유영경 때문에 고립되어 개미 새끼 하나 의지할 곳이 없고 장차 어진 아들을 보호하지 못하고야 말 것입니다.

'근본주의자' 정인홍의 과격한 면모가 유감없이 드러난 상소였다. 선조와 유영경은 경악했고 조정은 다시 소용돌이에 휩싸였다. 유영경은 정인홍의 상소 내용을 빌미로 사직을 청했다. 하지만 선조는 유영경를 강력히 만류했다. 그러면서 정인홍을 반역자라고 몰아붙였다.

경이 모함당한 실정과 정인홍의 상소에 흉계가 들어 있다는 것은 하늘의 태양뿐 아니라 온 나라의 모두가 아는 사실이다. 어찌 간사한 자의 술책에 넘어가 따질 필요가 있겠는가? …… 이는 참으로 임금도 없는 것처럼 여기는 반역(無君叛逆)의 무리들이다. 조만간 반드시 탄로날 것이니 하늘이 어찌 이토록 간사한 자들을 용납하겠는가? 경은 개의치 말고 안심하고 다시 나오도록 하라.

참으로 대단한 신임이다. 병석에서 일어나지 못할 것을 예감하고 있었기 때문일까? 선조는 유경영에게 확실한 힘을 몰아주었다. 이어 정인홍을 비롯하여 그와 입장을 같이하던 이이첨, 이경전(李慶全) 등을 귀양 보내라는 명을 내렸다.

광해군의 더욱 곤란해졌다. 정인홍의 상소가 있었던 직후 선조는 문안을 드리러 온 광해군을 문전에서 박대했다. 명으로부터 승인을 얻어내지 못했음을 들어, 더 이상 '왕세자 문안'을 운운하지 말고 다시 오지도 말라고 면박을 주었다. 광해군은 '피를 토하며 쓰러질 지경'에 이르렀다. 왕세자로서의 '16년 공든 탑'이 무너지는 듯한 순간이었다.

정인홍, 이이첨과의 인연

광해군, 왕위에 오르다

광해군의 정치적 위기는 선조의 와병 상태가 장기화되면서 막바지에 이르렀다. 『선조실록』에 따르면 선조가 처음으로 병석에 누운 것은 1607년(선조 40) 3월 3일이었다. 정인홍이 유영경을 탄핵하는 상소를 올린 것이 1608년(선조 41) 1월 18일이었는데, 선조는 정인홍 등을 귀양 보내라고 명령을 내린 직후인 2월 1일 세상을 떠난다. 선조가 세상을 떠나던 당일에도 유영경 계열의 소북 인사인 사헌부 지평 신광립(申光立)은 정인홍, 이이첨 계열의 대북파 인사들을 비난하고 그들을 귀양 보내라 요청하는 내용의 상소를 올려 공세를 취했다.

결과적으로 신광립은 모험을 한 셈이 되었다. 그의 상소가 올라온 직후인 오후 2시쯤 선조는 갑자기 혼수상태에 빠졌다. 대신들이 줄줄이 침전으로 들어가고 어의(御醫)들은 선조에게 용뇌(龍腦), 소합원, 개관산 등을 올렸다. 강한 약제들이었다. 바람 앞의 등불 같은 선조의 목숨을 연장

해보려는 마지막 안간힘이었다. 그래도 차도가 없자 어의 허준(許浚)이 다시 불려 들어갔다. 허준은 선조를 진찰한 뒤 이미 어쩔 수 없는 상황이라는 진단을 내렸다.

이윽고 선조는 눈을 감았다. 1567년 열여섯 살의 나이로 왕위에 오른 지 41년 만이었다. 곧이어 봉함된 선조의 유언장이 개봉되었다. 선조가 광해군에게 남긴 유서의 내용은 극히 간단한 것으로 "형제 사랑하기를 내가 살아 있을 때처럼 하고 참소하는 자가 있어도 삼가 듣지 말라"는 것이었다. 죽음을 목전에 두고 영창대군을 비롯한 열세 명이나 되는 아들들의 생사여탈권을 광해군에게 맡겨야 하는 상황에서 그로서는 마지막 호소였다.

선조가 세상을 떠난 순간부터 인목대비는 왕실의 최고 어른이 되었다. 그녀는 선조가 죽은 다음 날 광해군을 즉위시켰다. 1608년 2월 2일, 광해군은 정릉동 행궁(오늘날의 덕수궁)의 서청(西廳)에서 보위에 올랐다. 1592년 4월 전격적으로 왕세자로 지명된 지 16년 만의 일이었다. 전쟁의 발발과 종식, 부왕 선조와의 갈등, 명 조정과의 줄다리기 등으로 점철된 그야말로 전전긍긍의 세월이었다. 하지만 선조의 죽음으로 모든 것은 끝났다. 아직 명으로부터 공식적인 승인을 받지는 못했지만, 광해군은 이제 누가 뭐라 해도 조선의 지존이 된 것이다.

인목대비는 왜 선조의 죽음 직후 이처럼 신속하게 광해군을 보위에 올렸을까? 그것은 분명 자신의 어린 아들 영창대군을 염두에 둔 조처였다. 설사 인목대비에게 자신의 몸으로 난 영창대군을 보위에 올리고 싶은 야심이 있었다 하더라도, 그는 아직 세 살밖에 안된 젖먹이에 불과했다. 적자인 영창대군을 보위에 올리고 영의정 유영경 등을 부리면서 수

렴청정(垂簾聽政)을 생각할 수도 있었겠지만, 그녀로서는 이미 장성한 광해군을 의식할 수밖에 없었다.

당시 인목대비는 25세, 광해군은 34세였다. 비록 왕실 내에서 위치로 보면 어머니와 아들의 관계였지만, 인목대비에게는 자신보다 아홉 살이나 위인 광해군이 버거운 존재일 수밖에 없었을 것이다. 왕세자로 있던 16년 동안 전장을 전전하며, 혹은 한 치 앞이 보이지 않는 정치판에서 산전수전을 겪어온 광해군이 아니던가? 그 길고 험난한 세월을 견디며 '기다려온' 광해군을 의식할 수밖에 없었다. 더욱이 선조는 적자 영창대군에게 왕위를 넘기겠다는 어떤 언질도 주지 않은 채 세상을 떠났다. 따라서 선조가 세상을 떠난 직후 인목대비에게는 어린 아들을 보호하는 것이 가장 중요한 과제였다. 다른 대안이 없었던 그녀로서는 그 같은 신속한 행동이 불가피했다.

인목대비는 광해군의 즉위식이 열리기 직전 선조가 남긴 또 다른 유언을 공개했다. 그것은 선조가 7명의 조정 대신들에게 남긴 부탁의 말이었다. 유영경, 한응인(韓應寅), 박동량(朴東亮), 서성(徐渻), 신흠(申欽), 허성(許筬), 한준겸(韓浚謙) 등이 그들로, 보통 유교칠신(遺敎七臣)이라고 부른다. 선조의 부탁 내용은 이러했다.

> 내가 어떻게 된 이후에는 단지 어린 대군이 마음에 걸린다. 내가 죽은 이후 사람의 마음을 헤아리기 어려우니 …… 원컨대 여러 공들이 잘 보살펴주기 바란다.

인목대비는 아마도 어린 영창대군의 앞날을 걱정하여 선조의 유교를 공개했을 것이다. 하지만 이미 광해군을 왕위에 올리기로 결정한 상황에서 유교의 공개는 신중하지 못했다. 인목대비는 선조가 영창대군을 이토록 애지중지했다는 사실을 드러냄으로써 광해군에게 '무언의 압력'을 가하려 했을지도 모를 일이다.

하지만 칠신 가운데는 광해군의 발목을 잡았던 유영경도 포함되어 있었다. 유영경에게 영창대군을 보호하라고 부탁하는 내용을 담은 유교를 공개하는 것은 광해군이나 대북파들을 자극하는 것임에 분명했다. 나중에 대북파가 이른바 칠신에게 내린 유교가 조작된 것이라고 반발한 것은 바로 이런 배경에서 이해할 수 있다. 그리고 칠신 가운데 유영경을 제외한 나머지 신료들은 1613년 이른바 계축옥사(癸丑獄事)가 일어나 영창대군이 제거되고 인목대비 폐위 문제가 논의되면서 대부분 숙청되었다. 『광해군일기』에 실린 사관의 평대로 인목대비가 공개했던 선조의 유교는 '비극의 씨앗'이 되고 말았다.

유영경에게 선조의 죽음과 광해군의 즉위는, 곧 자신의 정치적 몰락을 예고하는 것이었다. 『이상국일기(李相國日記)』를 비롯한 여러 기록은 대부분 그를 평하여 "이재(吏才)가 뛰어난 인물"이라고 적고 있다. 이재란 결국 '관료로서의 실무 능력'을 뜻하는 것이다. 다 그런 것은 아니지만 관료적 속성이 강한 인물들은 대개 '위'만 쳐다보는 경향이 있다. 유영경 역시 그러했다. 그가 권력을 향유하고 휘두를 수 있었던 원동력은 오로지 선조의 신임에서 비롯된 것이었다. 하지만 그것은 다른 사람의 눈에는 아부로 비치기 쉬웠다.

병오년(1606)은 선조가 즉위한 지 39년이 되는 해다. 유영경이 선조의 뜻에 영합하는 것이 그지없어서 '상이 재위한 지 40년이 되는 해'라 하여 백관을 이끌고 진하(進賀, 나아가 축하인사를 올리는 것)하고 기념으로 과거를 열었다. 선조가 정묘년(1567)에 즉위했지만 정묘년은 명종 22년이므로 다음 해인 무진년이 선조 원년이 되는 것이다. 그러니 병오년은 재위한 지 39년이 됨에도 영경은 군이 40년이라 우겨 경축했다.

김시양(金時讓, 1581~1643)의 『하담파적록(荷潭破寂錄)』에 나오는 일화다. 유영경이 선조로부터 총애를 이끌어내는 방식은 대개 이런 것이었다. 선조는 유영경을 굳게 신임했고, 그의 '보호막'이 되어주었다.

그런데 이제 그 보호막이 사라진 이상 유영경에게는 정치적 몰락 정도가 아니라 죽음이 닥칠지도 모르는 상황이었다. 그것은 그가 거느리던 소북파의 인물들에게도 마찬가지였다. 광해군의 즉위를 방해하려 했다고 의심받았고, 광해군을 비호한 정인홍 등을 처단하라고 소리 높여 외쳤던 그들이었다.

광해군은 정릉동 행궁 서청에서 즉위식을 치를 때 쉽사리 용상에 오르려 하지 않았다. 신료들의 거듭된 요청에도 극구 사양했다. 부친을 여읜 슬픔이 채 가시지도 않았는데 곧바로 부친이 앉던 자리에 오를 수는 없다는 관행적인 겸사(謙辭)이기도 했다. 신하들은 소리 높여 광해군에게 용상에 오르라고 외쳤고, 그중에서 영의정이었던 유영경은 네 번이나 거듭 아뢰었다. 당시 유영경의 심정은 어떠했을까? 또 유영경을 바라보는 광해군의 표정은 어떠했을까?

유영경은 즉위식이 있었던 닷새 후에 영의정에서 물러나겠다는 사직 상소를 올렸다. 광해군은 이를 허락하지 않았다. 명목은 "경은 부왕께서 총애하던 대신이니 함부로 내보낼 수 없다"는 것이었다. 이윽고 며칠 뒤 삼사의 언관들이 들고일어났다. 유영경이 저지른 아홉 가지의 '죄악'을 열거하고 그의 목을 베어야 한다는 내용의 상소까지 올라왔다.

유영경을 처단하라고 주장하는 인물 중에는 과거 그에게 아부했던 자들도 많았다. 이제 유영경에게서 권력이 떠나자 그를 물려고 덤벼드는 판이었다. 유영경은 분명 세상인심의 박절함에 혀를 찼을 것이다. 하지만 유영경이 영의정으로 있던 7년 동안 책봉 주청을 요청하는 사신을 한 번도 보내지 않고, 병석에 누운 선조가 광해군에게 섭정을 지시했음에도 그것을 막으려 했던 것 등을 열거하는 상황에서는 누구도 그를 처벌하는 것에 이의를 제기하지 못했다. 결국 유영경은 귀양길에 올랐고, 귀양지인 함경도 경흥에서 사약을 받고 삶을 마감한다. 김시양에 따르면 광해군 즉위 직후에는 그의 죽음을 애통하게 여기는 사람이 없었다고 한다. 요컨대 유영경은 선조의 급서 이후 권력의 속성상 살아남기가 대단히 어려웠던 것이다.

정인홍의 부활

선조의 죽음은 광해군에게 역설적으로 '복음'이었지만 귀양 길에 올랐던 정인홍과 이이첨에게도 화려한 부활의 서곡이었다. 이제 그들은 선조에게 불충했던 '죄인'이라는 굴레를 벗어던지고 광해군의 즉위를 위해 몸과 마음을 바친 '공신'으로서 복귀하게 되었다.

정인홍과 이이첨. 두 사람은 광해군과 광해군의 시대를 이해하는 데 빼놓을 수 없는 핵심 인물들이다. 인조반정이 성공한 직후 '대북파의 수

괴'라는 이유로 전격적으로 처형되고, 조선 후기 내내 '역적'이자 '간신', '난신적자'의 대명사로 불렸지만, 이들은 적어도 정치적으로 한 시대를 풍미했고, 또 나름대로 정치적 역량을 지닌 인물들이었다.

또 이들은 처음에는 광해군에게 둘도 없는 협력자이자 은인이었지만 궁극에는 광해군이 몰락하는 데 결정적인 영향을 미친 인물들이기도 하다. 왕세자로서 광해군의 위치가 흔들릴 때 정인홍은 목숨을 걸고 그를 비호하는 상소를 올렸다. 그러나 광해군 즉위 이후 이이첨이 왕권 강화를 명분으로 폐모 논의(廢母論議)를 제기하는 등 정치적 무리수를 둠으로써 반대파였던 남인과 서인들로부터 혐오의 대상이 되었고, 궁극에는 인조반정의 빌미를 제공했다.

광해군의 왕권은 정인홍과 이이첨의 협력을 받아 어느 정도 높아져 갔지만 그 과정에서 이들은 더 높은 신권의 확보를 추구했다. 특히 이이첨이 '왕권 강화'를 빙자하여 자신의 권력을 키워가고 궁극에는 그것을 남용한 것이 자신뿐 아니라 정인홍과 광해군도 파멸의 길로 몰아갔다. 인목대비와 마찬가지로 두 사람이 광해군과 맺은 '악연'의 끈도 참으로 질겼다.

선조가 세상을 떠난 직후인 1608년 2월 9일, 경상도 생원 강린(姜繗)은 상소를 올려 정인홍을 찬양한 뒤 그를 유배에서 풀어달라고 촉구했다. 이어 함흥판관으로 있던 이귀 역시 광해군에게 정인홍을 풀어주어야 한다는 내용의 상소를 올렸다.

이귀는 원래 선조 말년 이래 정인홍과는 앙숙이었다. 임진왜란 당시 정인홍은 이귀의 스승인 성혼을 가리켜 '도요토미 히데요시 같은 자'라고 비난했다. 성혼의 집이 파주에 있어서 선조가 피난 가는 길에서 지척이었음에도 선조를 수행하지 않았을뿐더러 일본과의 화의를 주창했기 때문이었다. 정인홍은 이귀 역시 형편없는 자라고 생각하고 있었다. 그러니 정인홍에 대한 이귀의 감정 역시 좋을 리 없었다. 그는 1602년 (선조 35) 상소를 올려 정인홍을 비난했다. 정인홍의 위세와 권한이 영남에서는 왕권을 능멸할 정도에 이르렀다고 고발하는 내용이었다.

이러저러한 사연을 겪으면서 두 사람은 정적(政敵)이자 경쟁자가 되어갔다. 임진왜란을 거쳐 광해군 대까지만 해도 정인홍이 훨씬 앞서가는 것처럼 보였다. 정인홍이 '산림 정승'으로 불리면서 광해군 대 대북파를 이끄는 정신적 지도자가 되고 벼슬이 영의정까지 올랐던 것에 비해, 이귀는 초라하기 짝이 없었다. 그는 이런저런 이유로 권력의 변두리를 맴돌았고, 광해군 말년에는 "역모를 꾀하고 있다"는 구설수에 올라 죽을 뻔했던 적도 있었다.

그러나 결국 상황은 반전되었다. 궁지에 몰렸던 이귀는 인조반정을 실질적으로 모의하고 주도하여 성공시켰던 것이다. 반정 성공 후 정인홍은 그에 의해 처형되었다. 결국 두 사람의 관계는 피로써 끝을 맺었다. 이 같은 두 사람 사이의 이면사를 생각하면 선조가 죽은 뒤 이귀가 정인홍을 석방하라고 요구했던 것은 '뜻밖의 일'일 수밖에 없었다. 정적이었던 이귀까지 석방하라고 건의하는 판이었으니 광해군 즉위 직후 정인홍에게는 거칠 것이 없었던 셈이다.

정인홍을 석방하라는 요청에 대해 광해군이 보인 반응은 의외였다. "정인홍을 귀양 보낸 처분은 선왕께서 내리신 것이니 쉽사리 바꿀 수 없다"며 거부하는 몸짓을 보였다. 그러나 그것은 그야말로 '몸짓'일 뿐이었다. 1608년 2월 18년 광해군은 정인홍을 중도부처(中途付處)하라고 명령했다. 중도부처란 본래의 귀양 예정지가 아닌 다른 곳을 다시 선택할 때까지 유배의 처분을 유예해주는 것이다. 사실상 거의 풀어주는 것이나 같다. 다시 나흘 뒤, 광해군은 정인홍을 석방하라고 지시했다. 이윽고 3월 1일 광해군은 정인홍의 관작을 회복시키라고 지시한 뒤 그를 전격적으로 한성판윤에 임명했다. 귀양길에 올랐던 '죄인' 신분에서 하루아침에 정2품의 고관인 '서울시장'으로 변신한 것이다. 정권이 바뀐 것을 실감하는 순간이었다.

정인홍은 상소를 올려 한성판윤 직을 사양했다. 육체적으로나 정신적으로 쇠약해져서 소임을 감당할 수 없다는 것이 이유였다. 광해군은 그에게 다시 대사헌 직을 내렸다. 역시 사양하는 정인홍에게 광해군은 정성을 다해 간곡한 당부를 담은 유시를 내렸다.

> 돌이켜 생각건대 나라의 형세가 점점 쇠약해지고 시사가 어그러져 마치 거세게 쏟아지는 물결을 어떻게 막지 못하는 것처럼 되었소. 태산과 같은 명망을 짊어진 사람이 물결의 한가운데서 꿋꿋하게 버티지 않는다면 장차 모두 빠져 죽고 말 것이오. 내가 경을 대사헌으로 삼은 것은 이 때문이오. 또한 경에게는 천 길이나 되는 절벽처럼 꿋꿋한 절개가 있음을 알고 있소. …… 무너져버린 세상의 도를 만회하는 일을 경이 아니면 누가 맡겠소? 지금은 올라오기가 힘들 것이나 전에 내린 유지대로 빨리 올라와 목마르듯이 고대하는 나의 여망에 부응토록 하시오.

목마른 사람이 샘을 갈구하듯이 최상의 찬사를 전하면서 정인홍을 부르고 있다. 광해군이 정인홍에게 벼슬을 내리면서, 또한 그에게 서울

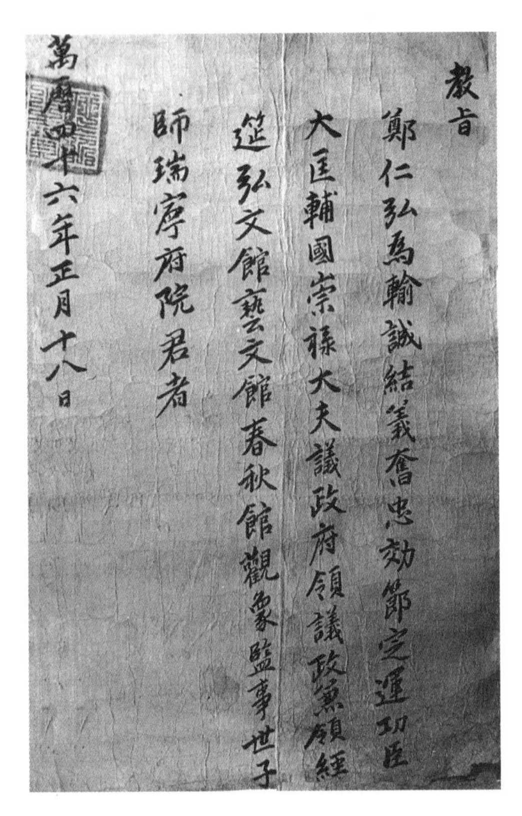

教旨
鄭仁弘爲輸誠結義奮忠効節定運功臣
大匡輔國崇祿大夫議政府領議政兼領經
筵弘文館藝文館春秋館觀象監事世子
師瑞寧府院君者
萬曆四十六年正月十八日

1618년 정인홍에게 영의정 벼슬을 내리는 교지

광해군은 정인홍에게 각별했다. 왜란 당시 분조를 이끌면서 전장을 같이 누볐고, 광해군이 위기에 처했을 때는 상소를 올려 힘을 보태주었다. 그러나 정인홍은 고향 합천에 기거하면서 좀처럼 서울 조정에 올라오려 하지 않았다. 1618년 인목대비 폐비 논란이 일고 있는 와중에 영의정에 올랐지만 이듬해에 물러났다.

로 올라오라고 부탁하면서 말했던 간곡한 내용들은 『광해군일기』에 꽤 많이 보인다.

즉위 직후부터 광해군은 정인홍에게 기대고 싶어 했다. 광해군 자신이 왜란 당시 분조를 이끌면서 각지를 전전했듯이, 정인홍 역시 의병장이 되어 나이를 무릅쓰고 일본군과 싸웠다. 두 사람 사이에는 '주전파'로서 전장을 누볐던 공감대와 연대 의식이 있었을지도 모를 일이다. 뿐만 아니라 광해군이 위기에 처했을 때 정인홍이 올린 상소 한 장은 광해군에게 얼마나 힘이 되었는가? 정인홍에게 기대고 싶어 했던 광해군의 생각은 어쩌면 당연한 것이었다.

그럼에도 정인홍은 좀처럼 올라오려 하지 않았다. 광해군의 부름을 받으면 대개 이런저런 이유를 들어 사양하기 일쑤였다. 설사 서울로 올라왔다 해도 머무는 날이 많지 않았다. 왕에게 올리는 상소를 남기고 훌쩍 돌아가는 것이 보통이었다. 정인홍의 이 같은 행태는 최고 관직인 영의정에 올랐던 1618년(광해군 10) 이후에도 마찬가지였다. 다만 광해군이나 비변사가 합천에 머물고 있는 그에게 사람을 보내 국정 현안에 대해 의견을 물을 경우 자신의 견해를 이야기하기는 했지만, 그는 좀처럼 합천을 떠나려 하지 않았다. 정인홍은 왜 그토록 간절히 자신을 부르는 광해군의 요구에 쉽게 응하지 않았을까?

산림, 의병장, 조식의 수제자

광해군이 벼슬을 내려도 받아들이지 않고 향리에 머물려고 했던 정인홍의 행태는 독특한 것이었다. 한말의 지사 황현(黃玹, 1855~1910)은 『매천야록(梅泉野錄)』에서 정인홍의 그 같은 행태를 언급하면서 그를 조선시대 산림(山林)의 원조로 지목했다.

산림은 산림처사(山林處士), 산림숙덕(山林宿德)의 줄임말이다. 재야에 머물면서 오랫동안 학문과 덕행을 닦아 일세를 풍미할 정도의 명망과 경륜을 지녔으되 세상에 이름이 알려지기를 구하지도, 벼슬을 탐하지도 않은 선비를 가리킨다. 입신과 영달을 추구하는 과거 시험 따위는 참으로 하찮게 생각한다. 국왕이 웬만큼 정성을 다해 간곡하게 부르지 않으면 조정에 나아가지도 않는다. 설사 나아간다 하더라도 조정의 분위기가 자신이 생각하는 이상과 거리가 멀다고 여겨지면 주저 없이 사표를 던진다. 더욱이 국왕의 행태가 자신의 생각과 맞지 않을 경우 말할 필요조차 없다. 이런 면면들이 산림으로 대접받기 위한 '필요조건'이었다.

조선 후기를 지나면서 "열 사람의 정승이 한 사람의 왕비만 못하고, 열 사람의 왕비가 한 사람의 산림만 못하다"란 말이 생겨났다. 그것은 결국 산림이란 존재가 신분은 신하로되 그 권위와 명망은 국왕 못지않은 것임을 반증한다. 따라서 붕당 정치가 진행되는 와중에서 산림은 각 붕당의 이론가이자 정신적 지도자로서 추앙되었다. 말하자면 '이데올로그'의 역할을 했던 것이다.

산림이 일단 조정에 초빙되면 그들에게는 파격적인 벼슬이 내려졌다. 정인홍도 선조 초반에 장령(掌令) 벼슬을 지낸 적이 있다. 장령은 4품직이다. 과거에 급제한 이들이 처음으로 받는 관직이 대개 9품 정도다. 과거에 합격해서 '정식 코스'를 밟고 올라온 기성 관료들이 보기에 산림에게 내려지는 벼슬의 품계는 이해할 수 없는 것이었다. 벼슬이 내려지는 행태로만 보면 그것은 분명 '낙하산 인사'임이 틀림없었다.

한말의 학자 나헌용(羅獻容)은 아예 산림 때문에 조선왕조의 정치가 어지러워졌다고 혹평한 바 있었다. 또 영조는 산림을 임금의 권위에 도전할 뿐 아니라 붕당 사이의 정치적 갈등을 조장하는 존재로 여겨 산림을 폐지하려고 시도했다. 산림의 존재 때문에 각 붕당의 신하들이 임금을 무시한다고 생각했던 것이다. 어쨌든 산림이 조선시대 정치사에서 참으로 독특하면서도 중요한 존재였던 것은 분명하다.

따라서 산림은 아무나 될 수 있는 것이 아니었다. 정인홍은 어떻게 산림이 될 수 있었고, 또 산림으로서 자임할 수 있었을까? 그것은 당시의 시대 상황과 밀접한 관련이 있었다. 말하자면 정인홍은 광해군 즉위 이후의 정치 세계에서 산림으로서 대접받을 만한 여러 조건들을 거의 완벽하게 갖추고 있었던 것이다.

그는 먼저 임진왜란 당시 일선에서 싸웠던 의병장 출신이었다. 임진왜란이 일어나고 선조가 피난길에 올랐다는 소식을 들은 직후, 정인홍은 고향인 합천에서 의병을 일으켰다. 정인홍의 문하생인 문경호(文景虎), 조응인(曺應仁), 이대기(李大期) 등을 비롯하여 원근의 인사들이 그가 의병을 일으켰다는 소식을 듣고 달려왔다.

정인홍 휘하에는 정병만 수백 명이었고 전체 병력은 수천 명을 헤아렸다. 관군은 이미 풍비박산이 나버렸다는 사실, 다른 지역에서 일어난 의병이 많아야 기껏 수백 명 정도였던 사실, 서울을 떠나 피난길에 오른 선조를 호위했던 군사가 겨우 백여 명에 불과했던 사실 등을 염두에 두면 그가 거느린 군세가 얼마나 대단한 것이었는지 짐작할 수 있다. 그는 관군 출신인 손인갑(孫仁甲)을 불러다가 대장을 삼고, 휘하의 병력을 이끌고 초계, 성주, 고령, 현풍 등지의 전투에 참가했다. 정인홍 휘하의 의병군은 낙동강의 수로를 차단하고 일본군의 왕래를 교란시켰다. 그와 곽재우(郭再祐)의 의병 활동 덕분에 경상우도가 보전될 수 있었다. 일본군은 낙동강을 건너 서쪽으로 나아갈 수 없었고, 그 때문에 곡창 전라도도 무사할 수 있었다.

1597년 정유재란(丁酉再亂)이 일어났을 때에도 정인홍은 가만히 있지 않았다. 아니 그 자신보다 조정이 먼저 그에게 의병을 다시 일으키도록 종용했다. 경상우도에서 근왕병을 불러 모으고, 대규모로 주둔해 있던 명군에게 지급할 군량을 민간에서 거둬들이면서 정인홍의 명망이 필요했던 것이다. 그는 기꺼이 다시 일어나서 병력을 불러 모으고 군량을 수집하는 데 힘을 다 바쳤다. 그의 나이 63세 때였다.

처음 의병을 일으켰을 때 정인홍의 나이는 58세였다. 유자(儒者)가 환갑을 바라보는 나이에 병력을 이끌고 전쟁 일선에 나선다는 것은 결코 쉬운 일이 아니었다. 왜란을 맞아 조정 안팎의 많은 신료들이 혼자만 살겠다고 도망치거나 기껏해야 국왕을 따라 의주까지 피난했던 것과는 차원이 달랐다.

목숨을 걸고 전장을 누볐던 주전파로서의 자신감 때문이었을까? 정인홍이 보기에 남인 유성룡이나 서인 성혼 등은 '한심하기 짝이 없는 사람'들이었다. 이유가 무엇이든 유성룡은 적과 화친해야 한다고 주장했고, 성혼은 피난길에 오른 임금이 지척을 지나가고 있음에도 나와 보지도 않았다. 이 때문에 정인홍은 성혼을 일러 '도요토미 히데요시 같은 자'라고 매도했던 것이다. 정인홍의 이 같은 태도는 유성룡과 성혼 등 당사자는 물론, 그들의 제자들과 두고두고 갈등을 일으키는 계기가 되었다.

어쨌든 정인홍은 왜란 당시의 의병 활동을 통해 주전파로서 입지를 확고히 갖추게 되었다. 그의 공을 높이 평가한 선조는 '의병대장'이란 호칭을 주고 상주목사, 진주목사 등 비중 있는 지방 관직을 잇따라 내렸다. 또 정유재란 당시 노구를 이끌고 군량을 모아주었던 정인홍의 열성에 감복했던 명군 총사령관 양호(楊鎬)는 선조에게 정인홍을 시상하라고 종용하기도 했다. 이윽고 전쟁이 끝난 뒤인 1599년 선조는 정인홍을 정3품 직인 형조참의에 임명하여 조정으로 불러들인다.

왜란 중의 의병 활동 말고도 정인홍에게는 내세울 것이 많았다. 우선 그 자신은 물론 그의 집안도 대대로 사림 집안으로서 명망을 지니고 있었다. 정인홍의 선대는 중국계이고 본관은 서산으로 알려졌지만, 6대조 윤홍이 김천 지역에 정착하고 4대조 성검이 합천으로 이주한 이래 사림 집안으로서 이름을 날렸다. 더욱이 정인홍의 증조였던 희(僖)는, 조선 전기 영남 사림의 '얼굴'이자 사림파의 원조라 할 수 있는 김종직(金宗直) 문하에 나아가 수학했다. 정인홍의 조부 언우(彦佑)와 부친 윤(倫)은 모두 벼슬에 나아가지 않고 향리에 머물면서 학문에 매진했다.

성리학이 국학으로 자리를 잡아가고 있던 16세기 조선 사회에서는 어떤 스승 문하에서 성리학을 공부했는지가 명망의 기준으로 평가되고 있었다. 학자나 관리로 입신하는 데 학연(學緣)이 중요한 배경으로 작용하고 있었던 것이다. 이런 시대 분위기를 보아도 정인홍은 꿀릴 것이 없었다. 그는 경상우도의 대학자인 조식의 수제자였다.

서울에서 영남을 볼 때 낙동강을 기준으로 오른편을 경상우도, 왼편을 경상좌도라고 한다. 흥미로운 것은 강 하나를 사이에 둔 두 지역의 풍속이나 사람들의 기질이 사뭇 다른 점이다. 『경상도읍지』는 두 지역의 풍속과 기질을 소개하고 있다. 경상좌도의 경우 대체로 "부지런하고 검소한 것을 숭상한다"는 등의 표현으로 일관하는 데 비해, 경상우도의 경우는 "풍속이 사납고 굳세다", "풍속이 강한 것과 무예를 숭상한다" 등으로 표현되고 있다. 지리산이 자리 잡고 있어서인지는 몰라도, 우도는 좌도에 비해 훨씬 상무적 분위기가 강한 것으로 인식되고 있었다.

16세기 중반 경상좌도에는 안동권을 중심으로 퇴계 이황이, 우도에는 진주권을 중심으로 남명 조식이라는 걸출한 학자가 나타나서 각각 지역의 학계를 영도하고 있었다. 이황은 조선의 성리학을 새로운 차원으

「제덕산계정(題德山溪亭)」

남명 조식이 남긴 시다. "천 석이나 되는 종을 보게나(請看千石鐘) / 크게 치지 않으면 소리가 없다네(非大扣無聲) / 어떻게 해야 두류산처럼(爭似頭流山) / 하늘이 울어도 울지 않을 수 있을까(天鳴猶不鳴)." 두류산(지리산)처럼 장중한 남명의 무게가 느껴진다.

로 끌어올린 인물로 알려져 있거니와, 당시 조식 역시 우도에서는 이황 못지않은 명성을 지니고 있었다.

조식은 1561년 이후 지리산 아래 덕산에 산천재(山天齋)를 짓고 제자들을 가르쳤다. 원근에서 많은 인물들이 그에게 모여들었다. 정인홍, 최영경, 곽재우, 김우옹, 김효원(金孝元) 등 쟁쟁한 면면이었다. 조식은 벼슬길에 나아가는 것을 거부하고 철저하게 처사로서의 삶으로 일관하면서 학행을 닦았다. 의리를 강조하고 경(敬)에 철저했던 그는, 자신의 문하생들에게 스스로의 탐구와 사색, 의리의 실천을 강조하고 유자로서의 기개를 북돋아주었다. 그는 늘 성성자(惺惺子)라 불리는 방울을 차고 다니면서 그 소리를 듣고 정신을 일깨웠으며, 칼을 지니고 있으면서 마음의 혼미함을 물리쳤다. 말년에 방울은 사위 김우옹에게 주고, 칼은 정인홍에게 주면서 "이것으로 마음을 전한다"라고 했다.

조식의 학문과 훈도 방식은 이황의 그것과는 사뭇 비교되었다. 이황은 조식에 비해 제자들을 키우는 데 열심이었고, 전수했던 학문 역시 이론적인 측면을 중시했다. 그에 비해 조식은 확연히 '실천'을 강조했다. 칼이 상징하는 이미지처럼 '결단'을 강조했다. 정인홍은 조식에게 훈도를 받으면서 입신을 도모하는 학자보다는 활달한 실천가가 될 기질을 지니게 된 것으로 보인다.

그 실천가의 기질은 선조 초반 조정에 초빙되어 나아갔을 때 유감없이 발휘되었다. 정인홍은 1573년 학문과 행실이 뛰어난 것을 인정받아 처음으로 조정에 초빙되었다. 1577년에는 정5품 직인 사헌부 지평이 되었고, 곧이어 정4품 직인 장령으로 뛰어올랐다. 척신 정치가 남긴 잔재가 채 가시지 않았고, 동인과 서인이 분열되어 있던 당시 정치판에서, 정인홍의 활약은 두드러졌다. 백관을 규찰하여 조정의 기강을 바로잡는 것이 직무였던 사헌부 장령의 역할을 유감없이 해냈던 것이다.

> 정인홍은 사람을 탄핵할 때 강한 세력을 피하지 않고 금령을 매우 엄격하게 펴서 한때 기강이 자못 숙연함을 깨닫게 했다.

> 정인홍이 장령으로 있으면서 위풍으로 제재하여 조정 신료들이 진작되고 숙정되었다. 거리의 장사치들조차 정인홍 때문에 금하는 물건을 거리에 내놓지 못했다. 무식한 시골 사람까지 상경하여 "정 장령의 위엄이 시골까지 미쳐 병사와 수사, 수령들까지 두려워 삼가고 경계하니 그야말로 대장부다"라고 했다.

앞의 내용은 『선조실록』, 뒤의 내용은 이이의 『석담일기』가 전하는 정인홍의 활약상이다. 그는 조정에 남아 있는 척신 정치의 잔재를 청산하기 위한 탄핵 활동에 앞장서는가 하면, 선조와의 경연 자리 등에서는 강직한 언사들을 쏟아냈다.

이이는 정인홍의 강직함과 기재를 높이 평가하면서도, 그가 너무 과격해지지나 않을까 우려했다. 정인홍은 당시 동인과 서인의 대립을 조정하려 시도했던 이이를 유약하다고 비판했다. 따라서 두 사람은 때로 의견 대립으로 서로 얼굴을 붉히기도 했다.

1581년 정인홍은 서인 심의겸을 탄핵하여 파직시키는 데 주도적인 역할을 했다. 심의겸이 척신의 잔당으로서 조정의 권력을 농락하고 여론을 호도했다는 것이 이유였다.

> 정인홍은 누구를 한번 미워하면 원수같이 미워한다. 기개는 있으나 학식과 포용력이 부족하여 용병을 하는 것으로 치면 돌격장에나 합당하다.

심의겸이 파직된 직후, 이이가 정인홍에게 내린 평가다. 선조 역시 심의겸을 옹호하는 입장을 보였다. 그러자 정인홍은 미련 없이 사표를 던지고 고향으로 돌아가버렸다. 그러고는 왜란이 일어날 때까지 조정에 자취를 끊었다.

이 무렵 정인홍의 활동은 스승 조식에게 받았던 가르침을 그대로 실천하는 과정이었다. 강직하여 타협이 없었다. 자신의 주장이 채용되지 않을 경우 미련 없이 사표를 던졌다. 그것이 주변 사람들에게는 '과격한' 것으로 받아들여졌고, 결과적으로 적을 많이 만들었다. 그것이 누적되어 그의 최후를 비참하게 만들었는지도 모르겠다. 하지만 '과격한'이란 말의 어감 자체는 부정적이지만 그것은 결국 '근본적인' 목표를 추구한다는 의미이기도 하다. 유자로서의 원칙에 충실하고 불의와 타협하지 말라는 스승 조식의 가르침을 '근본적으로' 실천해보려 했던 정인홍의 최초 실험은 이렇게 실패로 끝났다.

하지만 타협할 줄 모르는 실천가로서 그의 기질은 곧이어 다시 발휘된다. 왜란이 일어나 경상도가 쑥대밭이 되었을 때 고향에서 의병을 일으켜 싸웠던 것이다. 그리고 선조 말년, 광해군이 정치적 위기에 처했을 때 정인홍은 다시 광해군을 위해 '근본적인' 내용을 담은 상소를 올린다. 그리고 광해군의 즉위를 맞아 주전파로서, 광해군의 공신으로서, 조식의 수제자로서 화려하게 복귀했던 것이다.

이이첨의 야심

인조반정을 맞아 처형되고, 조선 후기 내내 '간신의 대명사'로 매도되었던 이이첨 역시 그렇게 단순히 매도해버릴 수 있는 인물이 아니다. 이이첨 또한 광해군 대 정치판에서 나름대로 '큰소리'를 칠 수 있을 정도의 역량과 정치적 기반을 지니고 있었다. 그도 정인홍과 마찬가지로 임진왜란 중에 피난하지 않고 의병 활동을 벌임으로써 의롭다는 평가를 받은 바 있었다.

그뿐만이 아니었다. 이이첨은 일본군의 위세가 하늘을 찌르던 임진왜란 초, 광릉참봉(光陵參奉)이란 미관말직에 있으면서 일본군에 의해 불

일제시대의 봉선사

고려 광종 때 건립된 봉선사는 1469년(예종 1) 세조의 능인 광릉을 보호하기 위해 중창되었다. 이후 봉선사 승려들은 광릉과 세조의 영정을 보호, 관리하는 역할을 담당했고, 급기야 임진왜란이 일어나 절이 소실될 위기에 처하자 승려 삼행(三行)이 세조의 영정을 절의 은밀한 곳에 숨겼다. 그리고 그것을 이이첨이 다시 안전한 곳으로 옮겼다.

타버릴 위기에 처했던 세조의 영정을 안전한 곳으로 옮겨 보전하는 공을 세웠다. 왜란 당시 일본군이 양주로 들이닥치자 봉선사(奉先寺)의 승려 삼행(三行)은 세조의 영정을 절에 묻어두었다. 하지만 일본군은 곧 그것을 꺼내 찢어버리려 했고, 삼행은 애걸하여 돌려받은 뒤 다시 은밀한 곳에 봉안했다. 이후 서울에 머물던 일본군이 북상하여 광릉 근처에서 불을 지르면서 약탈을 벌였고, 영정은 다시 소실될 위기에 처했다.

개성에 머물러 있다가 그 소식을 들은 이이첨은 낮엔 숲에 숨어 있다가 밤에만 걸어서 광릉에 도착했다. 이이첨이 도착했을 때 봉선사 부근에는 일본군이 우글거리고 절 입구까지 불이 번지고 있었다. 피난하는 승려들 틈에서 겨우 삼행을 만난 이이첨은 영정을 받들고 하룻밤에 90여 리의 숲길을 걸었다. 그러고는 선조가 머물던 행재소까지 영정을 운반했다. 경기방어사의 보고에 따르면, 이이첨이 영정을 넘겨받은 날 밤에 봉선사는 물론 광릉의 재실 200칸이 잿더미가 되었다고 한다.

임진왜란을 맞아 거의 모든 역대 국왕들의 영정이 불에 타거나 없어졌다. 겨우 보전된 것이 태조와 세조의 영정이었다. 그런데 태조 영정의 경우 조정 차원에서 보전에 힘을 기울였고, 여러 고을에서 그것을 옮기는 데 도움을 주었다. 하지만 세조의 영정이 보전될 수 있었던 것은 거의 전적으로 이이첨의 활약 덕분이었다. 어쨌든 태조와 세조의 영정이 보전되었다는 것은 의미가 적지 않았다. 그것은 국왕으로서 체면을 구겼던 선조에게는 그나마 위안이 되는 경사였기 때문이다.

왜란 초 선조가 서울을 버리고 피난길에 올랐던 직후 선릉(宣陵)과 정릉(靖陵)이 일본군에게 도굴당했다. 오늘날 지하철 2호선의 역 이름이기도 한 선릉은 9대 임금 성종을, 정릉은 11대 임금 중종을 모신 능이다. 일본군은 두 능을 파헤쳤다가 기대했던 '보물'이 나오지 않자 시신을 담은 관들을 그대로 팽개쳐버렸다. 의주에서 '비보'를 접한 선조는 통곡했다.

> 조상의 무덤을 제대로 간수하지 못한 것보다 커다란 불효도 없다. 오죽 못났으면 선왕의 무덤이 파헤쳐졌다는 소식을 듣고 가보지도 못할까?

선조는 자괴감 때문에 얼굴을 들 수 없었다. 3일 동안 정무를 정지하고 근신하는 조처를 취했지만, 그것으로 선조가 받은 마음의 상처가 치유될 수는 없었다. 그러나 의주에서 소식을 들은 이상 어떻게 해볼 도리가 없었다. 사람을 보내 재궁(梓宮, 왕의 시신을 담은 관)을 살펴보고 싶었지만 일본군이 득실대는 서울로 선뜻 가겠다는 신료도 없었다.

왜란 당시 선조를 격분시켰던 일본군의 행위는 여러 가지가 있었다. 그런데 『선조실록』에 나타난 분위기로 보면 왕릉을 파헤친 행위만큼 선조를 분노케 했던 사건도 없어 보인다. 훗날 왜란이 끝나고 일본이 대마도를 통해 다시 국교를 맺자고 요청해왔을 때, 선조는 국교 정상화의 전제 조건으로 '선릉을 파헤친 범인'을 잡아 인도할 것을 내건 바 있다. 이미 사건이 일어난 지 20년 가까운 세월이 지났을 때였다. 실현 불가능한 일인 줄 뻔히 알면서도 선조가 이런 조건을 내세운 것을 보면, 그의 가슴에 맺힌 원한의 정도를 짐작할 수 있을 것이다.

그런 와중에 이이첨의 활약으로 세조의 영정이 보전되었다는 사실은 선조에게 커다란 위안을 주었을 것임이 분명하다. 그것도 적이 우글거리는 봉선사에 홀로 잠입해서 불타버리기 직전의 영정을 모셔온 용감함은 두고두고 사람들 사이에서 화제가 되었다.

이이첨의 호는 관송(觀松)이고 자는 득여(得輿), 본관은 경기도 광주다. '이첨(爾瞻)'이라는 독특한 이름은 아마 『시경』「소아편(小雅篇)」에 나오는 구절을 따온 것으로 여겨진다.

> 깍아지른 저 남산이여, 바위가 첩첩이 험하구나.
>
> 빛나고 빛나는 태사 윤 씨여 백성들 모두가 그대를 바라보는구나.
>
> 節彼南山 維石巖巖
>
> 赫赫師尹 民具爾瞻

'이첨'이란 이름 속에는 '백성들 모두가 우러러볼' 정도로 대단한 인물이 되기를 바라는 부모의 소원이 깃들어 있었는지도 모르겠다.

이이첨의 광주 이 씨 집안은 조선 전기의 대표적인 훈구파 가문이었다. 특히 연산군 대의 대표적 권신이었던 이극돈(李克墩)은 이이첨에게 5대조가 된다. 이극돈은 사림파에 대해 혐오감을 품고 있던 인물이다. 급기야 1498년(연산군 4) 유자광과 함께 무오사화(戊午史禍)를 일으켜 사림파를 제거하는 데 주역을 담당했다. 따라서 이극돈 같은 인물을 염두에 두면 이이첨의 집안은 가계상으로 사림계와는 거리가 멀었다. 더욱이 이극돈이 죽고, 역적으로 몰려 관작을 추탈당한 뒤로 이이첨의 집안에서는 변변한 벼슬에 나아간 인물이 없었다. 아버지 우선(友善) 역시 벼슬을 전혀 못한 채 일생을 마쳤다.

이 같은 집안의 내력을 고려하면 이이첨은 자수성가한 인물인 셈이다. 1582년(선조 15) 진사시와 생원시에 잇달아 합격했고, 왜란을 맞아 광릉참봉으로 있으면서 세조의 영정을 지켜내는 데 공을 세웠다. 또 전쟁 중이던 1594년에 치러진 문과에 응시하여 2등으로 합격함으로써 입신의 발판을 마련했다. 이어 1597년 성균관 전적, 병조 좌랑, 평강 현감, 사간원 정언 등을 역임하면서 순탄한 출셋길에 접어들었다.

하지만 선조 대 조정에서 이이첨의 위치는 불안했다. 권신 이극돈의 후예라는 사실은 선조 즉위 이래 굳어져가던 사림 중심의 정치판에서 약점이 되었으면 되었지 결코 득될 것이 없었다. 불투명한 학문적 배경이나 사승 관계 역시 마찬가지였다. 이황, 이이, 성혼, 조식, 서경덕 등 쟁쟁한 사부들 문하에서 수학한 인물들이 넘쳐나던 선조 대 조정에서, 그는 이렇다 할 학연을 내세울 수 없었다. 그런 만큼 이이첨은 자신의 '약점'을 만회하기 위해 안간힘을 썼던 것으로 보인다. 그것은 자신이 훈구파의 자손이로되 '사림'의 정체성을 확실히 지니고 있다는 점을 과시하는 것이기도 했다.

> 연천에 사는 전 참의 조인후 등이 연명으로 알리기를 "전 평강현감 이이첨은 천성이 효성스럽고 우애가 깊어 어려서부터 부모를 섬김에 사랑이 지극했다. 1582년과 1583년 잇따라 아버지와 할머니의 상을 당하자 여막에 거처하면서 지나치게 슬퍼한 나머지 거의 실성할 지경에 이르렀고, 상례를 한결같이 『주자가례(朱子家禮)』에 따랐으며 상복을 벗은 뒤에는 초하루와 보름에 성묘를 한다"고 했습니다.

『선조실록』에 나오는 기록이다. 위의 내용 가운데 범상하게 보이지 않는 부분이 있다. 바로 "한결같이 주자가례를 따랐다"는 부분이다. 『주자가례』란 성리학을 공부한 사림들이 관혼상제를 비롯한 일상의 모든 영역에서 준수해야 할 규범을 담은 책이다. 한마디로 사림이 사림으로서의 정체성을 유지하기 위한 교본이라고 할 수 있었다. '이극돈의 후예'라는 부담에 시달리고 있던 이이첨으로서는 『주자가례』의 내용을 철저히 따름으로써 '나는 훈구가 아닌 사림'이라는 점을 강조하고 싶었을 것이다.

왜란이 끝날 무렵부터 선조 말년까지 이이첨은 주로 사간원과 사헌부의 언관 직에서 활동했다. 당시 그가 보여준 언론 활동의 범위는 넓었고 비판은 매서웠다. 전란 중 책임을 다하지 못한 군 지휘관들을 가차 없이 처벌해야 한다고 주장하고, 전란 이후 만연되어 있던 지방 수령들의 부정과 비리를 발본색원하자고 강조했으며, 왜란 중 화의를 주장했던 신료들에 대한 탄핵을 끊임없이 벌였다.

1597년 12월, 이이첨은 시강원 사서가 되었다. 시강원이란 왕세자 교육을 담당하는 부서다. 이이첨이 '광해군의 스승'으로서 광해군과 공식적으로 인연을 맺게 되는 계기였다. 이렇게 시작된 인연은 선조 말년 영창대군이 태어나고 왕위의 향방을 놓고 유영경과 대립하게 되면서부터 확고해졌다. 유영경을 탄핵하고 광해군을 비호한 상소를 올린 사람은 정인홍이었지만, 조정에 있으면서 전후 사정과 분위기를 파악한 뒤 정인홍에게 사람을 보내 상소를 종용한 이는 이이첨이었다. 정인홍과 이이첨이 협력하여 올린 광해군을 비호하는 상소가 이후 이이첨의 입신에 결정적인 배경이 된 것은 두말할 나위도 없다.

선조가 세상을 떠나고 광해군이 즉위하자 이이첨 역시 유배에서 풀려나 조정에 복귀했다. 복귀 직후 병조 정랑이 되고, 곧이어 사헌부 집의가 되었다. 아직 그에게 확고한 권력이 돌아오지 않았지만, 그의 입신 환경은 선조 대보다는 훨씬 나아졌다. 적어도 이이첨 역시 정인홍과 마찬가지로 광해군이 즉위하는 데 신명을 바친 '공신'이었기 때문이다. 그는 유리하게 바뀐 환경에서 자신의 약점을 보완하고 정치적 기반을 굳히기 위해 골몰했다.

그 첫 단계는 정인홍의 명망을 적극적으로 이용하는 것이었다. 정인홍은 그에게 대단한 '이용 가치'가 있었다. 우선 정인홍에게는 '조식의 고제(高弟)'라는 학연적 배경이 있었으므로 그와 연결하여 자신도 '조식의 문하생'이라는 학연을 갖고 싶었다. 또 정인홍이 지닌 '장로'의 이미지를 끌어들이면 정치적 반대파의 저항을 잠재울 수 있었다.

이이첨은 광해군 대에 어떤 정책을 추진하다가 반대 의견에 봉착하면 "정인홍도 이렇게 생각하신다" 운운하면서 정인홍을 팔았다. 때로는 정인홍에게 알리지도 않고 '전결'로 처리한 뒤 사후에 통고하기도 했다. 이는 그만큼 광해군 대 조정에서 정인홍의 권위가 막강했다는 것을 암시하지만, 훗날의 세평이 정인홍이 이이첨에게 기만당하여 몰락했다고 하는 것은 이런 측면을 가리키는 것이기도 하다.

정인홍에게도 이이첨은 필요한 존재였다. 산림으로서의 권위는 있으되 일선에서 물러나 있으면 중앙 정치판에 대한 '감'이 떨어지게 마련이다. 그 약점을 조정에 있는 이이첨이 보완해주었다. 두 사람 사이의 매개 역할은 조정에서 벼슬하고 있던 정인홍의 제자들이 서울과 합천을 오가면서 맡았다.

전란의 상처를 다독이다

연립정국을 펼치다

우여곡절 끝에 왕위에 올랐지만 문제가 모두 해결된 것은 아니었다. '국왕' 광해군 앞에 놓인 과제는 결코 만만치 않았다. 우선 왜란으로 피폐해진 민생을 어루만지고, 무너져 내린 국가의 기반을 재건해야 했다. 다음으로는 '첩의 자식'이자 둘째인 처지에서 왕이 되었다는 '콤플렉스'를 극복하고 왕권의 기반을 다져야 했다.

그러려면 무엇보다 조정의 정치판이 안정되어야 했다. 붕당 사이의 갈등을 조정하고 필요한 인재를 적재적소에 쓰는 것, 그것이야말로 즉위 직후 광해군이 가장 노심초사했던 문제였다. 아니 어쩌면 왕세자 시절부터 고민해왔던 것이다.

광해군은 왜란 초 의주로 쫓겨 갔던 아버지 선조가 압록강의 달 아래서 탄식하던 모습을 기억하고 있었다.

관문의 산에 걸린 달을 보고 통곡하노라

몰아치는 압록강 바람에 마음이 쓰리구나

조정의 신하들아, 오늘 이후도 또다시

동인이니 서인이니 하면서 싸울 것인고

서울을 버리고 변방의 오지로 쫓겨 왔던 선조가 처참한 심정으로 읊조렸던 시다. 벼랑 끝에 몰린 선조는 자신이 왜 그런 상황에 처하게 되었는지 많은 생각을 했을 것이다. 그의 입장에서는 신하들이 편을 나눠 서로 싸우는 바람에 자신이 의주까지 쫓겨 오게 되었다고 생각할 수밖에 없었다.

광해군 역시 마찬가지였다. 소북파 유영경이 발목을 잡는 바람에 왕위에 오르지 못하고 추락할 뻔했다. 이제 신하들이 편을 나눠 싸우는 것을 어떻게 해서든 막아야 했다. 하지만 광해군 초반 붕당의 대립 상황은 선조 대보다 훨씬 심각하고 복잡했다. 남인, 북인, 서인이 나누어진 데다 북인은 다시 대북과 소북으로 갈라졌다.

이이첨, 정인홍, 이경전 등 선조의 죽음 직전 상소를 올려 광해군을 옹호했던 인물들이 대북파였다. 소북파는 '족보'가 좀더 복잡했다. 선조 말년 소북으로 불렸던 사람들은 남이공(南以恭), 김신국(金藎國), 유희분, 박승종(朴承宗), 최유원(崔有源) 등이었다. 광해군을 견제했던 유영경도 본래 소북이지만, 개인적으로 선조와 특별한 관계를 유지했던 그와 그의 추종자들은 따로 '유당(柳黨)'이라 불렸다. 광해군이 즉위하면서 유영경과 '유당'은 대부분 제거되었다. 따라서 광해군 즉위 직후에는 유희분, 박승종, 최유원 등이 소북의 실질적인 핵심이 되었다. 정인홍과 이이첨이

이원익, 이항복, 이덕형(왼쪽부터)

'오리 정승' 이원익은 원만하고 합리적인 성품의 소유자로서 선조 대에는 전란의 극복과 민심 수습에, 광해군 대에는 대동법을 시행하는 데 주도적인 역할을 했다. 이항복과 이덕형은 임진왜란 당시 선조를 따라 의주까지 가서 명군을 불러오고, 전쟁을 수행하는 데 핵심 역할을 했다. 이들 세 사람은 풍부한 행정 경험을 바탕으로 광해군 즉위 직후 시급했던 민생, 국방, 외교 문제를 거의 전담하여 해결했다.

선조 말년 상소를 올려 광해군을 옹호한 공이 있다면, 유희분과 최유원 등은 광해군 즉위 직후 임해군을 제거하는 데 앞장섰다. 더욱이 유희분은 광해군의 처남이었기에 외척으로서의 권세가 막강했다.

이원익(李元翼), 이덕형(李德馨), 이항복(李恒福), 윤승훈(尹承勳), 이정구(李廷龜), 황신(黃愼) 등으로 대표되는 남인과 서인들은 북인에 비해 정치적으로 열세였다. 그들은 대북파처럼 "광해군의 즉위를 위해 분골쇄신했다"는 특별한 공로도 없었고, 유희분처럼 광해군과 인척 관계를 맺은 것도 아니었다. 다만 선조 대 이래 오랫동안 정승이나 판서 벼슬을 지내면서 쌓아온 연륜과 실무 경험이 만만치 않은 인물들이었다.

광해군은 1608년 2월 23일 비망기를 내려 당파 사이의 대립을 개탄하고, 그것을 없애겠다는 자신의 의지를 피력한다.

하늘이 한 세대의 인재를 내리는 것은 그들로서 한 세대의 임무를 완성하려고 그러는 것이오. 그럼에도 요즘 사대부들은 논의가 갈라져서 명목을 나누고 배척하는 데 거리낌이 없소. 이제부터는 피차를 막론하고 어진 인재만을 거두어 시대의 어려움을 헤쳐 나가야 되겠소.

당파를 불문하고 어진 인재만을 거두어 시대의 어려움을 헤쳐 나가자. 즉위 직후 광해군이 내놓은 인사 정책의 화두였다. 그리고 그것은 곧바로 실천으로 옮겨졌다.

광해군은 최고 관직인 영의정에 남인 이원익을 임명했다. '오리 정승'으로 불렸던 그는 정치적 색채는 그다지 뚜렷하지 않았지만 선조 대 이래 원로대신으로서 명망과 경륜을 높이 평가받고 있었다. 지방관으로 있을 때 선정을 베풀어 백성들 사이에서도 신망이 높았다. 광해군은 그가 원만하게 붕당 사이의 대립을 추슬러 조정을 이끌어줄 것으로 기대했던 것이다.

광해군은 이항복과 이덕형도 중용하여 즉위 초반에는 이들 세 사람이 번갈아가며 정승직을 주고받았다. 특히 이항복과 이덕형은 각각 국방과 외교와 관련하여 능력을 인정받았다. 이항복은 선조 대 이래 여러 차례 병조판서를 지내 군사 업무에 밝았다. 이덕형은 왜란 초 대동강에서 일본군 장수 겐소(玄蘇)와 담판을 벌인 적도 있는 당대 최고의 '일본 전문가'였다. 광해군은 두 사람으로 하여금 비변사를 이끌면서 서북방 지역의 방어 대책 마련을 비롯한 국방 업무를 총괄토록 했다. 이항복에게는 아예 서북 지방의 수령들을 직접 천거토록 하는 등 파격적인 권한을 부여했다.

북인들은 이들을 중용하는 것에 불만을 품었지만, 광해군은 이들을 신임하여 힘을 실어주었다. 적어도 국방 문제 같은 국가 대사만큼은 당파를 초월하여 능력 있는 인물에게 맡겨야 한다고 생각했기 때문이었다. 이 같은 배경에서 이원익과 이항복 등은 광해군의 신임을 바탕으로 조정에서 자신들의 위상을 유지할 수 있었다. 또 이들에게 기대어 이귀, 김류(金瑬), 정경세(鄭經世) 등 서인과 남인의 소장파들이 조정의 내외곽을 맴돌며 명맥을 유지할 수 있었다.

이원익 등 남인과 서인의 중진들이 정승에 기용됐지만, 광해군 초반 인사권을 비롯한 조정의 실권은 대체로 북인들 차지였다. 특히 『광해군일기』는 광해군의 처남 유희분의 권한이 두드러졌음을 지적하고 있다. 이이첨 등 대북파는 주로 사헌부, 사간원 등 언관직에 포진하여 정인홍의 명망에 기대면서 정치적 기반을 다지고 있었다. 하지만 광해군 초반 권력의 추는 분명 이이첨보다는 유희분 쪽으로 기울어 있었다. 이이첨은 한때 그것을 만회해보려다 의주부윤으로 좌천되기도 했다.

그것은 한마디로 연립정국이었다. 연배가 지긋한 서인과 남인의 원로들이 정승으로서 광해군을 보좌하고 국정의 전반을 챙기는 데 주력했다면, 상대적으로 연소했던 북인들은 주로 인사권이나 언론을 담당하면서 광해군 왕권의 보위를 위해 애쓰고 있었다. 비록 대북과 소북 사이에는 미묘한 알력의 조짐이 있었지만, 적어도 광해군 4년(1612)경까지는 정파 사이의 다툼이나 대립이 그렇게 심각하지 않았다. 광해군이 연립정국의 중심에 서서 신료들 사이의 균형을 잡아주는 역할을 담당했기 때문이다. 정치적으로 열세인 남인이나 서인들은 왕에게 기대어 북인들을 견제하려 했고, 북인들은 남인이나 서인을 군자당(君子黨)이 아니라고 비판하면서 자신들의 우세를 유지하려 했다.

광해군이 중심이 되어 당파 사이의 균형을 잡으면서 정국은 안정되었다. 이 같은 분위기에서 전란 때문에 피폐해진 민생의 상처를 다독이고 무너져버린 국가의 기반을 재건할 방책이 나올 수 있었다.

피폐한 민생을 어루만지다

임진왜란이 조선 사람들에게 어느 정도 상처를 남겼는지는 한마디로 말하기 어렵다. 7년이나 지속된 대전란은 사람들의 삶을 너무나 넓고 깊게 파괴했기 때문이다. 다만 왜란이 조선 사회에 남긴 상처의 모습을 간단히 요약한다면 굶주림의 확산과 질서의 파괴라 할 수 있었다.

> 파주와 양주의 들판에는 인적이 끊기고 백골만이 뒹굴고 있습니다. 간혹 깊은 산골짝에 초막을 지어 거처하는 자들이 있으나 모두 굶주림에 지쳐 그저 누워 있을 따름입니다. 간혹 길에서 마주치는 노약자들의 얼굴에는 굶주림 때문에 생긴 부종이 가득합니다. 풀을 뜯어서는 달고 쓴 것도 가리지 않고 씹어 먹고 있습니다. 신은 그 모습을 보고 하염없이 흐르는 눈물을 주체할 수 없었습니다.

> 명군 병사들이 회식을 하고 있었다. 그 가운데 병사 한 사람이 속이 좋지 않은지 먹은 음식을 게워냈다. 멀리서 그 장면을 바라보고 있던 조선 사람들은 그가 게워낸 음식을 먼저 먹겠다고 아우성을 치며 달려들었다.

위의 이야기는 성혼의 『우계집』에 나오는 것이고, 아래의 이야기는 『난중잡록』에 적혀 있는 내용이다.

전쟁이 가져다준 굶주림은 상상을 초월하는 것이었다. 왜란 당시의 참상을 적은 거의 모든 기록에는 '사람이 사람을 잡아먹었다'는 내용이 빠지지 않고 나온다. 죽은 사람의 시신을 먹거나 혼자 돌아다니는 사람을 살해하여 잡아먹었다는 것이다.

그런데 굶주림이 굶주림 자체만으로 끝나지 않은 데 문제의 심각성이 있었다. 굶주린 사람들은 인체의 저항력과 면역 기능이 떨어지게 마련이다. 그런데 전쟁 중에는 역병으로 불리는 전염병이 창궐했다. 콜레라, 이질, 장티푸스, 학질 등등……. 그 와중에 수많은 사람들이 죽어갔다.

굶주림과 전염병은 인구를 격감시켰다. 더욱 심각한 것은 태어난 지 얼마 안 되는 영아들이 죽어가는 것이었다. 황망한 피난길에서 임산부가 몸을 풀면 모든 것이 부실하기 짝이 없다. 혹시라도 노천에서 아이를 받아야 할 경우, 소독된 가위를 어느 겨를에 준비하겠는가? 소독조차 되지 않은 칼이나 이빨로 탯줄을 자르게 될 것이다. 많은 산모들이 비위생적인 출산 과정 때문에, 혹은 출산 이후 조리가 부실하여 세상을 떴다. 어머니의 젖을 먹지 못한 영아들은 그들대로 또 죽어갔다. 이래저래 조선의 인구는 격감하고 있었다.

전쟁이 끝난 지 정확히 10년. '사람이 사람을 잡아먹는' 상황은 어느 정도 나아졌지만 백성들의 생활은 여전히 비참했다. 전쟁으로 황폐해진 토지는 복구되지 않은 상태였다. 게다가 광해군 즉위 직후인 1608, 1609년은 전국적으로 흉년이 들었다. 간헐적으로 들이닥치는 전염병 역시 백성들을 괴롭혔다. 광해군 초에도 '온역(瘟疫)'이라 불리는 발진티푸스가 퍼져서 수많은 사람들이 죽어갔다.

먹고살 길이 막막해진 사람들은 생계의 방도를 찾아 고향을 등지고 무작정 떠돌았다. 도성 주변에는 거사(居士)라 불리는 유랑인들이 집단적으로 떠돌고 있었다. 그런 와중에도 농촌에 남은 백성들에게는 각종 세금과 노역이 부과되었다. 지방 수령들은 병력을 확보하기 위해 속오군(束伍軍)을 모집했고, 군량을 마련하기 위해 둔전(屯田)을 만들었다. 전략 요충지를 관할하는 수령들은 산성을 다시 쌓거나 수리했다. 모두 왜란을 겪은 뒤에 나온 '사후 약방문'이었다. 그 와중에 이미 지친 백성들은 다시 부담을 짊어져야 했다.

전쟁 때문에 민생이 피폐해진 것은 전국적인 현상이었지만, 그중에서도 경상도와 서울 주변의 경기도 지방이 특히 심했다. 경상도는 가장 오랫동안 일본군에게 유린되었던 터라 회복이 더딜 수밖에 없었다. 선조의 국장을 치르고, 뻔질나게 드나드는 명나라 인사들을 접대하고, 도성 주변의 여러 토목공사를 맡아야 하는 부담은 주로 서울 주변의 백성들에게 돌아갔다.

광해군은 민생 문제 해결에 부심할 수밖에 없었다. 즉위 직후부터 그는 병든 민생을 소생시킬 대책을 마련하라고 신료들을 채근했다.

> 만물이 소생하는 봄을 만나 초목과 온갖 생물이 모두 즐거워하는데 유독 우리 백성만이 위태로워 죽기 직전이다. 그런데도 그들을 보살피지 않는다면 백성의 부모 된 도리가 아니다. 불행히 농사마저 흉년이 들고 국가에는 일이 많아 백성의 노역이 매우 번잡하니, 생령의 곤궁함이 극에 달하였다. …… 백성을 괴롭히는 것 가운데 없앨 수 있는 것은

『**충청도대동사목**(忠淸道大同事目)』

1651(효종 2) 충청도에서 실시된 대동법의 시행세칙을 담은 책이다. 1608년(광해군 즉위년) 경기도에서 처음 실시된 대동법은 우여곡절 끝에 1708년에야 전국적으로 실시되었다. 대동법이 시행되는 데 백 년이나 걸렸던 것은 그것을 둘러싼 각 계층 사이의 이해관계가 첨예하게 대립되었기 때문이다. 규장각 소장도서.

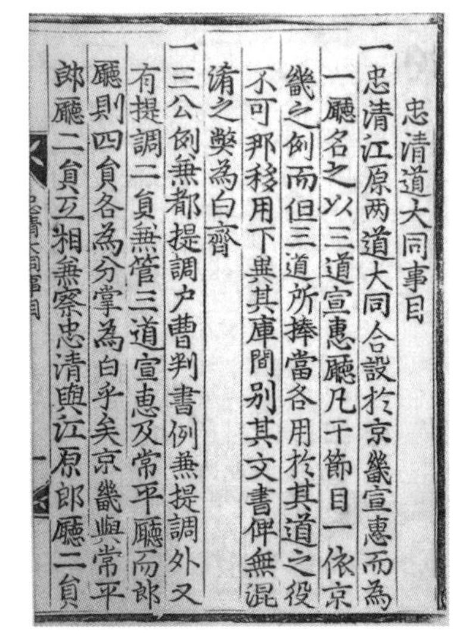
忠清道大同事目
一忠清江原兩道大同合設於京畿宣惠而為
一廳名之以三道宣惠廳凡干節目一依京
畿之例而但三道所捧當各用於其道之役
不可那移用下與其庫間別其文書俾無混
淆之弊為白齊
一三公例兼都提調戶曹判書例兼提調外又
有提調二員兼管三道宣惠及常平廳而郎
廳則四員各為分掌為白乎矣京畿與常平
郎廳二員互相兼察忠清與江原郎廳二員

없애고 굶주린 자들을 착실히 진휼해서 목숨을 잃는 노약자가 없도록 하라.

1610년 1월 13일 광해군이 내린 전교다. 당시 백성들이 처한 상황에 대한 인식이 그런대로 현실감이 있다.

이 같은 배경에서 즉위 직후 실시했던 것이 대동법(大同法)이었다. 당시 왕실과 관청들은 자신들에게 필요한 물품을 공물(貢物)이라는 명목으로 각 지방 백성들에게서 현물로 거두고 있었다. 그러나 때로는 자기 고장의 토산품이 아닌 것을 바쳐야 하는 경우도 많았다.

가장 극단적인 예를 들어보자. 서울에 사는 백성에게 제주에서 나는 말총을 바치라고 하면 어떤 일이 벌어질까? 그 백성은 말총을 마련하기 위해 동분서주할 것이고, 십중팔구 그 과정에는 청부업자들이 개입하여 설치게 될 것이다. 실제 공물 징수 과정에는 방납인(防納人)으로 불리는 청부업자들이 개입하여 특산품을 대신 조달하여 납품하고 막대한 이익을 챙기고 있었다. 방납인 가운데는 상인이나 모리배들뿐 아니라 사대부, 심지어 왕실의 인척들까지 있었다. 그만큼 이익이 크기 때문이었다.

> 예로부터 나라의 녹을 먹는 자가 백성과 더불어 이익을 다투지 않는 것은 철칙이었다. 평상시 사대부들은 방납을 알지 못했다. 그런데 난리 이후 생활이 어렵다 보니 염치마저 사라졌다. 그들까지 공물 방납을 거리낌 없이 자행하고 있다.

이창정(1573~1625)이 전하는 왜란 이후 사대부 사회 풍속의 한 단면이다. 조금이라도 이익이 되는 일이라면 물불을 가리지 않고 달려든다. 그런 와중에 가난한 백성들만 죽어나고 있었다.

광해군은 즉위 직후인 1608년 5월, 경기도 지역에서 대동법을 전격적으로 실시했다. 이원익의 건의를 받아들인 것이었다. 공물을 현물로 걷는 대신 봄가을로 쌀 16말만 내도록 하고 여타의 비용은 완전히 없앤다. 경기도 백성들의 반응은 뜨거웠다. 그것은 한마디로 "흩어졌던 백성들이 다시 모여든다"는 것이었다.

사실 광해군 초반에는 대동법이라 하지 않고 선혜지법(宣惠之法)이라 불렀다. 즉위 직후 광해군이 "널리 백성들에게 은혜를 베풀라(宣惠)"라고 지시한 데서 만들어진 말이었다. 그 선혜지법이 훗날 대동법이 된다. 대동(大同)이란 유토피아의 세계다. '대동세상'이란 신분적 차별도,

세금도, 부역도 없는 상상 속의 세계이기도 하다. 선혜지법이란 공물을 완전히 '면제'해주는 조처가 아니다. 단지 현물로 바치던 공물을 쌀로 바꾸어 내도록 한 것뿐이다. 그럼에도 그것을 대동법이라 이름붙인 것을 보면, 관이나 백성들의 입장에서 그 법이 얼마나 획기적인 것으로 받아들여졌는지 알 수 있다.

그러나 반발하는 사람들의 반응은 더 뜨거웠다. 방납으로 먹고살던 모리배들, 지방의 향리들, 각 관청의 하인들, 땅이 많은 양반들은 아우성을 쳤다. 대동법을 아예 원수처럼 여겼다. 그들은 틈만 나면 대동법을 비방했다. 그들은 대동법을 관할하는 선혜청 관리들에게 정치적으로 압력을 넣기도 하고, "대동법 때문에 나라를 망쳤다"고 운운하며 퇴진 운동을 벌이기도 했다.

조직적인 반발은 광해군에게도 전해졌다. 어느새 "왕의 마음도 돌아섰다", "경기도의 대동법을 곧 철폐할 것이다"라는 등의 소문이 퍼졌다. 소문에 놀란 경기도 백성들은 통문을 돌리고, 가난한 양반들은 상소를 올려 절규했다.

> 지금 대동법을 폐지해서는 안 됩니다. 그것은 이제 겨우 밥 한 숟가락 입에 넣은 수척한 병자에게서 밥그릇을 빼앗는 것이나 마찬가지입니다.

빼앗긴 기득권을 되찾으려 반발하는 층과 생존을 위해 절박하게 호소하는 농민들 사이에서 광해군은 고민할 수밖에 없었다. 기득권층의 반발을 잠재우고 민생을 회복시키기 위한 개혁이 얼마나 어려운 것인지를 절감했을 것이다. 결국 광해군은 경기도의 대동법을 유지시켰다.

요컨대 광해군이 대동법을 실시했던 것은 분명 하층민들에 대한 정권 차원의 '양보'라고 할 수 있었다. 이는 어떤 형태로든 백성들에게 '양보'하지 않으면 안 될 만큼 당시 민생의 피폐가 심각했다는 반증이기도 했다.

『동의보감』과 『동국신속삼강행실도』

임진왜란이 조선 사회에 남긴 상처는 정신적인 측면에서도 만만치 않았다. 전쟁을 치르는 동안 사람들 사이에서 최고의 가치는 '살아남는 것'이었다. 조총에 맞아 죽거나 포로로 끌려가고, 굶어 죽고, 전염병에 걸려 죽고……. 전장과 피난길에서 다양한 형태의 '죽음'을 일상적으로 목도했던 사람들에게 생존만이 유일한 목표가 되었다. 끔찍한 체험을 겪은 사람들의 정신은 황폐해져가고, 기존의 도덕과 윤리, 관습과 제도는 다만 걸림돌로 인식될 뿐이었다.

신분제 역시 흔들리고 있었다. 전쟁의 혼란을 틈타 많은 노비들이 도망쳐버렸고 노비 문서들이 소각되었다. 위기에 처한 조정 역시 보다 많은 하층민들을 적과의 싸움에 끌어들이기 위해 '미끼'를 던졌다. 일본군의 목을 베어 오는 천인에게 면천(免賤)을 약속하는가 하면, 군량미로 쓸 곡물을 바치는 천인과 양인에게도 각각 신분 상승을 약속했다. 공명첩(空名帖)을 남발하기도 했다. 바야흐로 이러저러한 형태의 군공을 세워 많은 천인들이 양인이 되고, 양인들이 관직을 얻었다.

이런 조처들은 위기에 처한 지배층의 입장에서는 피할 수 없는 것이었다. 왜냐하면 일단 위기를 극복하고 살아남은 다음에야 노비도 부릴 수 있고 지배층으로 행세할 수 있었기 때문이다.

> 우리가 살아남은 뒤에야 노복을 부릴 수 있습니다. 그러니 사대부 집안의 노복이 전부 면천된다고 한들 무엇이 아까울 것이 있겠습니까?

1593년 2월 승지 이호민(李好閔)이 노비들에게 곡식을 거두고 신분을 해방시켜주자고 하면서 선조에게 강조했던 말이다. 살아남을 수만 있다면 모든 노비가 면천되어도 아깝지 않다고 했다. 극단적인 위기의식 속에서 지푸라기라도 잡겠다는 심정이 역력하다.

전쟁은 또한 많은 사람들에게 염세 의식을 심어놓았다. 일찍이 없었던 끔찍한 체험 속에서 삶의 의욕을 잃어버린 사람들이 늘어갔다. 그것은 자연히 현실 부정으로 연결되었다. 현실에서 탈출하여 은둔하는 사대부, 곡기(穀氣)를 끊고 생식을 하면서 도가의 양생법에 빠져 도인(道人) 행세를 하는 이들이 나타났다. 의병장으로 이름을 날렸던 곽재우까지 도가(道家)의 양생법에 푹 빠졌다. 과거 시험에 제출하는 답안지까지 도가의 가르침으로 채우는 자들이 나타나서 문제가 되었다.

사회 전반에 예의와 염치가 사라지고 기강이 땅에 떨어졌다는 한탄도 계속되었다. 전란이 끝날 무렵, 부모의 상을 당해도 제대로 상례를 치르지 않고 상중에도 버젓이 기생을 끼고 음주와 가무를 즐기다가 탄핵받는 벼슬아치들도 많았다. 그런가 하면 민가에서는 거사와 사당패들이 무리를 지어 다니며 소란을 피우고 있었다. 이들은 승려의 복장을 하고 몰려 다니며 걸식하는가 하면 때로는 재(齋)를 올린다면서 사람들을 끌어 모았다. 전쟁은 성리학적 사회질서를 송두리째 흔들어놓았고, 사람들의 마음속에는 사상적인 '무정부 상태'가 빚어지고 있었다.

광해군이 즉위한 뒤에도 사정은 별로 달라지지 않았다. 현실 부정은 곧바로 체제에 대한 저항으로 이어질 수 있었다. 즉위 과정에서 심각한 우여곡절을 겪었고, 왕권 안정을 위해 노심초사하고 있는 광해군으로서는 흐트러진 백성들의 마음을 다잡는 것이 중요했다.

사대부와 서민을 막론하고 전란 이후 흐트러진 백성들의 마음을 다잡으려면 무엇인가 참고할 만한 교범이 있어야 했다. 하지만 전쟁 중에 서적들이라고 제대로 남아 있을 리가 없었다. 『조선왕조실록』이나 『등록』, 『법전』 등을 보관하는 사고(史庫)는 대부분 불에 타버렸다. 사대부가에 소장된 수많은 서적들은 일본군에 의해 약탈 당하거나 피난길에 없어져버렸다.

광해군은 즉위 직후부터 전란 중에 흩어져버린 서적들을 수습하고 새로 찍어내는 데 대단한 노력을 기울였다. 각종 서적들을 수습하여 바친 사람들에게 후한 상을 내리는 한편 명나라에 들어가는 사신들에게도 거금을 들여 책을 구입해 오도록 지시했다. 왕실의 위엄을 높이기 위해 『용비어천가』와 같은 서적들을 복간해냈다.

특히 역사책을 구비하는 데 기울인 노력은 각별했다. 『고려사』, 『국조보감』 등을 새로 찍어냈고, 사신들 편에 『좌전』, 『유선록』, 『후한서』, 『남북사』, 『요사(遼史)』, 『금사(金史)』, 『원사』, 『태평어람』, 『역대명신주의(歷代名臣奏議)』 등의 서적을 구입해 오도록 하여 수시로 열람했다.

각종 사료와 새로 찍어내거나 구입해 온 서적을 보관하는 데도 각별한 신경을 썼다. 무주의 적상산(赤裳山) 사고를 짓는 등 전란 등에 훼손된

강화도의 정족산 사고

임진왜란 시기 전주 사고를 뺀 나머지 사고들이 전부 불타자 정부는 전주 사고에 소장되었던 『실록』을 묘향산 보현사로 옮겼다. 왜란이 끝난 뒤 정부는 보현사의 실록을 등사하여 네 벌의 『실록』을 더 만들었는데, 그것을 보관하기 위해 정족산 사고를 설치했다. 광해군은 또한 1622년 강화도에 봉선전(奉先殿)을 설치하여 태종의 영정을 봉안토록 하는 등 강화도를 국가와 왕실의 전적들을 보관하는 거점으로 중시했다.

사고에 대한 정비 작업을 벌이는 한편, 조정의 여러 기관에서 만들어진 각종 『등록』들을 『실록』과 함께 사고에 보관하도록 조처했다. 전쟁 중에 대부분의 사료가 없어진 상황을 염두에 둔 것이었다.

광해군 대에 새로 찍어낸 많은 서적들 가운데 무엇보다 중요한 것은 『동의보감(東醫寶鑑)』(1613년 간행)과 『동국신속삼강행실도(東國新續三綱行實圖)』(1617년 간행)였다.

『동의보감』은 굶주림과 전염병 때문에 인구가 줄어들고 있던 현실을 타개하기 위해 간행되었다. 전란이 끝날 무렵 빈발하는 질병 때문에 의약(醫藥) 전반에 대한 수요는 높아졌지만 공급은 턱없이 부족했다. 특히 중국산 약재는 값도 비쌌을 뿐 아니라 구하기도 쉽지 않았다. 이 때문에

「순신역전(舜臣力戰)」

『동국신속삼강행실도』에 실린 그림이다. 1598년 철수하는 일본군을 요격하다가 노량해전에서 전사했던 이순신의 순국 장면이다. 숨을 거두는 이순신의 표정을 보면 마치 "나의 죽음을 알리지 말라"는 유언을 남기고 있는 듯하다.

가난한 하층민들이 의약의 혜택을 받기란 쉬운 일이 아니었다. 허준은 이 같은 현실에서 중국산 약재 대신 조선의 토산 약재를 이용해 의료비를 낮출 방안을 찾고, 지극히 두껍고 번잡한 중국 계통의 의학 서적을 대신할 의서를 저술했다. 그것이 바로 『동의보감』이었다.

하지만 광해군 즉위 직후 허준은 선조의 죽음을 막지 못한 죄를 뒤집어쓰고 귀양을 가 있었다. 따라서 그가 『동의보감』을 완성해 간행을 마치기를 기대하기는 어려웠다. 광해군은 신료들의 격렬한 반대를 무릅쓰고 귀양 중인 허준에게 도성을 출입을 허락하고 내의원의 의서를 열람할 수 있도록 했다.

이는 광해군의 의서에 대한 높은 관심과 허준에 대한 배려 때문에 가

「김씨단두(金氏斷頭)」
역시 『동국신속삼강행실도』에 실린 김 씨 부인의 수난(受難)을 묘사한 그림이다. 일본군은 김 씨를 능욕하려다가 김 씨의 저항 때문에 여의치 않자 김 씨의 목을 쳤다. 머리가 잘려 나간 채 아기에게 젖을 물리고 있는 김 씨 부인의 모습에서 처참함과 함께 조선 여인의 저항 의지를 본다.

능했다. 광해군은 어릴 적부터 잔병치레가 많았고, 즉위 이후에도 건강이 그다지 좋지 않았다. 『광해군일기』에 보면 즉위 초반 심병이 있다든가, 몸이 좋지 않아 침을 맞고 있다는 기사들이 나온다. 더욱이 그는 왕세자 시절 허준에게서 치료를 받았다. 따라서 광해군은 누구보다도 '명의' 허준의 기예를 아꼈고, 질병이 만연하는 당시 상황에서 독자적인 의서의 필요성을 절감했다. 바로 그런 배경에서 허준의 작업을 적극 지원했던 것이다. 『동의보감』은 이후 '동양 최고의 의서'로 추앙을 받았거니와, 광해군 대에 그것이 간행되었다는 사실은 실로 커다란 의미를 지닌다고 하겠다.

『동국신속삼강행실도』의 간행은 전란 이후 흐트러진 민심과 기강을 바로잡으려는 노력과 밀접한 관련이 있었다. 전란 중 국가를 위해, 혹은 부모를 위해 목숨을 바친 인물들의 행적을 드러내고 충효 의식을 선양함으로써 기강이 흐트러진 사회 전반에 새로운 분위기를 불어넣기 위한 포석이었다. 즉위 직후부터 이 사업에 관심이 많았던 광해군은 1610년(광해군 2) 1월, 전란 당시 목숨을 바쳐 절의를 지킨 인물들의 행적을 모아 책으로 만들 것을 지시했다. 이에 임진왜란 이후 국가로부터 표창을 받은 충신, 효자, 열녀들의 행적을 다시 발굴하고, 그들이 맞이했던 상황과 그 상황에서 보였던 언행을 그림을 곁들여 소개하는 책을 만들게 되었다. 또 한문을 모르는 하층민들을 위해 한글로 된 언해(諺解)까지 추가했는데, 재정 문제 때문에 시일이 늦춰져 1617년에야 완성되었다.

요컨대 『동의보감』이 전란에 지친 백성들의 육체적 질병을 치유하려는 목적에서 간행된 것이라면 『동국신속삼강행실도』는 전란을 거치면서 흐트러진 백성들의 마음을 추스르기 위해 간행되었던 것이다.

왕권 강화의 의지와 집착

'호메이니' 정인홍의 무리수

광해군이 연립정국을 통해 조정을 안정시키면서 피폐해진 민생을 회복하는 데 주력했지만 그의 정국 운영이 그리 순탄한 것은 아니었다.

그것은 우선 명나라와의 껄끄러운 관계 때문이었다. 선조가 죽고 광해군이 엄연한 국왕으로 즉위해 있었지만, 명 조정은 그를 쉽사리 승인하지 않았다. 맏아들 임해군이 있는데 왜 둘째가 왕위에 올랐냐고 계속 물고 늘어졌다. 1608년 선조의 부고를 전하고 광해군의 즉위를 승인받기 위해 명에 갔던 사신 이호민 일행에게 명 예부(禮部)는 광해군 즉위의 부당성을 다시 따졌다. 당황한 이호민은 엉겁결에 "임해군이 병에 걸렸기 때문에 왕위를 양보했다"고 실언을 하고 말았다.

명 조정은 이호민 발언의 사실 여부를 조사한다는 명목으로 사신 엄일괴(嚴一魁)와 만애민(萬愛民)을 조선에 파견했다. 이들이 오기 전에 임해군은 역모를 꾀했다는 구설수에 오르고 있었다. 저택에 무뢰배들이 출입한다든가, 저택 마당에서 무기가 발견되었다는 등의 의혹이 증폭되었다. 논란 끝에 임해군은 강화 교동으로 유배되었다. 이처럼 뒤숭숭한 마당에 명 사신들이 들이닥쳐 광해군의 국왕 자격을 심사하겠다고 나섰던 것이다. 그들은 임해군을 면담해서 직접 조사를 벌이겠다고 우겼다.

난감하기 짝이 없는 일이었다. 이미 왕으로 즉위한 사람의 자격을 심사하겠다니? 임해군이 그들에게 무슨 말을 할지 아무도 몰랐다. 임해군의 발언에 따라 어쩌면 명에게 두고두고 끌려다닐지도 모를 일이었다. 광해군은 이 같은 곤경을 뇌물로 때웠다. 사신 두 사람에게 수만 냥의 은화를 제공한 것이다. 누구보다 돈맛을 잘 알고 있는 중국인들이 아니던가? 엄일괴와 만애민은 임해군에 대한 조사를 대충대충 끝내더니 은궤를 챙겨 유유히 떠나갔다.

명 사신들이 떠난 뒤 북인들 사이에서는 임해군을 죽여야 한다는 여론이 들끓었다. 정인홍은 이미 사신들이 오기 전부터 임해군의 목을 베어 그들에게 보이자는 강경한 발언을 했다. 광해군은 북인들의 임해군 처단 요구를 수용할 수 없었다. 어쨌든 임해군은 그의 골육이지 않은가?

광해군은 기본적으로 그렇게 매정한 인물은 못되었다. 왜란 중에 수없이 겪었던 간난신고, 즉위하기까지 겪었던 부왕 선조와의 갈등, 유영경 등의 견제, 끝까지 발목을 잡았던 명 조정 등, 이러저러한 시련 속에서 그는 더욱 예민해지고 소심해져갔다. 소심하면 우유부단할 수밖에 없고, 그러면 무엇인가 결단을 내리기가 어려워진다. 더욱이 이원익, 이항복, 이덕형 등은 임해군을 살려두어야 한다는 이른바 전은론(全恩論, 목숨을 살려두어 형제의 도리를 온전히 해야 한다는 의미)을 들고 나왔다. 광해군은 머뭇거릴 수밖에 없었다. 정인홍은 이원익 등이 역적을 비호한다고 공박했다.

우여곡절 끝에 임해군은 얼마 후 교살되고 말았다. 북인과 남인, 서인들 사이에서 어느 쪽 의견도 따를 수 없었던 광해군은 임해군 사건을 계기로 더욱 심약해졌다. 뿐만 아니라 정인홍과 이원익, 이항복 등과의 사이는 점점 더 악화되었다.

임해군의 옥사만 광해군의 정국 구상을 헝클어뜨린 것이 아니었다. 예기치 않은 일이 또 일어났다. 그것은 주로 정인홍의 야심과 관련된 것이었다. 즉위 직후 광해군이 연립정국을 통해 남인과 서인들을 포용하려 했던 것은 사실이었다. 하지만 그렇다고 해서 정인홍에 대한 신임이 약화된 것은 결코 아니었다.

관직에 있던 연륜이 이원익이나 이항복, 이덕형 등에 비해 짧았을 뿐이지 정인홍은 누가 뭐라 해도 광해군에게 최고의 공신이었다. 왜란 중 의병 활동에 몸을 바쳤다는 주전파로서의 명분, 대학자 조식의 수제자라는 누구 못지않은 학연, 왕세자 광해군이 위기에 처했을 때 목숨을 건 상소를 올려 그를 '구원'하려 했던 충성심, 그야말로 어느 것 하나 부족한 것이 없었다. 뿐만 아니라 나이로 보아도 정인홍(1535~1623)은 이원익(1547~1634), 이덕형(1561~1613), 이항복(1556~1618) 등 대신들에 비해 10년 이상 연장자였다. 이항복이나 이덕형은 그의 아들뻘에 지나지 않았다.

광해군의 신임이 각별했던 것까지 고려하면 정인홍은 분명 정권의 '호메이니'라고 할 수 있었다. 그런 이유 때문이었을까? 정인홍은 자신감이 넘쳤다. 자신이 보기에 북인을 제외한 나머지 붕당들은 전부 문제가 있었다. "남인이나 서인들이 나처럼 의병 활동을 한 일이 있는가? 아니면 전하를 보위에 올리기 위해 목숨을 바쳐 노력했던 적이 있는가?" 더욱이 서인 중진들 가운데 상당수는 이이와 성혼의 제자들이었다. 이이는 그런대로 인정한다 해도 정인홍은 과거 성혼을 맹렬히 비난했던 적이 있다. 정인홍이 보기에 새로운 정치판은 마땅히 북인, 그 가운데서도 대북파가 주도해야 정상이었다.

그런데 정인홍의 '속을 뒤집어놓은' 일이 벌어졌다. 1610년(광해군 2) 광해군은 이른바 '다섯 명의 현인(五賢)'이라 불리던 김굉필(金宏弼), 정여창(鄭汝昌), 조광조(趙光祖), 이언적(李彦迪), 이황 등의 위패를 문묘(文廟)에 모시는 것을 허락했다. 문묘란 조선의 최고 학부인 성균관에 설치된 공자의 사당을 말한다. 공자를 모신 사당의 귀퉁이나마 한자리를 차지한다는 것은 명실공히 학문적 권위를 국가적으로 인정받는 것을 의미하며 학자로서는 최고의 영광이었다.

성리학을 조선 사회에 보급하고 정착시키는 데 중요한 역할을 했던 다섯 학자들 가운데 김굉필, 정여창, 조광조 세 사람은 당시 당파를 초월하여 인정받고 있었다. 문제는 이언적과 이황이었다. 정인홍의 눈에는 이 두 사람이 거슬렸다. 이들은 우선 당시 남인과 학통으로 연결되어 있었는데, 정인홍은 남인들을 변변치 못하다고 생각했다. 그는 남인 유성룡 등을 자신이 왜란 중에 의병을 일으켜 싸우고 있을 때 화친하자고 주장하던 형편없는 인물들로 보았다.

더욱이 이황은 정인홍의 스승인 조식과 동갑으로서 과거 조식을 비판했던 적이 있었다. 이황은, 벼슬길에 나아가지 않고 처사의 삶으로 일관했던 조식의 사상을 일러 "노장(老莊)에 가깝다"고 평했던 것이다. 이황의 눈에 조식은 너무 뻣뻣해 보였던 것일까? 성리학이 조선왕조의 정학(正學)으로 굳어져가던 당시에 노장이라는 평가는 이단이라는 말과 같았다.

정인홍은 발끈했다. 그는 광해군에게 올린 상소에서 이황과 이언적을 일러 사람들이 혐오해 마지않는 척신 정치기인 명종 연간에 벼슬을 탐하여 조정에 나아갔던 '변변치 못한 인물들'이라고 매도했다. 특히 이언적의 경우, 사림과 척신들 사이에서의 불투명한 처신 때문에 율곡에게서 비판받은 적도 있었다.

"척신 정치기에 출사한 주제에 나의 스승인 조식을 노장에 가깝다고 비판하다니 …… ."

"그런 인물들을 감히 문묘에 모시다니 …… ."

정인홍으로서는 도저히 이해할 수 없는 일이었다. 이처럼 회재(晦齋, 이언적)와 퇴계(退溪, 이황)를 비판하고 격하시키고자 정인홍이 상소를 올렸던 사건을 보통 '회퇴변척(晦退辨斥)'이라고 부른다.

정인홍의 상소 내용이 알려진 직후 조야를 막론하고 전국이 들끓었다. 조정에서는 남인뿐 아니라 서인까지 정인홍을 공박했다. 성균관 유생들은 정인홍의 이름을 유생명부인 『청금록(靑衿錄)』에서 지워버렸다. 전국에 걸쳐 유생들의 반박 상소가 이어졌다. 충청도 유생 황종해(黃宗海)는 상소에서 정인홍을 '공자와 맹자의 죄인'이라 비판하고, 그 때문에 나라를 망치고야 말 것이라고 극언을 퍼부었다.

전반적인 여론이 험악해진 가운데 정인홍의 근거지인 경상우도에서만 정인홍의 문인들 몇 명이 옹호 상소를 올렸다. 그나마 정인홍이 회재와 퇴계를 비판한 것 자체를 직접 옹호하지는 못하고, 그가 광해군 즉위에 중요한 역할을 했다고 강조하는 등 우회적으로 비호하는 데 그쳤을 뿐이었다. 가장 중요한 공신이 곤경에 처했음에도 광해군 역시 드러내놓고 정인홍을 비호할 수는 없었다. 한편으로 이황과 이언적을 찬양하면서 유생들이 정인홍의 이름을 『청금록』에서 삭제한 행동이 과격했다고 나무랄 따름이었다. 이이첨 역시 별다른 힘을 쓰지 못했다. 이황 등이 전국적으로 갖는 권위는 그만큼 대단한 것이었다. 이황과 이언적을 격하시킴으로써 스승 조식을 추앙하려 했던 정인홍의 구상은 결국 실패하고 말았다.

정인홍은 이후에도 스승 조식의 권위를 높이고 그를 대북파의 정신적 지주로 삼기 위해 노력했다. 그를 모시는 서원을 건립하는 한편, 이황처럼 문묘에 모시기 위해 상소 운동을 펼쳤다. 그 과정에는 이이첨이 적극적으로 앞장섰다. 훈구파의 후예인 데다 변변한 학연조차 없는 자신을 어떻게든 조식과 연결시키고 싶어서였다. 한마디로 이이첨은 '조식의 제자'가 되고 싶었다. 이황과 이이의 문하생이라는 학연으로 뭉친 남인과 서인계의 재야 사림들이 보여준 '단체 행동'의 위력을 절감한 탓이기도 했다.

이이첨 등은 먼저 서울의 북한산 자락인 무계(武溪, 현재 서울 종로구 부암동의 창의문 부근)라는 곳에 조식을 모시는 서원을 세우려고 시도했다. 도성 근처에 서원을 세워놓고 조정에서 벼슬하고 있는 대북파 신료들의 귀의처이자 세력 중심지로 삼을 요량이었다. 마찬가지 목적에서 전라도 강진에도 서원을 건립하려고 했다. 그러나 쉽지 않았다. 조식과 별다른 연고가 없는 지역들인지라 지역 사림들의 반발이 만만치 않았기 때문이었다.

문묘에 모시는 것은 더욱 어려웠다. 비록 북한산 자락에 서원을 지어 백운서원(白雲書院)이라 이름하고 광해군에게 현판까지 받아내는 데 성

덕천서원

1576년(선조 9) 조식의 학문과 덕행을 추모하기 위해 경남 산청에 세워진 서원이다. 이후 조식의 제자인 최영경의 위패도 같이 모심으로써 경상우도의 지방 사림들에게 정신적 귀의처가 되었다. 정인홍은 스승 조식을 모신 서원이 이황을 모신 서원에 비해 수가 적은 것을 안타깝게 여기고 서울을 비롯한 전국 각지에 조식을 모시는 서원을 건립하기 위해 노심초사했다.

공했지만, 문묘에 모시는 것은 끝내 이루지 못했다.

비록 정권을 주도하는 위치에 있었지만 이이첨 등은 사림의 여론을 움직이고 그들의 심복을 얻어내는 것이 권력만으로 되지 않음을 절감하게 되었다. 그러면 이제 어떻게 할까? 광해군과 더욱 밀착하는 수밖에 없었다. 왕권을 등에 업고 '왕권 강화'를 외치면서 그것을 빌미로 자신들의 권력을 확대해가는 방식이었다. '폐모살제(廢母殺弟)'의 비극은 이 같은 흐름 속에서 싹트고 있었다.

역모 사건, 광해군을 흔들다

당파 사이의 대립을 조정하고자 했던 광해군의 노력에도 불구하고 시간이 흐르면서 대북파와 나머지 정파 사이 갈등의 골이 더 깊어만 갔다. '회퇴변척'을 계기로 재야 사림들이 정인홍 등 대북파에게 품었던 반감은 수그러들지 않았다. 대북파는 대북파대로 어떻게 하면 권력의 핵심을 확고하게 장악할 수 있을까 골몰하고 있었다.

1612년(광해군 4) 2월, 광해군의 심기를 건드리는 사건이 일어났다. 역모였다. 황해도 봉산군수 신율(申慄)이 국왕의 도장을 위조한 혐의로 체포했던 김제세(金濟世)란 인물을 취조하는 과정에서 역모 사건이 불거졌던 것이다. 김제세에 따르면 역모의 주모자는 김직재(金直哉)와 그의 아들 김백함(金百緘)이었다.

김직재는 잡혀와 취조를 받으면서 "황혁(黃赫, 선조 대의 중신으로서 광해군의 이복동생인 순화군의 장인) 등이 역모를 꾀하면서 순화군의 양자인 진릉군(晋陵君)을 국왕으로 추대하려 한다"고 진술했다. 진술을 통해 거명된 인물들이 줄줄이 잡혀오고 옥사는 점점 커져갔다. 황혁은 곤장을 맞다가 죽었고 그의 사위인 홍서봉(洪瑞鳳)은 유배되었다.

김직재는 당시 사대부 사회에서 버림받은 인물이었다. 왜란 당시 일본군의 포로가 되었을 때 바로 옆에서 아버지가 일본군에게 살해되었음에도 가만히 있었다는 것 때문이었다. 김직재에 대한 이 같은 평가 때문에 사람들은 그가 했던 진술의 신빙성을 의심했다.

구체적인 물증이 드러나지 않은 채 옥사가 진행되면서 고문 횟수가 잦아졌고, 그 과정에서 조정 신료들까지 줄줄이 연루되었다. 그들은 대부분 남인이나 서인들이었다. 홍서봉뿐 아니라 정경세, 장유, 서성 등이 유배되거나 파직되고 혹은 탄핵을 받아 물러났다. 당시 황해감사 윤훤(尹暄, 윤두수의 아들로서 서인계의 인물)은 역모 사건의 수사에 미지근한 태도를 보인다는 이유로 파직되었다.

『광해군일기』는 이 사건을 당시 한직(閑職)에 있던 봉산군수 신율이 무엇인가 '한 건' 올려 승진을 도모하려는 과정에서 불거져 나온 것이라고 적고 있다. 신율이 김직재에게 무자비한 고문을 가하는 한편 그를 회유하여 엄청난 역모 사건으로 몰고 가려 했다는 것이다.

『광해군일기』가 인조반정 이후 '정치적 승리자'였던 서인들에 의해 서술되었다는 점이나, 당시 역모 사건을 수사할 때 혐의자들에게 가혹한 고문이 자행되던 관행을 고려하면, '김직재 역모 사건'이 과연 어디까지 진실인지는 정확히 알 수 없다. 그러나 분명한 것은 사건에 연루되어 형을 받거나 쫓겨난 신료들이 대부분 서인이나 남인들이었다는 점, 이 사건 때문에 광해군이 커다란 충격을 받았고 자신의 왕권을 공고히 하기 위해 더욱 노심초사하게 되었다는 점이다. 광해군은 사건의 발생을 보고받자마자 궁궐 호위를 강화토록 지시했고, 수사 과정에서 직접 죄인들을 취조하기도 했다. 그만큼 신경이 날카로워졌던 것이다.

북인들은 이 사건을 계기로 조정에서 더 확고한 위치를 차지하게 되었다. 역모 사건과 일정한 거리를 두고 있었던 데다, 이 사건 때문에 예민해진 광해군과 정치적으로 더욱 밀착했던 것이다. 역모 사건 취조가 전부 끝나 관련자들이 처형된 뒤, 이이첨은 광해군 즉위 직후 처형되었던 유영경에게 추형(追刑)을 가하라고 요청했다. 추형이란 이미 죽어 땅에 묻힌 시신을 파내 다시 토막 내는 '부관참시(剖棺斬屍)'를 일컫는다.

유영경은 광해군의 즉위를 막으려 했다가 광해군 즉위 직후 사약을 받았던 바로 그 인물이다. 광해군이 왕위에 오르기까지 갖은 우여곡절을 다 겪고, '천당에서 지옥을 왔다갔다' 하게끔 만들었던 이였다. 사실 광해군은 그의 이름만 들어도 '자다가 벌떡 일어날' 정도로 원한이 깊었다. 그런데 그 유영경의 시신을 파내 다시 목을 쳐라? 새삼스레 유영경에게 추형을 가하라는 요청에는 대북파의 메시지가 들어 있었다.

> 우리는 애초부터 유영경의 전하에 대한 견제를 막아내면서 전하를 국왕으로 추대하기 위해 노력해왔습니다. 그리고 지금은 전하의 왕권을 보위하기 위해 노력하고 있습니다.

이이첨 등은 광해군에게 바로 이런 이야기를 하고 싶었던 것이다. 역모 사건 때문에 소심해져 있던 광해군에게 "옛날이나 지금이나 당신 주변에는 우리밖에 없다"라는 사실을 확실하게 알려주고 싶었을 것이다.

그것만이 아니었다. 이이첨은 광해군을 움직여 과거 유영경을 공격하는 데 앞장섰던 대북파 인물들을 공신으로 책봉하려 했다. 공신을 책봉한다면 당연히 정인홍, 이이첨 등이 1등공신으로 부각되고 정치적 위상은 더 올라갈 것이었다. '유영경 문제'를 계속 거론하는 것은 조정 신료들에게도 "역적을 토벌하여 광해군의 왕권을 확고히 해야 한다"는 메시지를 새삼스레 전달하겠다는 몸짓이었다. 대북파야말로 '토역(討逆) 담당자'라는 사실을 환기시키겠다는 것이었다. 자연히 유희분이나 박승종 등 소북파는 이이첨의 의도를 간파하고 공신 책봉 문제에 대해 소극적인 모습을 보였다. 그러나 광해군은 이이첨의 요청을 받아들였다. 유영경

문경새재의 관문(關門)
문경새재, 곧 조령은 조선시대 서울과 영남을 잇는 가장 중요한 길목이었다. 험준한 지형 조건 때문에 천혜의 요새지이기도 했다. 부산의 왜관에서 은을 마련한 상인들이 육로를 통해 서울로 가려면 반드시 문경새재를 지나야 했다. 아마 박응서를 비롯한 '칠서'들은 그 같은 상황을 알고 새재에서 은상을 습격했던 것으로 보인다.

은 '부관참시'되고, 이이첨과 정인홍은 유영경을 몰아내는 데 공을 세운 1등공신으로 책봉되었다.

은상 살해 사건, 역모로 비화되다

김직재의 역모 사건은 광해군 초반 유희분 등 소북파에게 밀리고 있던 이이첨 등 대북파의 정치적 위상을 끌어올리고, 나아가 역전시키는 출발점이 되었다. 이런 와중에 1613년(광해군 5) 4월 문경새재에서 일어난 이른바 은상(銀商) 살해 사건은 폐모 논의가 불거지고 정치판이 근본적으로 바뀌는 계기가 되었다.

계축옥사(癸丑獄事)라고도 불리는 이 사건의 주도자들은 당시 '칠서(七庶)'로 불리던 양반가의 서얼들이었다. 박응서(朴應犀), 박치의(朴致毅), 서양갑(徐羊甲), 심우영(沈友英), 허홍인(許弘仁), 김평손(金平孫), 김경손(金慶孫) 등은 모두 명문가의 서자들로서, 뛰어난 재주를 가졌다고 자부함에도 서얼이라는 이유로 벼슬길이 제대로 열리지 않아 불만을 품었던 자들이다. 1608년, 이들은 벼슬길을 열어 달라고 조정에 요청했다가 거부당하자 여강 근처에 모여 살면서 병란에 대비한다는 명목으로 무리를 모아 거사를 도모하려 했다.

『홍길동전』의 저자인 허균(許筠) 역시 이들의 처지를 동정하여 물심양면으로 도왔다고 하는데, 적서 차별에 대한 이들의 불만은 심각한 수준이었음이 분명했다. 박응서 등은 거사를 꾀하기 위해 자금을 모으려 했고, 그 방법의 일환으로 새재를 넘어 서울과 동래의 왜관(倭館)을 왕래하던 상인을 습격하여 은을 빼앗았다.

『광해군일기』에는 박응서 등이 저지른 '은상 살해 사건'이 역모 사건으로 비화된 것이 이이첨의 사주 때문이었다고 적혀 있다. 이이첨이 포도대장 한희길(韓希吉)을 통해 박응서를 회유하여 역모 사건으로 자백하라고 사주했다는 것이다. 어쨌든 박응서는 1613년 4월 25일 광해군이 친히 참석했던 첫 국문에서 "거사를 꾀한 지 7년이나 되었다. 은상을 죽이고 얻은 자금으로 3백 명과 결탁한 뒤 대궐을 습격하려 했다. 왕과 세자를 제거하고 국새를 인목대비에게 넘긴 뒤 수렴청정하다가 영창대군을 왕으로 옹립하고자 했다"고 진술했다. 이어 체포된 일당들은 계속된 심문에서 역모 사건을 총괄적으로 지휘한 우두머리는 영창대군의 외조부이자 인목대비의 생부인 김제남(金悌男)이라고 했다.

김제남은 파직되었고 대북파는 그를 처형하라고 요구했다. 김제남이 연루되었다는 진술은 조정 전체에 엄청난 회오리를 몰고 왔다. 김제남이 국구(國舅, 대비의 아버지)의 위치에 있었다는 사실을 고려하면 그 파장의 끝이 어디일지 알 수 없었다. 내로라 하는 조정 안팎의 신료나 사대부들 가운데 김제남과 일면식이라도 갖지 않은 사람을 찾기란 어려웠다. 그런 위치의 김제남을 역모의 주모자라고 했으니 주변 인물들이 줄줄이 엮일 수밖에 없었다. 이정구, 김상용(金尙容), 서성, 한준겸, 신흠, 황신, 최기남(崔起南) 등 서인과 남인의 중진들이 끌려와 김제남과의 공모 여부, 그와의 관계 등을 조사받은 뒤 풀려나거나 유배되었다. 이때 워낙 많은 사람들이 쫓겨나 조정이 이미 텅 비었다는 표현이 나올 정도였다.

이어 공격의 표적은 영창대군으로 옮겨졌다. 어쨌든 수사 과정에서 국왕으로 추대되었다는 진술이 나온 이상 그의 운명은 정해진 것이나 마찬가지였다. 하지만 그는 아직 너무 어렸다. 겨우 여덟 살밖에 되지 않았던 것이다. 대북파들을 중심으로 '역적' 영창대군을 처단하라는 요청이 빗발쳤지만, 일부 신료들은 그의 목숨을 살려두어 혈육 사이의 정을 온전히 유지해야 한다는 '전은론'을 주장했다. 임해군 옥사 때의 주장과 비슷했다. 이항복, 이덕형 등 대북파에 비판적인 정승들은 물론이고 정인홍의 친구인 곽재우까지 나서서 영창대군을 살려두어야 한다고 했다.

광해군 역시 동생을 죽이라는 요구에는 쉽게 따를 수 없었다. 하지만 빗발치는 처단 주장 속에서 영창대군은 서인(庶人)으로 신분이 강등되어 교동으로 유배되었다. 광해군은 그를 서인으로 만들어 궁궐 밖으로 내

보내면 목숨은 보전할 수 있을 것으로 생각했다. 하지만 영창대군은 유배된 직후 강화부사 정항(鄭沆)에 의해 살해되었다. 『광해군일기』는 정항이 영창대군을 죽인 것 역시 이이첨의 사주를 받은 것이라고 적고 있다.

이유가 무엇이든 영창대군의 죽음은 광해군에 대한 인목대비의 원한을 증폭시켰다. 아직 젊은 대비에게 아버지의 죽음에 이은 어린 자식의 죽음은 실로 견디기 어려운 시련이자 원한이 되었다. 비록 광해군이 영창대군을 죽이라는 신료들의 요청을 계속 거부하는 등 혈육의 정을 유지하고자 노력했다 하더라도, 결국 영창대군이 죽었을 때 그 원망의 대상은 광해군일 수밖에 없었다.

한편 계축옥사를 처리하는 과정에서 인목대비 역시 '저주 사건'을 주도했다는 소문들이 흘러나오고 있었다. 1607년(선조 40) 겨울 선조가 앓아누웠을 때, 궁중에서는 선조가 병이 난 것은 죽은 의인왕후(선조의 첫 왕비 박 씨)의 탓이라는 소문이 돌았다. 당시 인목대비 김 씨는 그를 없앤다는 명목으로 의인왕후의 무덤인 유릉(裕陵)에 사람을 보내 허수아비 등을 묻는 등 주술적인 행동을 한 일이 있었다. 그런데 계축옥사 관련자들을 심문하는 과정에서 이것이 문제가 되었다. 박응서 등이 김제남을 역모의 주도자로 거명하고 '인목대비에게 국새를 바치려 했다'고 운운했던 상황에서, 인목대비의 행동은 저주 행위로 여겨졌다. 뿐만 아니라 인목대비 역시 '역모 관련자'로 치부되어 대북파의 공격을 받게 되었다.

폐모 논의 일어나다

폐모 논의는 이런 분위기에서 비롯되었다. 1613년 5월 23일, 대북파

이위경(李偉卿)은 "인목대비는 저주 사건을 일으키고 역모에 연결되었으니 어머니로서의 도리가 끊어졌다. 전하는 비록 대비와 모자 관계이지만 인목대비에게 현저한 죄악이 있으니 종사(宗社)를 생각할 때 신하의 입장에서는 국모로서 대우하기 어렵다"는 내용의 상소를 올렸다. 이틀 후인 5월 25일 역시 대북파인 정조(鄭造)와 윤인(尹訒)은 "인목대비가 종사에 죄를 얻어 전하와의 모자 관계는 이미 끊어졌으므로 같은 궁궐에 거처할 수 없다"는 요지의 상소를 올린 뒤 광해군에게 인목대비와 떨어져 거처하라고 요청했다.

비록 '폐모'의 '폐'자도 사용하지 않았지만 이위경, 정조, 윤인 세 사람의 발언을 놓고 조정 안팎의 논의는 들끓었다. 대북의 반대파들이 보기에 대비와 따로 거처하라는 이야기는 모후를 폐하라는 논의로 가는 출발이었다. 이위경 등의 발언에 격분한 서울의 사학(四學) 유생들은 세 사람의 목을 베라고 상소를 올렸다. 뿐만 아니라 여러 도에 격문을 돌려 선비들을 소집했다. 사태의 심각성을 깨달은 광해군은 정조와 윤인의 벼슬을 삭탈하는 한편, 유생들에게도 문제를 더 이상 확대시키지 말라고 경고했다.

그러나 사태는 확대되어갔다. 이미 서인, 남인들 대부분이 '역모' 가담자로 몰려 제거됨으로써 조정 내에서의 폐모 논의에 대한 반대는 비교적 잠잠했지만 문제는 재야 사림의 반발이었다. 팔도 유생들은 서로 통문을 돌려 폐모 논의를 '금수(禽獸)의 행동'으로 규정하는가 하면, 대북파를 처벌하라고 요구하는 상소를 연이어 올렸다.

그것은 충이 먼저냐, 아니면 효가 먼저냐의 싸움이었다. 그런데 주자 성리학이 체제를 유지하는 정학으로 자리를 잡고 있던 당시 사림 사회의 분위기에서 우선 덕목은 역시 효였다. '효' 중심의 입장에서 본다면 동생을 죽이고 어머니인 인목대비에 대해 '폐모' 운운하는 대북파의 주장은 용인될 수 없었다. '금수'라는 비판은 그렇게 터져 나왔다.

하지만 대북파도 결코 호락호락 밀리지 않았다. 이미 조정의 권력은 그들이 장악하고 있었다. 계축옥사를 처리하는 과정에서 견제 세력이라 할 수 있는 남인과 서인들은 대부분 제거되었다. 그들을 쫓아낸 명분은 '역모를 토벌한다'는 것이었다. 대북파가 보기에 서인이나 남인의 대다수는 어떤 형태로든 역모 관련자들과 연결되어 있는 '불충한 무리'들이었다. 자신들은 그 '불충한 무리'를 몰아내고 광해군의 왕권을 보위하는 충신이자 한마디로 '토역 담당자'들이었다. 그런데도 재야의 유생들은 '왕권 보위를 위해 애써온' 자신들의 공로를 인정해주기는커녕 '금수'라고 공박하고 있으니 참을 수 없는 일이었다. 그런 그들을 제압하려면 권력만으로는 부족했다. 무엇인가 자신들의 행동을 정당화할 수 있는 명분이 필요했다.

그들은 『춘추(春秋)』에서 문강(文姜)의 고사를 끌어왔다. 문강은 제(齊)나라 출신으로 노(魯)나라 환공(桓公)에게 시집 왔다. 어느 해 환공은 문강과 함께 처가인 제나라를 방문했다가 그곳에서 죽었다. 그런데 문강은 남편 살해에 연루되었다는 의심을 받았다. 이윽고 노나라에서는 환공의 아들인 장공(莊公)이 즉위했다. 그렇다면 장공은 어머니인 문강에 대해 어떤 태도를 취해야 할까? 그런데 『춘추』에는 장공 원년 3월조에 "부인이 제나라로 달아나다"라는 기록이 있다. 여기서 부인이란 문강을 가리킨다. 왜 장공의 어머니인 문강에게 '부인'이란 표현을 썼을까? 『춘추』를 해설한 『공양전(公羊傳)』, 『곡량전(穀梁傳)』, 『좌전(左傳)』 등에서는 이것을 장공과 어머니 문강 사이의 인연이 끊어져 장공이 문강을 어머니로 인정하지 않았기 때문이라고 했다. 아무리 어머니라지만 아버지 살해에 관련되었기에 그를 비판하기 위해 의도적으로 호칭을 강등시켰다고 파악했던 것이다.

대북파는 바로 문강의 고사를 끌어다가 폐모 논의의 정당성을 뒷받침하고자 했다. 인목대비를 문강에, 광해군을 노나라 장공에 비견했던 것이다. 자연히 반격이 나왔다. 대북파의 반대자들은 정인홍 등 대북파가 『춘추』의 의미를 이상하게 왜곡해서 해석하려 한다고 비난했다.

그런 와중에 인목대비는 서궁(西宮, 오늘날의 덕수궁)으로 옮겨가고 사실상 감금 상태에 처해졌다. 그러나 폐모 논의가 제기된 지 5년여가 지난 1618년(광해군 10)경까지도 인목대비 폐위는 실행되지 못했다. 대북파로서도 들끓는 재야 사림의 비판을 무시할 수 없었기 때문이다.

이이첨 등은 '폐모 논의'로 야기된 비판 여론을 잠재우기 위해 "효도 중요하지만 충은 더 중요하다"라는 슬로건을 내세우는 한편, '폐모'의 정당성을 확보하기 위한 여론몰이에 나섰다. 조정에 남아 있는 신료들과 재야의 친대북계 선비들을 움직여 대비 처벌의 정당성을 강조하고, 그 실행을 요청하는 내용의 상소 운동을 벌였다. 1617년 11월경부터 시작된 이러한 움직임을 보통 '수의(收議, 여론의 수합)'라고 하는데 전현직 관리 970여 명과 종실(宗室) 170여 명 등 모두 1,100여 명이 상소를 올려 대비를 처벌하라고 주장했다. '수의'에는 전현직 관리 외에도 한성부에 거주하는 방민(坊民), 수문장, 훈련도감에 소속된 무사, 노인들, 역관, 상인, 의관, 서리, 납은당상(納銀堂上, 서민들 가운데 은을 바치고 벼슬을 받은 사람들) 등도 대거 참여했다.

사대부가 정치의 담당자를 자임해온 조선 사회에서 이들은 '통치 대상'일 뿐 정치적 현안에 대해 의견을 표시하는 것이 허락되지 않았다. 그런 이들이 대거 동원되어 인목대비를 처벌하라고 시위를 벌였으니 오늘날의 관점으로 보면 '관제 데모'의 성격이 짙었다. 자파를 비난하는 재야 사림의 공세에 맞서려는 의도에서 나온 이 같은 조처들은, 조정을 장악했음에도 여전히 광범한 재야 사림의 비판과 반대에 직면해 있던 대북파의 고육책이었다.

'수의'를 통해 어느 정도 여론을 모았다고 생각한 대북파는 1618년(광해군 10) 1월 이른바 '폐모정청(廢母庭請)'이란 것을 벌인다. 대비를 폐해야 한다는 여론이 비등하다는 것을 환기시키고 그 실행을 촉구하기 위해 조정의 백관을 모두 동원하여 광해군에게 공식적으로 요청하는 자리였다. 여기서 '총대를 맨' 사람은 우의정 한효순(韓孝純)이었다. 그는 이이첨에게 떠밀려 중신 15명과 협의해 작성한 「서궁폄손절목(西宮貶損節目)」이란 것을 광해군에게 제시한다.

그것은 대비 대신 서궁이란 칭호를 사용하고, 대비가 지닌 어보(御寶)를 반환케 하며, 대비에 대한 관원들의 문안·숙배(肅拜, 과거 합격자들이 대비에게 찾아가 인사하는 것) 등을 폐지하고, 대비의 거처에 무사를 보내 지키도록 하자는 등의 내용을 담고 있었다.

그러나 이 절목은 신료들 사이의 이견, 일부 조항에 대한 광해군의 거부 때문에 공식 반포 절차를 마치지 못했다. 이어 서북방에서 누르하치의 위협이 커지고 군사적 긴장이 고조됨에 따라 폐모 논의 자체가 흐지부지되었다.

이이첨, 공안정국을 주도하다

계축옥사를 처리하면서 광해군이 받은 충격은 컸다. 소심한 성격 때문에 영창대군 처형 문제, 폐모를 결정짓는 문제 등에 대해 분명한 단안을 내리지 못했지만, 일련의 사건을 겪으면서 자신의 왕위를 보위해야 한다는 조바심도 분명 커져갔다. 한 예로 계축옥사 관련자 가운데 체포하지 못했던 박치의(朴致毅)를 잡기 위해 광해군이 보인 집착은 대단했다. 그를 잡는 데 공을 세운 사대부에게는 호조판서 벼슬을 주고, 서민에게는 면포 1만 필을 주겠다고 약속했다. 박치의가 명으로 넘어갈까 봐 국경 경비를 강화시키는가 하면, 모든 도로와 나루에서 검문 활동을 벌였다. 박치의는 결국 잡지 못했거니와, 역모 사건으로 심란해진 광해군에게 대북파는 '토역 담당자'를 자임하면서 더욱 접근하게 되었다.

'은상 살해 사건'이 역모로 비화되고 다시 영창대군 살해와 폐모 논의가 불거지면서 정치적 긴장은 최고조에 이르렀다. 정치적 긴장 상태의 지속은 '토역 담당자'로서 대북파, 그중에서도 이이첨의 정치적 기반을 굳혀주었다.

광해군 초반 이이첨은 광해군의 처남인 유희분이나 유희분과 가까운 박승종에게 밀리고 있었다. 이윽고 이이첨은 자신의 딸을 박승종의 아들 박자홍에게 출가시켰다. 박승종과 이이첨은 사돈이 되었고, 곧이어 박자홍의 딸은 세자빈으로 간택되었다. 자연히 박승종은 밀창부원군(密昌府院君), 이이첨은 광창부원군(廣昌府院君)이 되었다. 이제 세상에서는 문창부원군(文昌府院君) 유희분을 포함한 세 사람을 '삼창(三昌)'이라 부르게 되었다.

그러나 폐모 논의가 지속되면서 '삼창'의 균형은 깨져버렸다. 유희분과 박승종이 폐모 논의 등에 상대적으로 소극적이었던 반면, 이이첨은 수하인 이위경, 정조, 윤인 등을 내세워 옥사의 처리와 폐모 논의를 주도하여 광해군의 신임을 얻어 권력 장악에서 우위에 서게 되었다. 남인과 서인은 거의 쫓겨나고, 유희분과 박승종 등 소북계 신료 몇 명만 대북파의 견제 세력으로 겨우 명맥을 유지하게 되었다. 바야흐로 대북파의 독주가 시작된 것이다. 『연려실기술』은 당시 상황을 일러 "서인이 이를 갈고 남인이 원망을 품으며 소북이 비웃는다"고 적었다.

폐모 논의가 진행되는 와중에 이이첨 등이 몰아갔던 상황은 일종의 '공안정국'이었다. '광해군 왕위의 보위'라는 절대적 명제를 앞세워 모든 정치적 반대파들에게 '호역(護逆)'이라는 낙인을 찍어 정치적으로 제거해버렸다. 이이첨 등에게 강상 윤리로는 '충'이 제일 중요한 것이고 '효' 등 다른 덕목은 부차적이었다. 그는 '공안정국'을 조성하기 위해 의도적으로 정치적 긴장을 유지하려 했다.

한 예로 1617년(광해군 9) 1월 "영의정 기자헌(奇自獻)이 박승종, 유희분과 함께 인목대비를 모셔다가 역모를 꾀한다"라는 내용의 익명서가 서궁에 날아드는 사건이 발생했다. 『연려실기술』 등은 이 사건을 대북파인 허균의 소행으로 기록하고 있는데, 광해군은 이 사건에 놀라 군사를 풀어 궁성을 호위하게 하고 백관들에게 모두 입궐하라고 지시했다.

허균의 투서 행위 자체가 폐모 논의를 매듭짓기 위한 대북파의 조작이라는 설이 유력하거니와, 재미있는 것은 이이첨의 태도였다. 그는 궁궐에 들어가기 전에 가족들을 모두 모아놓고 "오늘 이 적들을 섬멸한다면 큰 복이지만 만일 그렇지 않아 불행한 일이 벌어진다면 나는 목숨을 바쳐야 할 것이다. 너희들은 후원에 모여 있다가 우리 편이 패했다는 소식을 들으면 칼로써 자결하여 적의 손에 죽지 말라" 운운하면서 비장한 분위기를 연출했다. 이런 연출을 통해 '토역'을 위해서라면 자신은 물론 가족의 목숨까지 바칠 준비가 되어 있다고 충성심을 과시했던 것이다.

하지만 거듭되는 역모 사건을 거치며 더욱 신경이 예민해지고 불안했던 광해군이 그를 방임하게 되면서 '토역 담당자'로서 이이첨의 권력은 점점 더 비대해졌다. 나중에는 광해군의 왕권까지 위협할 정도가 되었다. 요컨대 이이첨은 사림들이 그토록 혐오하던 권간(權奸)이 되었던 것이다.

'절대군주'를 꿈꾸다

짓고 또 지은 궁궐들

광해군이 인조반정을 통해 쫓겨나고 이후 '폭군' 혹은 '혼주'로 불리게 된 원인 가운데 중요한 것이 바로 토목공사와 관련된 것이다. 예로부터 토목공사를 자주 벌였던 임금치고 말로가 좋았던 경우가 별로 없지만, 광해군은 조선의 역대 임금 가운데 유례가 없을 만큼 궁궐 등 왕실과 관련된 건축물을 새로 짓고 화려하게 꾸미는 데 열심이었다.

1608년 즉위했던 직후, 광해군은 왜란 당시 불타버린 종묘의 중건을 마쳤고 부왕 선조가 시작한 창덕궁 중건 사업을 재개하여 1611년 완성하고 창덕궁으로 옮겨갔다. 창덕궁 중건을 마친 뒤에는 다시 창경궁을 중수하는가 하면, 돈의문 안에 경덕궁(후에 경희궁으로 불림)을 지었다. 뿐만 아니라 정원군(定遠君, 광해군의 이복동생이자 인조의 아버지)의 사저가 있던 인왕산 부근에 왕기(王氣)가 있다는 풍문을 듣고 인경궁을 지었고, 북학(北學) 자리에는 자수궁(慈壽宮)을 짓는 등 궁궐을 짓는 데 대단한 집착을

경복궁

조선총독부 건물이 세워지기 전의 모습이다. 경복궁은 조선왕조의 법궁(法宮, 으뜸가는 궁궐)이었는데 임진왜란 때 서울을 점령한 일본군에 의해 소실되었다. 광해군은 왜란 때 불탄 궁궐을 대부분 재건했는데 유독 경복궁을 재건하는 데는 별 관심을 기울이지 않았다. 따라서 광해군 대 이후로는 창덕궁이 경복궁을 대신하여 정궁이 되었다.

보였다.

광해군이 왕위에 있던 시대가 임진왜란 직후라는 사실, 왜란 당시 경복궁과 창덕궁 등 주요 궁궐들이 불에 타버려 국왕이 거처할 마땅한 궁궐이 없었다는 사실을 염두에 두면 그가 궁궐 건설에 열심이었다는 것은 별로 이상할 것이 없다. 하지만 창덕궁을 중건하여 거처할 궁궐을 확보한 이후에도 경덕궁, 인경궁 등 새로운 궁궐들을 대규모로 건설하는 공사를 벌였던 것은 이해하기 어렵다.

석연치 않은 것은 또 있었다. 광해군은 새 궁궐을 지으려 했으면서도 왜란 당시 폐허가 된 채 방치되었던 경복궁을 중건하려고는 하지 않았다. 경복궁은 가장 먼저 지어진 조선왕조의 정궁(正宮, 법궁의 이칭)이었다. 그는 또 창덕궁 중건을 마치고도 그곳에 계속 거처하지 않고 수시로 비좁고 불편한 정릉행궁(貞陵行宮, 오늘날의 덕수궁)으로 옮겨가 거처하는 등 이상한 행동을 반복했다. 경덕궁을 완성한 뒤에도 마찬가지였다.

광해군은 왜 궁궐을 짓는 데 그토록 집착했을까? 왜 거대하고 화려한 경덕궁을 지어놓고도 정작 완공된 이후에는 그곳에 거처하지 않고 옮겨 다니기를 반복하다가 인조반정을 맞았을까?

먼저 그의 소심하고 예민한 성격과 관련지어 생각할 수 있다. 여러 번 거론했듯이 왜란 중에 겪었던 간난신고, 맏아들이 아닌 상태에서 왕세자가 되었던 '콤플렉스', 아버지 선조와의 미묘한 갈등, 적자 영창대군의 출생과 즉위를 방해했던 유영경 일파의 공작, 이 핑계 저 핑계를 대며 승인을 미루었던 명 조정의 '딴죽', 즉위 이후에도 그치지 않던 역모 사건 등등, 이러저러한 경험들을 통해 그는 소심해졌을 뿐 아니라 운수에 대한 집착이 병적으로 심해졌던 것으로 보인다.

당대인들에게 왜란이라는 대전쟁이 남긴 충격은 대단한 것이었다. 전쟁을 통해 죽고, 다치고, 포로로 끌려가고, 굶어 죽고, 돌림병에 걸려 죽고, 사람이 사람 고기를 먹고, 강간당하는 장면들을 목도하면서 살아남은 사람들은 자신의 목을 어루만졌다. 삶과 죽음이 종이 한 장 차이임을 느꼈던 사람들은 자연히 운수에 병적으로 집착하는가 하면, 미신적이고 기복적인 것에 깊이 빠지게 되었다.

임진왜란이 끝난 뒤 사대부들은 술사(術士)들을 깊이 믿었다. 아무리 오래전에 죽은 조상의 무덤일지라도 명당을 찾으면 다시 이장한다. 부모의 무덤일 경우, 명당을 찾았더라도 다른 산이 조금이라도 낫다고 하면 두 번이고 세 번이고 이장을 꺼리지 않는다.

고상안(高尙顔, 1553~1623)이 지적한 왜란 이후 사대부 사회의 풍속도다. 풍수에 대한 관심이 철저하게 개인이나 집안의 기복 심리와 연결되어 있음을 알 수 있다.

이 같은 분위기는 선조에게서도 감지된다. 전쟁 당시 일본군에게 쫓겨 도성을 떠나야 했고, 파천 도중 자신에게 적대감을 품고 있는 민심을 직접 목도했던 선조 역시, 현실을 합리적으로 설명하기보다는 운수 차원에서 받아들이는 경향이 강해졌다. 왜란 이후 그는 신하들과의 경연 자리에서 다른 경전은 거들떠보지도 않았다. 죽을 때까지 오로지 『주역(周易)』만을 강독했다. 그만큼 인간의 길흉화복에 대한 관심이 높았다는 이야기다.

운수에 대한 집착이 심했던 광해군 역시 술사들을 몹시 가까이했다. 1612년(광해군 4) 9월 불거져 나왔던 "교하(交河)로 수도를 옮겨야 한다"는 주장도 이 같은 배경에서 이해할 수 있다. 당시 술사 이의신(李懿信)은 광해군에게 "서울의 기운은 이미 쇠하였으며 교하가 명당이므로 그곳으로 천도해야만 국운이 융성할 것"이라는 내용의 상소를 올렸다. 이의신의 말에 동요된 광해군은 비변사에 교하를 답사한 뒤 지형도를 그려오라는 명을 내렸다. 『광해군일기』에는 당시 그의 심리 상태를 엿볼 수 있는 내용이 나온다.

왕이 일찍이 이의신에게 몰래 말하기를 "창덕궁은 두 번이나 큰 일을

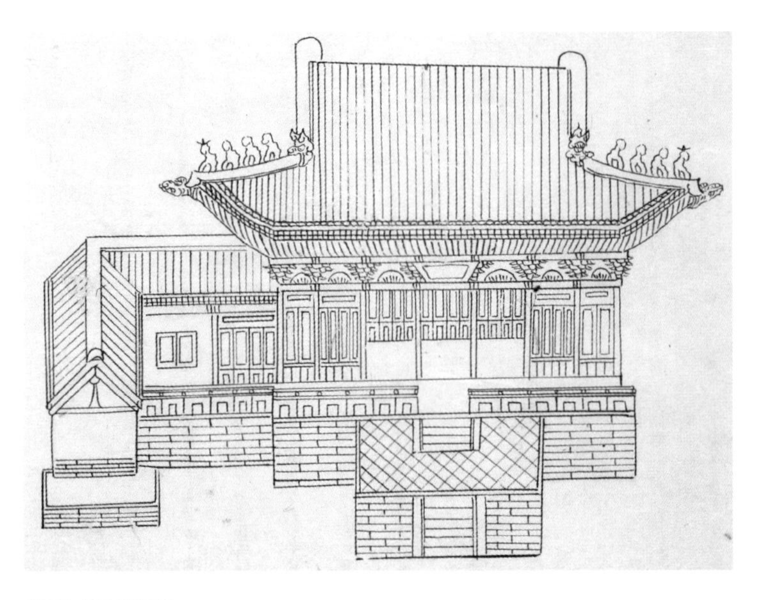

경덕궁 회상전(會祥殿)

1831년(순조 31) 편찬된 『서궐영건도감의궤(西闕營建都監儀軌)』에 실려 있다. 1616년 완성된 경덕궁은 서울 동쪽에 있는 창덕궁에 대비하여 서궐이라고 불렸다. 광해군은 경덕궁을 짓기 위해 엄청난 인력과 물력을 쏟아부었지만, 정작 완성된 뒤에는 제대로 거처해보지도 못한 채 인조반정을 맞아 쫓겨나고 말았다. 현재의 서울역사박물관 터에 있었다.

치러서 머물고 싶지 않다"라고 했다. (그것은) 대개 노산군과 연산군이 폐위된 사건을 가리키는 것이었다. 의신은 "고금의 제왕가에서 피할 수 없었던 변란들은 궁궐의 길흉에 달린 것이 아니라 오로지 도성의 기가 쇠하였기 때문에 그런 것입니다. 속히 옮길 곳을 점쳐야 합니다"라고 했다. 왕은 이후에도 창덕궁에 거처하지 않았다.

교하로 서울을 옮기자는 이의신의 주장은 신료들의 격렬한 반대에 직면했다. 신료들은 교하가 서해 바다에 가까워 저습한 지역이므로 도

창덕궁 대조전(大造殿)

왕과 왕비의 침전으로 지붕에 용마루가 없는 건축 양식이 특이하다. 광해군은 왜란으로 불탄 창덕궁을 중건해놓고도 대조전이 '유암불편하다'는 이유로 거처하기를 꺼렸고, 다른 궁궐로 자주 옮겨 다니곤 했다. 현재의 대조전은 본래부터 창덕궁에 있던 건물이 아니라 1917년 화재 이후 경복궁의 교태전을 뜯어 옮겨다가 다시 지은 것이다.

읍지로는 적합하지 않다는 것, 전쟁으로 고갈된 민력으로는 천도 사업을 감당할 수 없다는 것 등을 들어 반대했다.

하지만 노산군과 연산군이 쫓겨났던 장소인 창덕궁을 꺼림칙하게 여기던 광해군은 이의신의 주장에 계속 흔들렸고, 그것이 신료들의 강력한 반대에 막혀 실현되기 어려워지자 이상한 행동을 시작했다. 1615년(광해군 7) 5월 23일, 광해군은 머물고 있던 창덕궁의 대조전(大造殿)을 떠나 창경궁이나 정릉동 행궁으로 옮기겠다고 선언했다. 이어 두 궁궐을 수리하라고 지시했다.

대조전은 유암불편(幽暗不便)하여 오래 머물 수 없으니 창경궁으로 옮기고 싶다.

시쳇말로 '대조전은 어둡고 칙칙해서 기분 나쁘다'는 것이었다. 바로 이런 생각이 창경궁 등을 수리하는 데 그치지 않고 새 궁궐을 짓는 수순으로 연결되었다.

어쩌면 이의신이 제기했던 교하 천도론이 신료들의 반대에 막혀 좌절된 결과 서울에 새로운 궁궐을 짓는 것으로 방향을 바꾼 것일 수도 있겠다. 신료들로서는 수도를 옮기겠다는 왕의 기도를 저지한 이상 서울에 새로운 궁궐을 짓겠다는 것까지 반대하기는 어려웠다. 궁궐 건설에 대한 광해군의 집착은 일단 그의 소심한 성격, 왜란 이후의 간난신고, 천도 시도가 좌절된 데 대한 보상 심리 등에서 그 배경을 찾을 수 있겠다.

다음으로는 왕실의 위엄을 세우고 왕권의 위상을 높이려는 욕구와 연관된 것이다. 광해군은 임진왜란 당시 부왕 선조의 권위가 실추되는 장면들을 직접 보았다. 전쟁 초반에는 일본군의 기세에 눌려 변변한 전투 한번 제대로 치르지 못하고 몽진 길에 올랐다. 광해군 역시 피난 보따리를 싸는 서글픈 와중에 왕세자로 정해졌다.

선조와 그가 도성을 나서자마자 경복궁은 불길에 휩싸였고, 피난길 곳곳에서 성난 민심의 이반 현상을 보았다. 평양에서는 군민들이 "성을 사수하겠다"는 공약을 팽개치고 몰래 북상하려 했던 선조 일행을 가로막고 시위를 벌이는가 하면, 숙천(肅川)에서는 일본군들에게 선조의 행방을 일부러 알려주기 위해 벽에 낙서를 해놓은 백성도 있었다. 한편 함경도로 들어갔던 임해군은 반민(叛民)들에게 사로잡혀 일본군에게 넘겨졌다. 막다른 피난지 의주로 몰린 선조에게 들려오는 소식이란 온통 국왕의 체면과 권위를 송두리째 구기는 것들뿐이었다.

백성들에게만 체면을 구긴 것이 아니었다. 명군이 들어오면서부터 명군 지휘관들에게 받았던 수모 역시 가혹했다. 명 조정에서는 "국왕이 얼마나 변변하지 못했으면 수도를 버리고 궁벽진 의주까지 쫓겨왔을까" 운운하는 비아냥이 들려왔다. 선조는 명군의 최고 지휘관인 병부시랑 송응창이나 제독 이여송에게는 물론, 기껏 연대장급 정도의 장교들과도 맞절을 했다. 전쟁 중 명 황제가 보내온 사신들 중에는 선조를 만났을 때 선조를 남쪽에 앉히고 자신은 북쪽에 앉아 마치 황제처럼 행세한 자도 있었다.

1593년 10월 천신만고 끝에 서울이 수복되어 돌아와 보니 불탄 경복궁에는 잡초만 무성할 뿐 머물 만한 곳이 없었다. 임시로 머물던 정릉동 행궁은 말만 궁궐이지 너무 초라했다. 『선조실록』에는 선조를 면담했던 명군 지휘관들이 자신들의 처소보다 국왕의 거처가 누추하여 면구스럽다고 말하는 장면들이 나온다.

이러저러한 광경들을 옆에서 직접 보았던 광해군으로서는 분명 생각하는 바가 있었을 것이다. 더욱이 광해군은 즉위하기까지 우여곡절을 겪었던 터라 선조에 비해 더욱 국왕의 권위, 나아가 왕실의 위엄을 드러내는 데 신경을 쓸 수밖에 없었다. 그가 궁궐 건설에 집착했던 것은 또한 이런 배경에서도 이해할 수 있다. 전란을 통해 땅에 떨어진 국왕과 왕실의 권위를 회복하기 위해서는 일단 그럴듯한 궁궐이 필요했던 것이다.

받고 또 받은 존호들

왕이 된 다음 광해군이 보였던 왕권 강화의 노력들은 거의 집착에 가까운 것이었다. 가끔씩 터지는 역모 사건 때문에 놀란 가슴을 쓸어내리면서 왕권과 왕실의 위엄을 드러내는 사업을 열성적으로 추진했다. 종묘를 중건하고 궁궐 건설에 몰두했던 것, 왕실의 송가집(頌歌集)인 『용비어천가』를 복간해냈던 것은 대표적인 사업이었다.

이어 신료들의 격렬한 반대를 물리쳐가면서 생모 공빈 김 씨를 공성왕후(恭聖王后)라고 호칭을 높여 올렸다. 자신이 왕위에 있는데도 작고한 어머니에게 '첩'의 의미를 지닌 '빈(嬪)'자가 붙는 것이 참을 수 없었던 것이다. 신료들을 명나라에 보내 간청한 끝에 공성왕후의 관복까지 받아왔다. 그러고는 그 위패를 종묘에 모셨다. 인조반정 이후 공성왕후는 공빈으로 다시 강등되고 종묘에서도 쫓겨났다. 물론 인조 역시 반대하는 신료들과 싸우다시피 하면서까지 자신의 생부인 정원군을 원종(元宗)으로 높이는 사업을 벌였다.

광해군은 국왕의 권위를 확고히 하려는 의도에서 역모 사건을 진압할 때마다 신료들로부터 존호(尊號)를 받았다. 존호란 '이러이러한 업적과 권위를 지녔다'는 것을 드러내 강조하기 위해 국왕의 호칭 앞에 붙이는 수사구다. 로마의 황제 옥타비아누스에게 아우구스투스라는 명칭을 주었던 것과 비견할 수 있지 않을까 생각된다. 한 예로 『선조실록』에는 첫머리에 선조의 공식 칭호로 '소경정륜입극성덕홍렬지성대의격천희운현문의무성예달효대왕(昭敬正倫立極盛德洪烈至誠大義格天熙運顯文毅武聖睿達孝大王)'이라는 문구가 나온다. '대왕' 앞에 붙은 26자의 글자가 바로 존호다. '소(昭)'부터 '효(孝)'까지 어느 글자 하나 좋은 뜻이 아닌 것이 없다.

존호를 국왕 자신이 스스로 붙이는 경우는 드물고, 국가의 대사를 성공적으로 치른 뒤 신료들이 올리는 것이 보통이다. 물론 영조 같은 임금은 존호를 올리라고 신료들에게 강요하기도 했고, 그가 받은 존호 '지행순덕영모의열장의홍륜광인돈희체천건극성공신화대성광운개태기영요명순철건건곤령익문선무희경현효(至行純德英謨毅烈章義弘倫光仁敦禧體天建極聖功神化大成廣運開泰基永堯明舜哲乾健坤寧翼文宣武熙敬顯孝)'에는 '요(堯)'와 순(舜)' 두 글자가 들어 있기도 하다.

광해군은 재위하는 동안 존호를 모두 여섯 차례 받았다. 최초로 받은 때는 1612년 김직재의 역모 사건을 진압했던 직후였다. 역모 때문에 울적해 있던 광해군에게 대북파를 비롯한 신료들은 존호를 받으라고 강권했다. 그 명분은 "광해군이 왜란 당시 분조 활동을 통해 망해가던 종묘사직을 중흥시켰다"는 것이었다. 한마디로 왜란이라는 위기에서 나라를 구한 것은 선조가 아니라 광해군임을 강조하기 위한 것이었다. 광해군은 처음에는 거부했다. 하지만 대북파를 비롯한 신료들은 집요하게 요청했고, 나름대로 왜란 당시 자신의 역할에 대한 자부심을 갖고 있던 광해군은 이를 받아들였다. 그 존호는 '체천흥운준덕홍공(體天興運俊德弘功)'이라는 여덟 글자였다. 광해군의 덕과 공로에 의해 무너져가던 종묘사직이 다시 살아나게 되었음을 강조하는 의미였다.

이후 광해군의 존호는 더욱 늘어나서 '체천흥운준덕홍공신성영숙흠문인무서륜입기명성광렬융봉현보무정중희예철장의장헌순정건의수정창도숭업(體天興運俊德弘功神聖英肅欽文仁武敍倫立紀明誠光烈隆奉顯

保懋定重濈睿哲莊毅章憲順靖建義守正彰道崇業)'이라는 48자에 이르렀다. 조선왕조의 역대 왕들이 재위 중에 받은 존호 가운데 가장 긴 것이었다.

이렇게 긴 존호를 받은 것은 형식적으로나마 자신의 권위를 높이기 위해 노심초사했다는 것을 뜻하고, 뒤집어 생각하면 그만큼 왕권이 취약했다는 것을 암시하기도 한다. 그가 폐위된 뒤 그 길고 긴 존호가 사라진 것은 물론 '~대왕'도 아닌 '광해군'이라는 명칭만 달랑 남게 된 것을 보면 권력의 덧없음을 절감하게 된다.

왕권을 높이려는 의지와 관련하여 또 주목되는 것은, 광해군이 명나라 천자만이 할 수 있다는 교제(郊祭)를 지내려고 했다는 점이다. '교제'란 '천명(天命)의 대행자'인 중국 천자가 직접 하늘에 올리는 제천의식을 말한다. 광해군은 궁궐만 지은 것이 아니고 이 교제를 지내기 위해 원구단(圜丘壇)을 지었다.

하지만 "제후국 국왕의 처지에서 교제를 지내는 것은 예에 어긋난다"는 신료들의 비판에 부딪혔다. 신료들은 명나라에서 사실을 알게 되면 분명 '건방지다'고 힐난할 것이며, 외교적으로 곤란한 문제가 생길 것이라는 이유를 들어 반대했다. 그러나 광해군은 이미 세조 때 교제를 지냈다는 전례를 들어 고집을 꺾지 않았다.

1615년(광해군 8) 논란 끝에 교제를 연기하기로 결정하여 이후 유야무야되고 말았다. 하지만 '제후국'의 군주로서 교제를 지내려고 시도했던 그의 지향은 왕권 강화를 위한 그의 의중과 관련하여 주목된다. 명에 대해 고분고분하지 않았던 그의 행적을 고려하면 더욱 그러하다. 어쩌면 광해군은 명나라 황제처럼 장대한 궁궐에 살면서 독자적으로 천제까지 지내는 '권위 있는 군주'의 모습을 꿈꾸었을지도 모를 일이다.

원구단

현재의 조선호텔 자리에 있었다. 중국의 황제가 천단(天壇)을 세워 하늘에 제사를 지냈던 것처럼 광해군도 원구단에서 천제(天祭)를 지내려 했지만 "제후가 천제를 지내는 것은 분수에 어긋난다"는 반대에 밀려 실행하지 못했다. 1897년 고종이 황제에 등극한 후 비로소 원구단에서 천제를 지냈다.

궁궐 공사가 남긴 것

경덕궁과 인경궁 건설은 엄청난 공사였다. 인경궁은 그 칸수가 경복궁의 10배나 된다고 했고, 경덕궁 역시 창덕궁과 규모가 비슷하거나 그 이상이었다. 이렇게 거대한 궁궐을 두 개나 동시에 짓는 것이 사회경제적으로 어떤 후유증을 가져오게 될지는 충분히 예상할 수 있었다.

1617년(광해군 9) 5월, 궁궐 역사를 전담하는 기구로 영건도감(營建都監)을 설치했다. 재원의 조달, 인력의 동원 등 공사 전반의 실무를 전담하는 영건도감에는 최고 책임자인 도제조(都提調)를 비롯하여 제조(提調), 낭청(郎廳), 감역관(監役官), 도청(都廳), 녹사(錄事) 등의 관원들을 두었다.

특히 제조들은 조정의 중신으로 구성되었는데, 도감의 전반적인 운영을 맡았다.

궁궐 건설의 후유증은 물자와 인력의 수급 문제, 궁극적으로는 재원 조달과 관련하여 생겨났다. 재원은 일단 민간의 토지에서 쌀이나 포목을 거둬 충당했다. 공사 초기에는 한 달에 쌀 2천여 석, 포목 1만 필 정도였으나 1618년(광해군 10)경에 이르면 쌀 5천여 석, 포목 2만 필 정도로 급증했다. 뿐만 아니라 건설 부지 부근에 위치한 민가나 사대부가의 철거와 보상 문제, 강원도나 변산(邊山) 등의 산림 지역으로부터 목재를 벌목하여 수송하는 문제, 조선에서 생산되지 않는 채색용 도료 등을 명에서 수입해 오는 문제, 인부로 부릴 승려들과 각지의 장인들을 동원하는 문제 등으로 인해 온 나라가 한바탕 소동을 겪게 되었다. 모든 토지에 공사 비용으로 포목을 부과하면서 백성들의 아우성이 들려왔다. 왜란의 후유증에서 채 벗어나지 못한 상황에서 부가세는 엄청난 고통이 될 수밖에 없었다.

엎친 데 덮친 격이라고나 할까? 1618년(광해군 10) 명나라는 후금을 치는 데 필요한 원병을 보내라고 요구해 왔다. 원병을 보내느냐를 놓고 갑론을박이 벌어졌지만, 파병 문제의 본질 역시 따지고 보면 돈 문제, 재정 문제였다. "예로부터 전쟁과 토목공사를 병행한 나라치고 망하지 않은 나라가 없다"는 경고가 신료들 내부에서 터져 나오고, 영건 사업을 중지하든가 아니면 두 궁궐 가운데 하나는 공사를 중단하라는 목소리가 커져갔다. 영건과 파병 문제가 불거지면서 중요한 정치적 현안이었던 폐모 논의는 슬그머니 사그라들고 있었다.

재정 문제 때문에 궁궐 영건에 대한 시비가 제기되자 광해군은 새로운 조처들을 강구했다. '고통 분담' 차원에서 농민들뿐 아니라 문무 관리들에게도 포목을 징수했다. 나아가 금이나 은을 바치는 하층민들에게 공명첩을 나눠주고 실직에 준하는 대우를 약속하는가 하면, 죄수들에게서도 속죄은(贖罪銀)의 명목으로 은을 거둬들였다. 나중에는 은 외에 비단, 소금, 철, 심지어 목재나 석재를 바치는 백성들에게도 벼슬을 팔았다.

거리가 온통 벼슬아치들로 넘쳐난다는 비아냥이 터져 나왔다. 은을 바치고 당상에 올라 이른바 납은당상(納銀當上)이 된 백성들 가운데는 폐모 논의가 벌어질 때 인목대비를 처벌하라는 정치적 의사표시까지 하는 사람들도 있었다. 당시 조정에서 쫓겨나 광해군과 대북파를 가뜩이나 '흘겨보고' 있던 남인계나 서인계 사대부들이 보기에 그것은 분명 '말세'였다.

명의 파병 요구가 들이닥치고 신료들의 반대 목소리가 높아가도 궁궐 건설에 대한 광해군의 집착은 여전했다. 궁궐 건설을 삐딱하게 보는 일부 지방관들의 비협조 때문에 자재의 수급과 재정 확보에 어려움이 생기자, 그를 타개하기 위해 왕명으로 특별 어사들을 지방에 파견했다. 바로 조도사(調度使)와 독운별장(督運別將)이었다. 그런데 이들이 지방에서 자행하는 횡포가 문제가 되었다. 조도사 가운데는 서얼이나 천인 출신들이 상당수 있었다. 이들은 지방에 내려가 어명을 내세워 마구잡이로 징색을 벌이는가 하면, 그에 반발하는 지방 수령이나 사족들과 마찰을 빚었다.

한 예로 천인 서자 출신의 조도사 김충보(金忠輔)라는 인물은 1623년(광해군 15) 1월, 궁궐 영건을 못마땅하게 여기고 자신의 활동에 협조하지 않는다는 이유로 경주부윤 김존경(金存敬)을 서울로 소환하여 옥에 가두라고 상소했다. 일개 조도사가 종2품의 고관인 경주부윤을 잡아넣으라고 왕에게 직보할 정도였다면, 지방 사족들이 조도사 등에게 느끼는 불만이 어느 정도였을지 짐작할 수 있을 것이다. 가뜩이나 광해군과 대북파에 대해 이를 갈고 있는 상황에서 '미친한' 조도사들이 자신들의 사족으로서의 긍지까지 훼손한 것이다. 바로 이 같은 배경에서 인조반정의 빌미가 싹트고 있었던 것이 아닐까?

광해군이 궁궐 영건에 몰두하면서 조정의 정치적 역관계에도 미묘한 변화의 조짐들이 나타났다. 광해군은 영건도감의 제조에 당시 권력의 정점에 있던 이이첨계와는 다소 다른 사람들을 임명했다. 그 대표적인 인물은 이충(李沖), 심돈(沈惇, 훗날 沈悅로 이름을 고침), 윤중삼(尹重三) 등이었다. 이들은 관료적 속성이 강한 인물들로서 대북파보다는 소북파에 더 가까운 사람들이었다.

특히 이충은 개인적으로 광해군에게 철저히 아부하여 입신했다. 『광해군일기』에 적힌 그의 별명은 '잡채판서(雜菜判書)'다. 광해군의 수라상에 진상하기 위해 항상 채소를 스스로 재배하여 바쳤기에 붙여진 별명이었다. 그는 겨울에도 숯불을 피워 온실을 만들고 진상할 채소를 재배했다고 한다. 이충 등은 궁궐 영건에 신명을 바쳐 왕의 확고한 신임을 얻게 되고, 나아가 그를 계기로 이이첨 일파와는 또 다른 '세력'을 형성하게 되었다.

이이첨은 당시 너무 커 있었다. 노회한 그는 국왕 못지않은 권세를 휘두르면서 이미 '권간'이 되었던 것이다. 그는 광해군과는 달리 명의 파병 요구를 수용해야 한다고 주장했고, '보합(保合, 반대파 포용)'이라는 명목을 내세워 자신이 쫓아냈던 반대파 일부를 수용하자고 하는 등 '이중

플레이'를 벌일 정도였다. 광해군은 그런 이이첨에게 어느 정도 신물을 내게 되었고, 나아가 그를 견제할 필요성도 느꼈던 것으로 여겨진다. 영건도감에 정치적 색채가 짙은 인물들보다 관료적 속성이 강한 인물들을 제조로서 끌어들인 것, 조도사에 서얼 등 신분에 하자가 있는 인물들을 발탁한 것은 이이첨 등과는 다른 새로운 측근들을 키우려는 조처였다고 볼 수 있다.

1619년, 결국 명의 압력을 이기지 못하고 후금을 치는 원정군을 파견하면서 궁궐 영건은 기로에 서게 되었다. 원정군에게 필요한 군량과 군수물자를 조달하기 위해 또 다른 조도사가 삼남에 파견되었다. 영건 비용만 내기도 벅찬 형편에 원정을 위한 증세 조처가 더해지면서 하층농민들의 고통은 배가되었다. 궁궐 영건을 중단하라는 목소리도 커져갔다. 하지만 광해군은 꿈쩍도 하지 않았다. 오히려 원정군이 후금군에게 패했다는 소식이 전해진 이후에는 그 같은 요구를 일축해버렸다.

강행 끝에 경덕궁의 공사는 1620년(광해군 12) 11월경에 거의 끝났다. 하지만 인경궁의 공사는 끝이 보이지 않았다. 이 무렵 호남 등지에는 심각한 기근마저 발생했고 농민들은 죽는다고 아우성이었다. 재원 조달을 위해 파견된 조도사 등 측근 관료들 가운데서도 회의를 느끼는 사람들이 나타났다. 조도사로서 호남에 파견되었다가 농민들의 참상을 목도했던 이창정(李昌庭) 같은 인물이 대표적이었다. 그는 호조판서였던 권반(權盼)에게 보낸 편지에서 농민들에게 느끼는 죄책감이 크다고 토로했다.

영감께서는 매번 하루를 재직하면 하루의 책임을 다하라고 가르치시니 이는 관리로서 마땅히 지켜야 할 커다란 원칙입니다. 감히 공경하

> 여 아름다운 교훈을 삼아 종신토록 지키지 않겠습니까? 하지만 오늘날 제가 하는 일은 영감의 가르침과는 같지 않은 점이 있습니다. 돌아보건대 제가 맡은 직책은 다만 이익을 취하는 일뿐입니다. …… 제가 충청도와 전라도에서 하고 있는 것은 백성들을 수탈하여 나라를 위해 원망을 거두는 일이 아닌 것이 없습니다. 저는 이른바 도적질하는 신하(盜臣)입니다. 생각건대 하루를 이 자리에 있으면 하루의 죄악을 더할 뿐이니 이러한 심정으로 봉직한다면 어찌 그만두지 않고 오래갈 수 있겠습니까?

"나는 도둑질하는 신하이고 하루를 이 자리에 있으면 하루의 죄악을 더할 뿐이다." 무서운 고백이다. 또 너무나 솔직한 고백이다.

이미 서인과 남인들은 전부 쫓겨나 광해군 정권을 냉소적으로 보고 있었다. 권력이 비대해진 대북파도 광해군에게 고분고분하지 않던 상황에서, 광해군의 권력을 지탱해주는 인물들은 어쩌면 이창정이나 권반과 같은 실무 관료들일 수밖에 없었다. 그런 이창정 등이 스스로를 '도둑질하는 신하'라고 자조하고, 하루를 더 있으면 하루의 죄를 더할 뿐이라고 자책했던 것은 결국 정권의 몰락을 예고하는 것이었다.

실제 광해군은 궁궐 영건, 그중에서도 인경궁의 건설은 끝내지도 못한 채 인조반정을 맞아 몰락했다. 인조반정 이후 인경궁의 거대한 전각들은 대부분 해체되었고, 거기에서 나온 목재나 석재들은 다른 궁궐을 수리하는 자재 등으로 사용되었다. 허망하기 짝이 없는 일이었다.

광해군이 왕권 강화 차원에서 그토록 집착했던 궁궐 영건 사업이 농민들을 병들게 하고 궁극에는 광해군 자신을 몰락하게 만들었던 것이다. 광해군 정책의 공과(功過)를 따질 때 궁궐 영건 사업은 아무래도 '과(過)'의 범주에 들 수밖에 없을 것 같다.

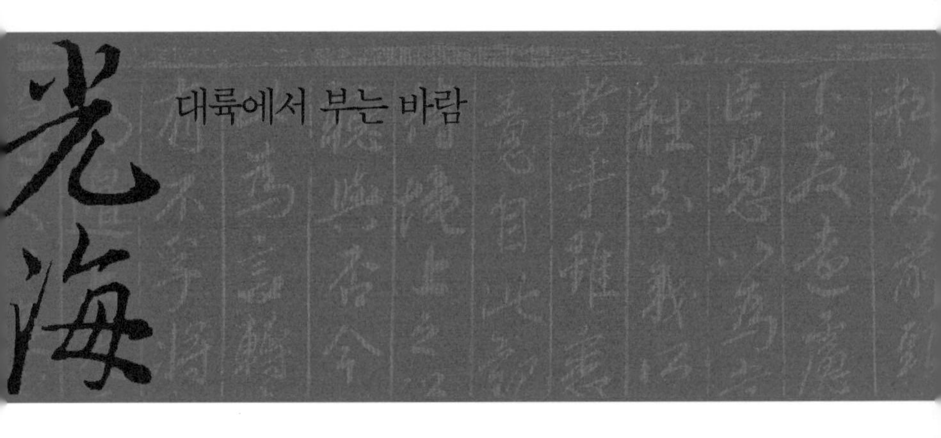

전장과 시장, 그리고 상인들

임진왜란 당시 조선은 명에게서 군사적 도움을 받아 한고비를 넘길 수 있었다. 하지만 세상에 '공짜'란 없는 법이다. 무슨 말인가? 명의 도움을 받아 위험한 고비를 넘길 수 있었지만, 전쟁이 끝난 뒤에는 자신들이 베푼 '은혜'에 보답하라는 명의 요구에 직면해야 했던 것이다.

전쟁이 끝난 뒤 명나라 사람들은 임진왜란을 동원지역(東援之役)이라 불렀다. '동원'이란 "동국, 즉 조선을 도왔다"는 사실을 강조하는 말이다. 조선 지배층은 명군의 참전과 원조를 재조지은(再造之恩)이라 불렀다. '망해가는 나라를 다시 일으켜 세워준 은혜'라는 뜻이다. 동원지역이란 말을 통해 '시혜자'임을 강조했던 명의 자부심에 재조지은을 숭앙하는 조선 지배층의 저자세가 맞물리면서 임진왜란 이후 명은 조선에게 이전에 비해 훨씬 버거운 존재가 되었다.

왜란 직후의 조선과 명의 관계를 보면 우리 현대사에서 미국과의 관계가 떠오른다. 요즘이야 반미 감정이라는 말을 스스럼없이 하고 있지만, 한국전쟁이 끝난 직후인 1950년대 후반이나 1960년대 초반에도 그것이 가능했을까? 한국전쟁 초기 겨우 낙동강 주변의 일부만을 남기고 남한의 대부분을 인민군이 점령했을 때, 북한에 의한 '적화통일'이 임박한 것으로 보였을 때, 미국은 남한이 유일하게 기댔던 '언덕'이었다. 인천상륙작전으로 전세가 역전되고 북진이 이어지면서, 결국 중공군의 개입을 불러와 휴전으로 전쟁이 멈춘 뒤까지도 미국은 남한의 '은인'이자 '구세주'였다. 그런 미국에게 반대하거나 이러쿵저러쿵 비판을 늘어놓는 것은 '국가 안보를 흔들 수 있는' 이적 행위로 매도되었다. 남한 사회가 미국이란 나라를 객관적으로 보기까지 꽤 많은 시간이 흘러야 했던 것처럼, 왜란 직후 조선과 명의 관계도 마찬가지였다.

명군의 참전이 남긴 부작용은 또 있었다. 왜란 시기 조선 국경은 명나라 사람들에게 아무 조건 없이 개방되었다. 군인과 관리들, 상인들을 비롯한 각계각층의 중국인들이 압록강을 건너 무시로 드나들었다. 그들과 조선 사람들의 접촉이 잦아지면서 명나라는 조선의 내부 사정을 속속들이 알게 되었다.

아무리 친한 사이라 하더라도 숨기거나 비밀로 하고 싶은 일이 있는 법이다. 그것은 국가 사이에서도 마찬가지다. 조선은 건국 초부터 명에 대해 숨기고 싶어 했던 것들이 있었다. 예를 들면 역대 국왕들에게 '~조(祖)'나 '~종(宗)'이라는 칭호를 붙이는 것 등이다. 명 조정에서 알게 되면 "제후국 주제에 건방지다"는 힐문을 들을까 우려했던 것이다. 그런데 임진왜란 참전을 통해 명은 조선의 내부 사정에 대해 모르는 것이 없다고 할 정도가 되었다.

조선이 세종 대 이래 명에게 숨겨왔던 비밀이 또 하나 있었다. 그것은 바로 조선에서 은이 생산된다는 사실이었다. 조선 초기, 조선이 명나라에 공물로 바쳐야 했던 것은 말을 비롯하여 처녀, 화자(火者, 내시), 금, 은 등이었다. 말과 처녀, 화자를 바치는 것은 시간이 지나면서 중단되었지만, 금과 은에 대한 명의 요구는 그치지 않았다. 따라서 금과 은의 생산량이 적었던 조선은 해마다 그것을 마련하기 위해 고민했다. 이에 세종은 1429년 종실 함녕군(諴寧君)을 명에 보내 금과 은을 대신하여 토산물을 공물로 바치겠다고 호소했고, 명 조정은 이를 승인했다. 이때부터 조선에서는 — 명은 조선에서 금과 은이 난다는 사실을 알고 있었겠지만 — 금과 은이 나지 않는 것으로 치부되었다. 조선 사신들이 명나라에 가져가는 공물이나, 조선에 오는 명나라 사신들에게 주는 예물을 막론하고 포목이나 인삼이 금과 은을 대신했다.

임진왜란이 일어난 뒤 사정은 달라졌다. 한반도는 명나라 군인들뿐만 아니라 상인들로 넘쳐났다. 상인들은 이익이 있는 곳이라면 아무리 멀고 위험한 곳일지라도 가리지 않고 달려간다. 전쟁터라고 해서 예외는 아니었다. 명 상인들이 다투어 조선으로 몰려들었다. 그들이 일차적으로 노린 것은 명군의 봉급이었다. 당시 명군은 봉급을 은으로 받았다. 병사 한 사람마다 한 달에 1냥 50전이었다. 명군의 숫자는 1592년 12월 들어온 병력이 4만 5천 명가량이었고, 1598년경에는 한때 10만 명 가까이에 이르렀다. 산술적으로만 따져볼 때 명군 10만이 주둔한다면 그들에게 한 달에 15만 냥의 은이 뿌려지는 셈이었다. 뿐만 아니라 명군 지휘부는 조선에서 쓸 군수 비용으로 수만 냥의 은을 수레에 싣고 들어왔다. 명 상인들이 보기에 조선은 은이 넘쳐나는 그야말로 '엘도라도'였다.

명에서 사용되던 50냥짜리 정은(錠銀)

모양이 말발굽과 비슷해서 마제은(馬蹄銀)이라고도 했다. 거래할 때는 이 은 덩어리에서 일부를 떼어낸 뒤 저울에 달아 셈을 치렀다. 16세기 중반 스페인 상인을 비롯한 유럽 상인들은 명에서 도자기, 비단, 차 등을 대량으로 수입하면서 결제 대금으로 은을 썼다. 당시 명나라 경제는 이렇게 쏟아져 들어오는 은 덕분에 호황을 누렸다.

명 상인들이 조선으로 몰린 까닭은 또 있었다. 명군 지휘부가 그들을 불러들였던 것이다. 왜란 초반 조선에서는 은이 무용지물이었다. 당시까지 조선 사람들은 은을 화폐로 사용하지 않았기 때문이었다. 아직 동전이나 지폐도 쓰지 않았다. 물건을 팔고 살 때는 오로지 쌀과 면포를 갖고 값을 치렀다.

뿐만 아니라 조선에는 술이나 고기 등 소소한 일용품을 상설적으로 파는 가게들이 없었다. 할 수 없이 명군 병사들은 술이나 고기 등을 사기 위해 민가를 찾았다. 하지만 역시 살 수 없었다. 조선 사람들이 은을 받으려 하지 않았기 때문이다. 당시 명군들이 갖고 있었던 은은 동전 형태의 은화가 아니라 정은이라 불리는 은 덩어리였다. 거래를 할 때는 덩어리에서 일부를 떼어내 저울로 달아 셈을 치렀다. 명군들이 저울눈을 속일지도 모른다는 피해 의식 때문에도 은을 이용한 거래를 회피했을 것이다.

불편한 것은 명군들이었다. 여기저기서 조선 사람들과 실랑이가 벌어졌고, 그것이 약탈로 이어지기도 했다. 명군 지휘부는 조선 조정에 대해 불평을 늘어놓았다. 명군이 지나가는 길목에 점포를 설치해서 명군 병사들이 쉽게 일용품을 구입할 수 있도록 하라고 종용했다. 조선 조정은 마지못해 몇 곳에 점포를 설치했지만 별로 소용이 없었다. 오랫동안 면포와 쌀을 이용했던 상거래 관행을 하루아침에 바꿀 수는 없었기 때문이다.

명군 지휘부는 당혹스러울 수밖에 없었다. 더욱이 명군 병사들의 식성은 조선 사람들과는 달랐다. 그들은 조선 사람들에 비해 훨씬 육식을 즐겼다. 지금도 "네 발 달린 동물 가운데 의자만 빼놓고는 다 먹는다"는 우스갯소리가 나올 정도로 육식을 즐기는 중국인들이 아닌가?

이긍익의 『연려실기술』을 보면 왜란 당시 육식을 즐기던 명군과 관련된 에피소드들이 눈에 띈다.

> 명군이 들어가는 마을에서는 소나 돼지, 닭 같은 가축이 전부 없어진다. 명군은 닭을 가장 즐겨 먹어 피 한 방울이라도 버리는 것이 없다.

하지만 조선 사람들에게 가축을 구입하거나 강제로 빼앗는 것만으로 문제가 해결될 수는 없었다. 명군 지휘부가 생각해낸 대책은 명나라 상인들을 조선으로 불러들여 장사하게 하는 것이었다. 특히 조선과 거리가 가까운 요동의 상인들이 주목되었다. 명군 지휘부는 상인들에게 노인(路引)을 발급했다. 일종의 통행 증명서였다. 그것을 소지한 상인들에게 조선으로 들어와 상행위를 하도록 권장했다.

또 상인들이 통행할 때 병사들에게 약탈당하는 것을 막기 위한 조처도 강구했다. 명군 지휘부가 남긴 기록을 보면 "상인들의 물품을 함부로 수색하거나 빼앗는 자는 귀를 베어버린다"는 구절이 남아 있다.

명나라 상인들은 나귀나 노새가 끄는 커다란 수레에 여러 가지 물건들을 싣고 조선으로 들어왔다. 술을 비롯하여 절인 고기, 염장(鹽醬)이라 불리던 중국식 된장과 포목류 등 일용품을 싣고 천 리 길을 달려왔다.

일단 그들이 노린 것은 명군의 봉급으로 뿌려지는 은이었다. 명군 지휘관들은 상인들을 아예 각 부대별로 배속시켰다. 병력이 이동하면 상인들도 따라서 이동했다. 역시 『연려실기술』을 보면 흥미로운 대목이 나온다. 1598년 명나라 장수 유정(劉綎)이 거느리던 사천 출신 병사들은 전주에서 임실로 이동했다. 그런데 병사들보다 먼저 임실에 도착한 것은 부대에 배속된 상인들이었다. 상인들은 조선 사람들에게 사들인 소나 돼지를 잡아 불에 구워놓았고, 곧이어 도착한 병사들은 은을 주고 그것을 사먹었다는 것이다.

그러나 수천 리 길을 마다않고 조선까지 들어온 상인들이 명군과의 거래만으로 만족할 수는 없었다. 더욱이 조선 사람들도 시간이 지나면서 은을 이용한 거래에 조금씩 익숙해져가고 있었다. 조선 사람 가운데 이제 은을 갖고 있는 사람들이 제법 있었다. 그것 또한 명나라 상인들의 표적이 되었다. 요동 상인들은 조선 사람들이 좋아하는 물건들을 가져왔다. 푸른빛의 물감을 들인 광목, 털모자, 양구라 불리는 털외투 같은 물건들이 대표적이었다. 명나라 상인들은 가져온 물건들을 종로 등지의 길거리에 늘어놓고 난전을 열었다. 조선 사람들 가운데 구매력이 있는 이들은 난전으로 몰려들었다. 전쟁 중임에도 서울에는 명나라 물건들이 넘쳐났고, 사치풍조가 만연하는 것을 걱정하는 목소리들도 높아가고 있었다.

그뿐만이 아니었다. 상인들 가운데는 조선 각지를 돌아다니며 '돈이 될 만한 물건'들을 찾는 자들이 생겨나기 시작했다. 일부 상인들은 조선 농가에서 무쇠 솥 등을 거둬갔다. 명으로 싣고 가서 강남 지역의 철공소 등에 팔아넘길 심산이었다.

그런 그들이 조선에 널려 있는 은광을 그냥 지나칠 리 없었다. 상인들은 자신들의 뒤를 봐주는 명군 지휘관들을 통해 조선 조정에 은광을 개발하라고 요구하기 시작했다. 선조나 조선 신료들은 은광을 개발할 경우 그동안 중단되었던 명나라의 은 징색이 재개될 것을 우려하여 그 요구를 거부하려 했다. 뿐만 아니라 상인이나 명군 지휘관들이 은을 개발한다는 명목으로 각 고을을 들락거릴 경우, 그들을 접대하는 과정에서 민폐가 심각해질 것을 우려할 수밖에 없었다.

하지만 이익이 널려 있는 것을 발견한 명의 상인이나 지휘관들은 가만히 있지 않았다. 일부 상인들은 아예 은을 채굴했던 경험이 많은 중국인 광부들을 명에서 데리고 왔다. 그러고는 은 광산에서 은을 채굴하여 조선 신료들에게 내어 보이며 닦달했다.

> 왜 자연이 준 보배를 채굴하여 이용할 줄을 모르는가? 가난한 조선이 은을 채굴하여 주변의 나라들과 무역한다면 무궁한 이익이 될 것이고 전쟁이 남긴 경제적 후유증에서도 빨리 벗어날 수 있을 것이다.

임진왜란 내내 명나라 상인이나 관리들이 은광을 개발하라고 요구하면서 강조했던 말이다. 그들이 보기에 은을 이용하여 거래할 줄도 모르고, 그것을 채굴하는 데도 지극히 소극적이었던 조선 신료들은 도무지 이해할 수 없는 존재였던 셈이다.

명나라, 은에 웃고 은에 울다

16세기 중반까지 중국은 서양인들에게 '은의 나라'로 불리고 있었다. 명나라의 은 생산이 많아서 그런 것이 아니었다. 외국으로부터 무역을 통해 은이 쏟아져 들어오고 있었기 때문이다. 그 은 가운데 상당량은 일본에서 채굴된 것이었다.

당시 일본은 세계 굴지의 은 생산 국가로 발돋움하고 있었다. 그런데 흥미로운 것은 그 배경에 두 명의 조선 사람이 있었다는 사실이다. 양인 김감불(金甘佛)과 노비 검동(儉同)이 그들이었다. 두 사람은 16세기 초반 세계 최초로 연은분리법(鉛銀分離法)이란 것을 개발해냈다. 은 광산에서 채굴되는 은광석에는 은뿐만 아니라 다량의 납이 들어 있다. 따라서 은 광석에서 은과 납을 분리하는 제련 기술 없이는 은 생산이 늘어날 수 없다. 검동과 김감불이 바로 그 기술을 개발했던 것이다.

그런데 이 기술이 빛을 본 것은 정작 조선보다 일본에서였다. 조선에서 전수받은 이 기술을 통해 일본의 은 생산은 비약적으로 증가했다. 더욱 씁쓸한 것은 이 기술이 조선에서는 곧 망각되었다는 사실이다. 임진왜란 당시의 『선조실록』을 보면 조선은 이미 이 기술을 '까먹었다'는 내용이 나온다. '하찮은' 상놈과 노비들이 개발한 기술이기 때문에 사회적으로 전승되지 않았던 것일까?

어쨌든 이 기술이 일본에 전래되면서 은을 매개로 하는 동북아시아의 국제무역 구조 형성에 커다란 영향을 미쳤다. 1543년 규슈(九州)의 다

뎃뽀와 무뎃뽀의 대결

1543년 포르투갈 상인들을 통해 일본에 처음 전해진 조총(뎃뽀)은 이후 일본사, 나아가 동아시아사 전개 과정에 지대한 영향을 미쳤다. 그림의 전투 장면에서 보듯이 일본 내에서 조총을 가진 집단은 전통적인 기마병들을 압도하게 되었다. 전국시대를 거치면서 조총은 차츰 개량되었고, 1592년 일본이 조선 침략을 자행할 때 주력 무기가 되었다.

네가 섬(種子島)에 표류했던 포르투갈 선원들은 일본인들에게 조총을 전해준다. 일본말로 '뎃뽀(鐵砲)'라 불렸던 조총은 전국시대의 다이묘들에게 새로운 무기로 받아들여졌고, 그들의 세력 판도에 커다란 영향을 미친다. 뎃뽀를 보유한 집단과 그렇지 못한 집단 사이에 군사적 우열관계가 확연히 드러나게 되었다. 지금 우리가 어원도 모르는 채 사용하고 있는 '무뎃뽀(無鐵砲)'란 말도 여기서 연유한 것이다. '뎃뽀도 없는 집단이

뎃뽀를 가진 집단에게 겁 없이 덤비는 것'. 그것이 바로 '무뎃뽀'다.

이제 각 다이묘들은 뎃뽀로 상징되는 군사력을 증강하기 위해서라도 부를 쌓아야 했다. 그들이 은광 개발이나 해외무역에 눈을 돌리게 된 것은 지극히 당연한 일이었다. 바로 이런 상황 속에서 포르투갈과 스페인 상인들이 비집고 들어왔다. 그들은 중국과 일본을 오가면서 무역에 매달렸다. 해외무역을 통해 조총과 향료뿐만 아니라 중국산 비단과 도자기가 들어왔다. 그 대금은 당연히 은으로 치러졌다. 스페인과 포르투갈 상인들은 일본에서 획득한 은을 중국으로 가져갔고, 다시 그것으로 중국산 도자기나 비단 등을 사서 유럽으로 실어갔다.

참으로 짭짤한 중개무역이었다. 중국 상품을 유럽으로 가져가면 네다섯 배의 이익을 남길 수 있었다. 당시 유럽의 궁정 귀족들은 중국산 도자기에 그야말로 '환장'을 하고 있었기 때문이다.

더 많은 중국 상품이 필요했다. 그러려면 은이 필요했고, 일본에서 채굴된 은만으로는 한계가 있었다. 스페인 상인들은 자신들이 식민지로 막 개척했던 남미의 은 광산 개발에 눈을 돌렸다. 멕시코에서 개발된 막대한 양의 은이 태평양 연안의 항구 아카풀코(Acaupulco)에서 배에 실려 태평양을 건너 필리핀으로 옮겨졌다. 그리고 다시 중국으로 건너갔다.

쏟아져 들어오는 은을 바탕으로 명나라 경제는 번영을 구가했다. 강남의 경제 중심지로 들어온 은은 명나라 구석구석까지 유통되면서 화폐가 되었고, 그와 함께 상품화폐경제가 눈부시게 발달했다. 명나라가 세계 최초로 '은 본위제'를 시행할 수 있었던 것도 무역을 통해 쏟아져 들어오는 은 덕분이었다.

하지만 문제는 재정 지출이었다. 16세기 후반 명은 해마다 몽골족과 여진족을 막기 위한 국방비로 총 세출의 3분의 2 이상을 투입하고 있었다. 여기에 더하여 조선에서는 임진왜란이, 사천 지방에서는 양응룡(楊應龍)의 반란이, 영하(寧夏)에서는 보바이(哱拜)의 난이 일어났다. 이 세 가지 전란을 보통 만력삼대정(萬曆三大征)이라 부른다. 1596년과 1597년에는 자금성에서 대규모 화재가 발생했다. 전쟁을 치르고 화재의 피해를 복구하는 데 수천만 냥의 은이 들어갔다. 곧 이어 신종황제는 황태자의 혼례식을 치렀다. 혼례식에 쏟아 부은 비용 역시 만력삼대정을 치르는 데 들어간 비용에 버금갔다. 아무리 무역을 통해 은이 넘쳐난다 해도 그것은 분명 '밑 빠진 독에 물붓기'였다.

1588년 아르마다(Armada)로 불리던 스페인의 무적함대가 영국 함대에게 완패했다. 그것은 해상 왕국 스페인의 몰락을 알리는 서곡이었다. 중국과의 동방무역도 쇠퇴하는 조짐을 보였다. 이윽고 스페인 상인들에 의해 명나라로 흘러들던 은의 양이 급격하게 줄어들었다. 하지만 이미 규모가 커질 대로 커진 재정 지출은 줄지 않았다. 재정 위기를 우려하는 목소리가 높아가는 한편에서 은이 부족하다는 탄식이 터져 나왔다. 은이 줄어들면서 상인들은 은을 숨겨놓고 내놓지 않았다. 자연히 은가가 폭등할 수밖에 없었다. 이제 중국 경제는 위기를 맞고 있었다.

재정 위기를 맞아 신종황제가 내놓은 대책은 희한한 것이었다. 인색하기로 소문난 그는 자신의 개인 금고, 곧 내탕(內帑) 속에 어마어마한 양의 은화를 챙겨두고 있었다. 그는 금고 속의 은화를 푸는 대신 다른 방법으로 은을 모았다. 그것은 궁정의 환관들을 전국 각지에 파견하여 세금을 거둬들이는 것이었다.

태감(太監)이라 불렸던 그들은 각지에서 광세(礦稅), 상세(商稅)라는

만력황제 주익균(朱翊鈞)

1573년 제위에 오른 그는 즉위 초반 장거정(張居正)의 개혁정치를 이끌어 명의 국력을 충실히 했다. 하지만 생전에 자신의 거대한 무덤인 정릉(定陵)을 미리 만드는가 하면, '광세의 폐'를 일으켜 명의 몰락을 재촉했다. 그는 왜란 당시 원군을 보냄으로써 조선 지식인들로부터는 조선 후기 내내 은인으로 추앙받았다.

명목으로 마구잡이로 은을 수탈했다. 황제의 '어명을 받은' 그들의 횡포는 무지막지했다. 심지어 미세한 양의 은을 거두기 위해 민간의 가옥을 철거하고, 무덤까지 파헤치는 상황이 벌어졌다. 당연히 광세는 광산을 개발하는 자에게, 상세는 장사하는 상인에게 거두어야 했지만, 실제로는 그렇지 않았다. 거부하거나 반발하는 이들에게는 가차 없이 폭력을 휘둘렀다. 그것은 명목도, 명분도 없는 무조건적인 수탈이었다. 바야흐로 중국사에서도 악명 높은 '광세지폐(礦稅之幣)'가 시작되고 있었다.

광세를 거두는 데 반드시 은광이 있어야 할 필요는 없다. 상세를 거둘 때 반드시 상인이 있어야 할 필요도 없다. 민간의 모든 농토가 은광이요, 관리와 농민, 수공업자가 모두 상세를 내야 할 사람들이다.

요동에 파견되었던 태감 고회(高淮)란 자로부터 무지막지한 수탈에 시달려야 했던 백성들 사이에 유행했던 비아냥이다. 백성들은 아우성을 쳤다. 각지에서 환관들의 수탈에 반발하여 저항 운동이 일어났다. 정부의 '은 사냥'에서 비롯된 저항은 곧 전국적인 반란으로 비화되었다. 그런 와중에 명은 서서히 병들고 있었다.

조선 전체가 은덩어리라도 그대들의 욕구를 채울 수는 없소

은과 관련하여 명에서 불고 있던 열풍은 곧 조선으로 불똥이 튀었다. 은 수탈에 관한 한 '흡혈귀'로 불리던 명의 태감들이 조선이라 해서 그대로 놓아둘 리가 없었다. 조선은 명의 태감들이 손쉽게 은을 거둬갈 수 있는 나라였다. 더욱이 조선은 왜란 당시 명의 은혜까지 입지 않았던가? 이제 그 은혜를 은으로 갚으라고 할 참이었다.

그 서막은 1602년(선조 35) 3월, 명에서 황태자가 책봉되었다는 사실을 알리러 왔던 고천준(顧天埈)이란 자에 의해 열렸다. 그의 엄청난 수탈 때문에 조선은 그가 황태자 책봉 사실을 알리러 온 것인지, 아니면 조선에서 은을 거두어 가려고 온 것인지 분간이 안 갈 정도였다. 압록강을 건너와 서울에 도착할 때까지, 그는 들르는 곳마다 은을 내놓으라고 강짜를 부렸다. 은에 대한 그의 탐욕을 『선조실록』은 "의주에서 서울로 이르는 수천 리에 은과 인삼이 한 줌도 남지 않았고 조선 전체가 전쟁을 치른 것 같았다"라고 묘사했다.

오죽했으면 그의 탐욕에 놀란 부하마저 풍자시를 남겼다.

올 때는 사냥개처럼 갈 때는 바람처럼

모조리 실어가니 조선 전체가 다 비었네
오직 청산만은 옮길 수 없으니
다음에 와서 그림 그려 가져가리

본래 임진왜란이 일어나기 전에는 명나라 사신들이 서울에 오면 모시나 부채, 화문석과 같은 토산물을 예물로 주었다. 하지만 왜란을 거치면서 사정이 달라졌다. 왜란 중의 경험을 통해 조선에서도 은이 생산된다는 사실을 알게 된 데다, 은이 부족해지고 은가가 치솟고 있던 명 내부의 사정이 맞물리면서 명사들은 은만 요구했다. 토산물은 거들떠보지도 않았다.

명나라 사신들의 은 징색은 광해군 대에 들어와 절정에 이르렀다. 그 액수는 거의 10만 냥에 육박할 정도로 엄청났다. 앞서 임해군이 왕위를 양보했다는 사실을 조사하고 광해군의 국왕 자격을 심사하겠다고 왔던 엄일괴와 만애민이 수만 냥의 은을 챙겨갔다고 이야기했거니와, 이후 조선은 명나라 사신들의 '봉'이 되었다. 명나라 환관들 사이에서는 "조선에 가서 한밑천 잡자"는 풍조가 생겨났다.

1609년(광해군 1) 광해군을 조선 국왕으로 승인하는 예식인 책봉례(冊封禮)를 주관하기 위해 왔던 태감 유용(劉用)과 이듬해 광해군의 맏아들을 왕세자로 책봉하는 의식을 주관하기 위해 왔던 태감 염등(冉登)의 행태는 분명 광기 그 자체였다.

『광해군일기』에 나오는 그들의 행태를 보면 요즘도 볼 수 있는 '함진아비'와 관련된 장면들을 떠올리게 된다. 함이 들어오는 날 신부 측 가족들, 그중에서도 대개 남자 장정들이 대문 주변에서 긴장한 채 기다린다.

이윽고 함진아비와 그 일행이 집 근처에 오면 '흥정'이 시작된다. 함진아비 일행은 신부 집 대문으로 들어갈 때까지 바닥에 돈 봉투를 깔라고 요구한다. 봉투 하나를 받을 때마다 한 걸음씩 옮긴다. 봉투 속 내용물이 변변치 못하면 문제가 생긴다. "이것만 받고서는 한 걸음도 옮길 수 없다", "뒤로 물러나는 법은 없다"는 등 언쟁이 오가면서 실랑이가 벌어진다. 대개의 경우 적당히 옥신각신하다가 집안으로 들어감으로써 상황이 끝나지만, 최악의 경우 함값을 둘러싼 다툼 때문에 얼굴을 붉히거나 파국을 맞기도 한다.

유용과 염등이 조선에서 보였던 것은 '최악의 함진아비'의 행태, 바로 그것이었다. 조선 측의 사정은 애초부터 안중에 없었다. 유용은 북경을 출발할 때부터 "조선 국경에 발을 들여놓으면 10만 냥의 은자를 얻으리라"고 공공연히 떠벌였다. 의주에서 서울까지 오는 동안 자신의 접대를 위해 책정했던 비용을 전부 은으로 환산하여 받았는가 하면, "은만 준다면 식사나 차는 제공하지 않아도 된다"고 할 정도로 긁어모았다. 그는 조선으로 나오기 위해 들였던 '본전'을 챙기고, 돌아가서 여기저기 궁중 요로에 은을 바쳐야 한다는 핑계로 징색에 혈안이 되었다. 그는 결국 조선에서 약 6만 냥의 은을 챙겼다.

유용이 6만 냥을 챙겼다는 소문이 퍼지면서 염등 역시 입맛을 다셨다. 의주와 평양에서 수천 냥의 은을 챙긴 뒤, 개성까지는 순순히 내려왔다. 그런데 개성에서는 은의 액수가 적다는 이유로 눌러 앉아버렸다. 초조해진 조선 조정은 결국 그에게 수천 냥의 은을 더 주었고, 그제서야 그는 자리를 털고 일어섰다. 서울로 오는 도중 홍수 때문에 임진강의 다리가 떠내려가 행차가 지체되자 그 대가로 은 1천 냥을 요구했다. 심지어

반차도(班次圖)

명나라 사신 웅화(熊化)의 행차 장면을 그린 것으로 『영접도감사제청의궤(迎接都監賜祭廳儀軌)』에 실려 있다. 웅화는 선조의 상을 맞아 조문하기 위해 1609년(광해군 1) 4월 25일 서울에 왔다. 가마에 타고 있는 인물이 바로 웅화다. 웅화 옆에 그려진 두목(頭目)들은 대개 상인 출신의 수행원들인데, 이들은 명나라 물화를 가져다 조선인들에게 강제로 떠넘기는 등 폐해가 심했다. 규장각 소장.

서울에서는 '천교(天橋)'라는 이름의 은 사다리를 만들어 달라고 떼를 썼다. 명나라 사신들이 도착하면 관례적으로 열게 마련인 잔치도 필요 없다고 했다. 한강에 나가 뱃놀이를 하자고 권해도 듣지 않았다. 오로지 은만 주면 된다고 했다. 광해군에게 은으로 쳐서 300냥어치의 예물을 바친 뒤 그에 대한 사례로 은 9천 냥을 요구했다.

조선 조정은 전전긍긍했다. 호조의 신료들은 호조가 1년 동안 모아 놓은 은을 염등 때문에 열흘 만에 전부 써버렸다고 문제의 심각성을 호소했다.

광해군 명사가 비록 무례하다고는 하지만 황제의 명을 받아 왔으니 우리가 그를 대할 때는 마땅히 성의를 다해야 한다. 경들이 잘 조치토록 하라.

이항복 성의와 정성이란 모두 빈말일 뿐 단지 은의 많고 적음에 달려 있습니다. 그들을 잘 접대하는 대책이란 다만 은을 더 주는 데 있을 뿐입니다.

하지만 명 사신들의 요구를 그대로 들어주면 그 부담은 누가 지는가? 그것은 거의 전적으로 민간의 몫이었다. 조선 조정은 명사들에게 줄 은을 마련하기 위해 곡물이나 면포를 풀어 은을 소지한 상인들과 바꿨다. 때로는 왜관에 거주하는 일본인들에게 빌리기도 했다. 하지만 그것만으로 충당할 수 없게 되자 농민들에게서 부가세를 징수했다. 그것은 임진왜란이 남긴 후유증 때문에 신음하고 있던 농민들에게 커다란 부담이었다.

보다 못한 곽재우는 상소를 올려 광해군을 맹렬히 비난했다.

> 전하는 접대를 맡은 신하들의 계책과 역관들의 술수에 속아 은화로써 한갓 명나라 사신들의 욕심을 채워주려 하십니다. 그러면서도 생령들의 고혈이 모두 말라버리는 것은 생각하지 않으십니다. 제가 보건대 전하께서는 나라를 다시 일으키는 데는 관심이 없으신 것처럼 보이니 나랏일은 어찌 할 수 없는 지경에 이르렀다고 하겠습니다.

곽재우는 광해군에게 직격탄을 날렸다. 그러나 즉위 과정에서 우여곡절을 겪고, 즉위 이후에도 여전히 왕권이 불안하다고 여겼던 광해군은 명 조정으로부터 공식적인 인정을 받는 것이 중요했다. 그 때문에 무리인 줄 알면서도 명 사신들의 요구에 순응하라고 지시했던 것이다.

이 같은 추세는 광해군 말년까지 지속되었다. 1621년(광해군 13) 태창(泰昌)황제의 즉위 사실을 알리기 위해 조선에 왔던 명사 유홍훈(劉鴻訓)과 양도인(楊道寅)은 약 8만 냥을 거두어 갔다. 1622년(광해군 14) 후금을 공격하는 데 필요한 원병을 보내라고 독촉하기 위해 왔던 감군어사(監軍御使) 양지원(梁之垣) 역시 수만 냥을 수탈해 갔다.

유홍훈은 조선에서 챙긴 한밑천으로 자신의 고향인 산동에 거대한 저택을 마련하여 명나라에서도 화제가 되었다. 원병을 불러 가는 대신 은으로 사복을 채웠던 양지원의 경우, 귀국한 뒤에 문제가 되었다. 그는 결국 탄핵을 받아 관작을 삭탈당하고 7만 냥의 은을 추징당했다. 하지만 결과야 어찌되었든 명사들의 입장에서 조선은 '젖과 꿀이 흐르는 땅'이자 '엘도라도'였던 셈이다.

광해군 당시 은화 수만 냥이면 1년 재정의 거의 3분의 1이 넘는 엄청난 액수였다. 그 같은 액수의 은이 명사들이 행차할 때마다 흘러 나갔다. 속이 쓰리긴 하지만 명과의 관계를 원만히 유지하기 위해 바쳤던 '백성들의 고혈'이자 '눈물'이었다.

왜란이 끝난 이후 명은 조선에게 그만큼 버거운 존재였다. '명이 도와주었다', 그러므로 '그 은혜를 보답해야 한다'는 의식이 퍼져가면서 명은 더욱 '생색'을 내고 조선은 부담을 느끼게 되었다. 그 와중에 명에서 심각해지고 있던 '광세의 폐'가 조선에서 변형되어 재현되었다. 요컨대 조선은 '재조지은'을 은으로 갚아야만 했던 것이다.

누르하치, 솟아오르다

은을 둘러싼 탐풍(貪風)이 명나라를 휩쓸고 그 여파가 조선까지 밀려오고 있을 무렵, 만주에서는 새로운 소용돌이가 일고 있었다. 그것은 바로 여진족의 성장, 그 가운데서도 누르하치가 이끄는 건주(建州)여진 집단의 성장으로 말미암은 것이었다.

여진족 왕조인 후금을 세운 누르하치를 보통 아이신 교로(愛新覺羅)씨라고 부르기도 한다. 아이신은 여진을, 교로는 종족을 뜻하는 말이다. 누르하치는 12세기 만주와 화북 일대를 석권하여 대제국을 건설했던 영웅 아구타(阿骨打)의 후예였다. 아구타가 세운 금은 한족 왕조 송을 양자강 남쪽으로 밀어냈거니와, 그것은 한족들에게 생각하기조차 싫은 상처로 남아 있었다.

누르하치가 이끄는 건주여진이 공식적으로 '후금'이란 국호를 사용

여진족 왕조 후금을 세운 태조 누르하치

조선에서는 보통 노추(老酋)라고 불렀다. 명의 지배를 받는 건주여진의 일개 부족장에 불과했던 그는 탁월한 정치, 군사적 역량을 발휘하여 청나라 건국의 기반을 닦았다. 1592년엔 조선에 원군을 보내겠다고 제의하여 조선 조정을 고민에 빠뜨렸다.

하기 시작한 것은 1616년이었다. '금의 후계자' 임을 명백히 표방하는 후금이라는 국호는 한족 왕조인 명에게 '기분 나쁜 과거'를 연상시키는, 국호 자체만으로도 신경이 거슬리는 것이었다.

한족들 사이에는 오랜 역사적 체험을 통해 전해오는 말이 있었다. "여진이 1만이 되면 천하가 그를 감당할 수 없다(女眞一萬卽天下不堪當)." 여진족에게 통일의 기회를 주거나 대세력가가 나타나게 내버려두면 자신들이 위험해진다는 사실을 알고 있던 명은, 14세기 후반부터 만주 일대의 여진족을 분할 지배 방식으로 통제하려 했다. 명은 서쪽으로는 산해관, 북쪽으로는 개원, 남쪽으로는 여순, 동쪽으로는 압록강에 이르는 만주 지역에 요동도사(遼東都司)라는 기구를 설치하고 직할령으로 삼았다. 그러고는 이 지역으로 여진족들이 출입하는 것을 엄격히 통제했다.

요동도사 동쪽의 광대한 지역에는 노아간도사(奴兒干都司)라는 것을 두어 여진족을 간접적으로 지배했다. 노아간도사 아래에는 위소(衛所)라는 행정 기구를 두어 위소의 우두머리로 여진족을 임명하고 그들에게 자치를 허용했다. 그러나 관원의 임명, 여진족 사이의 분쟁에는 명이 직접 개입하여 그들 내부에서 대세력가가 나타나는 것을 막으려 했다.

노아간도사 휘하의 여진 부족은 크게 해서, 건주, 야인 여진으로 나누어지는데 누르하치는 건주 출신이었다. 그가 건주여진을 통일하고 대세력가로 성장하는 과정에는 당시 요동 지역의 명군 사령관인 이성량(李成梁)의 영향력이 컸다. 이성량은 임진왜란 당시 조선에 참전했던 명군 제독 이여송의 아버지로서 본래 조선족이었다. 일찍부터 무공을 세워 요동 지역에서 군벌로서 확실한 기반을 잡았던 그는 휘하의 여진족들을 이이제이(以夷制夷) 방식으로 통제하는 데도 수완을 발휘했다.

건주여진 무인

『삼재도회(三才圖會)』란 책에 실려 있다. 수렵을 위한 복장을 하고 있다. 건주여진은 수렵과 채취를 통해 얻은 모피, 산삼, 진주 등으로 생필품을 획득하는 종족이었다. 하지만 정복 전쟁을 통해 영토와 인구가 늘어나자 그들 역시 농경 민족으로 변신을 시도했다.

이성량은 1583년, 명에게 반기를 들었던 해서여진의 아타이(阿台)를 치기 위해 명군뿐 아니라 누르하치가 소속된 건주여진 출신 병사들까지 이끌고 출전했다. 그 가운데는 누르하치를 포함하여 누르하치의 아버지 타쿠시(塔克世), 할아버지 교창가(覺昌安)도 있었다. 누르하치 집안은 삼대가 동시에 출전했던 것이다. 명과 건주의 연합군은 승리를 거두고 아타이를 거의 생포하게 되었는데, 그 과정에서 그만 누르하치의 아버지와 할아버지가 전사하고 말았다. 통설에 따르면 두 사람 모두 명군이 쏜 총에 맞았다고 한다. 명군의 오인 사격에 희생된 것이다.

명군 때문에 할아버지와 아버지를 잃은 누르하치의 속마음이 어떠했을지는 짐작하기 어렵지 않다. 하지만 그는 아직 이성량에게 대놓고 도전할 수 있는 입장이 아니었으므로 꾹 참았다. 난감해진 것은 이성량도 마찬가지였다. 이성량은 미안한 마음에 누르하치에게 칙서 30통을 주었다.

당시까지 농경에 서툴렀던 건주여진은 곡물이나 소금, 면포, 농기구 등의 생필품을 자급하지 못했고, 명나라 상인들이 그것을 공급했다. 상인들은 생필품을 가져와 여진 지역의 특산물과 바꿔 갔다. 백두산 일대의 산악 지역에서 채취한 산삼, 여진의 이곳저곳에서 획득한 모피, 주로 야인여진 지역의 담수호에서 양식한 진주 등이 그것이었다. 이 물건들은 여진족에게는 별로 귀중한 것이 아니었지만, 일단 명나라 상인들의 손으로 넘어가면 얘기가 달라졌다. 상인들은 그것을 북경으로 가져가 몇 배의 이익을 보고 팔거나 자신들의 뒤를 봐주는 명 관인들에게 넘겼다. 엄청난 이익이 남는 사업이었다.

인삼과 모피, 진주 때문에 이익을 보는 부류는 정해져 있었다. 명나라 상인들, 그들을 비호하는 요동 지역의 명 관리들, 그리고 특산물을 수집하는 역할을 담당했던 여진족 유력자들이 바로 그들이었다. 하지만 여진인들이 명 상인들과 교역하려면 '교역 허가증'에 해당하는 명 황제 명의의 칙서가 있어야만 했다. 칙서는 명이 지정한 여진족 유력자들만 발급받을 수 있었다. 이는 결국 유력자들을 회유하고 경제적 목줄을 쥐락펴락하면서 여진인들을 통제하려는 명 정부의 통제장치였던 셈이다.

거꾸로 칙서를 소지한 여진족은 '떼돈'을 벌 수 있었다. 이제 30통이나 되는 칙서를 갖게 된 누르하치는 건주여진과 명 상인들 사이의 교역을 독점하게 되었다. 그는 여진 지역의 특산물을 수집하여 명 상인들에게 전매하면서 엄청난 이익을 남겼다. 그리고 그 이익은 고스란히 그의 집단이 군사적으로 성장하는 데 밑거름이 되었다. 이성량은 '미안한' 마음에서 그랬겠지만, 결과적으로 누르하치가 교역을 독점 할 수 있도록 방조한 셈이다. 그리고 그것은 호랑이 새끼를 키운 것이기도 했다.

누르하치는 1583년경부터 주변의 여진 부족들을 공략하기 시작하여 1588년까지는 건주여진의 대부분을 통일했다. 명 조정은 누르하치의 급격한 성장에 깜짝 놀랐다. 우려해 마지않던 대세력가의 출현 조짐으로 여겼다. 명은 누르하치에게 건주위도독첨사(建州衛都督僉使, 명의 견제를 받는 일종의 군정장관)란 직함을 내렸다. 그를 명의 관료 체계 안에 묶어둠으로써 견제할 수 있다고 생각했던 것이다. 그러나 이 조치는 오히려 누르하치에게 '날개'를 달아준 격이었다. 누르하치는 이 직함을 이용하여 다른 여진 부족이 갖지 못한 정치적 우세를 획득하고 키워 나갔다. 자신감이 넘친 누르하치는 마침내 1589년 스스로 왕을 칭하는 등, 명을 위협할 만한 뚜렷한 세력으로 떠올랐다.

그런 누르하치에게 임진왜란은 호기였다. 명이 임진왜란에 참전하여 한눈을 파는 틈을 놓치지 않고 주변 세력들을 공략하는 데 박차를 가했다. 1592년 9월, 누르하치는 의주로 피난해 있던 조선 조정에 사람을 보내 원병을 파견하겠다고 제의했다. 조선은 격세지감을 느꼈을 것이다. 그동안 여진족들을 야인이라 부르면서 '한 수 아래'로 보았던 조선은 누르하치의 제의를 받고 고민에 빠졌다. 일본군에게 일방적으로 몰리고 있는 현실을 생각하면 제의를 받아들이고 싶었다. 하지만 그 '야인'들이 나중에 무슨 보답을 요구할지 알 수 없었다. 조선은 결국 거부했다.

1598년(선조 31) 1월에도 누르하치는 다시 사자를 보내 2만 명의 원병을 보내겠다고 제의했다. 그것은 분명 자신감의 표현이었다. 일부에서는 일본군에게 마지막 타격을 가하여 전쟁을 빨리 끝내는 차원에서 누르하치의 제의를 받아들이자고 했다. 하지만 누르하치군이 들어오면 조선의 산천 형세와 병력의 강약은 물론 명군의 실상까지 전부 노출될지 모른다는 우려에 밀려 다시 거부하고 말았다.

1599년 누르하치는 독자적인 문자를 만들더니 1605년에는 국호를 건주국(建州國)이라 칭했다. 여진족으로서 독자적 자의식은 점점 커져가고, 그럴수록 자신들을 교묘히 견제해온 명에 대한 반감은 증폭되었다.

1607년(선조 40) 누르하치가 조선에 보내온 국서를 보면 "천조와 너희 조선과 우리 달자 삼국(有天朝 你朝鮮 我達子 三國)"이란 표현을 쓴 것을 볼 수 있다. 명은 여전히 '천조'라 써서 대접해주었지만, 조선에게는 '너희'라는 호칭을 썼다. 이제 조선과 대등하게 맞서겠다는 태도를 노골적으로 드러낸 것이다.

문제는 명이었다. 일본인 학자들은 대개 누르하치가 일어서고 궁극에는 명을 멸망시키고 중원을 차지하게 된 결정적인 계기로 임진왜란을 든다.

도요토미 히데요시는 조선을 치면서 가도입명(假道入明, 조선에서 길을 빌려 명나라로 쳐들어간다)을 내세웠다. 자국의 안위를 보장하기 위해 조선을 지킬 필요가 있었던 명은 대규모 병력을 동원하여 조선에 참전한다. 그 와중에 만주에서 힘을 키워가고 있던 누르하치에 대한 명의 견제와 감시는 소홀해질 수밖에 없었다. 누르하치는 그 틈을 놓치지 않았다.

흔히 명이 멸망한 원인으로 제시되곤 하는 앞의 이야기에는 흥미로운 구석이 있다. 이 이야기대로라면 명청 교체, 나아가 청이 중원을 차지

숭정제와 이자성

농민반란군의 지도자인 이자성(오른쪽)은 1644년 북경을 함락시켜 명을 멸망시켰다. 명의 마지막 황제 숭정제는 목을 매 자살한다. 왼쪽 사진은 베이징 경산 공원 내 숭정제가 자살한 곳에 세워진 비석이다. 이자성은 대순국(大順國)의 건국을 선포했으나 곧 바로 오삼계가 불러들인 청군에 의해 축출되었다. 명은 결국 스스로 무너졌고 청은 그 와중에 어부지리를 얻었던 셈이다.

하는 데 최대 공로자는 단연 도요토미 히데요시다. 더 부연하면 17세기 초반 동북아시아 국제 질서 변동의 동력은 일본의 조선 침략이라는 희한한 논리가 만들어지는 것이다.

앞의 이야기는 이미 한물간 논리로 치부된다. 물론 임진왜란이 명청 교체를 촉진시킨 부분은 있다. 하지만 명은 임진왜란이 아니더라도 이미 망하는 길목으로 접어들고 있었다. 왜란에 참전하여 한눈을 팔았더라도 명 내부가 건전하면 누르하치를 통제할 수 있었을 것이다. 그러나 앞에서 보았듯이 왜란을 전후한 무렵 명 내부는 스스로 병들어가고 있었다. 당쟁은 격화되고, 환관들은 미쳐 날뛰었다. 그 와중에 신종황제는 지도력을 잃어가고 있었다. 대외 원정, 대화재 이후의 복구 사업, 황태자의 결혼식, 연례적인 국방비 등에 천문학적인 금액이 소모되었다. 재정을 보충하기 위해 환관들을 각지에 보내 광세와 상세를 긁어모았다.

자연히 민심은 돌아서고 조직적인 반란이 전국을 휩쓸었다. 반란 가운데는 수십만 명이 참가하여 십수 년 이상 지속된 것도 있었다. 명 왕조를 끝장낸 주인공이 사실은 누르하치의 군대가 아니라 농민군의 지도자인 이자성(李自成)이었던 것을 보면, 반란 세력의 위력이 어느 정도였는지 짐작할 수 있다. 밖에서 누르하치를 막는 와중에 안에서는 반란을 진압해야 했다. 그야말로 '내우외환'이었다. 요컨대 명은 스스로 무너지고 있었고, 누르하치는 이를 촉진시켰던 것이다.

외교 전문가! 광해군

시련 속에서 능력이 싹트다

조선시대 왕들은 평생 동안 몇 번이나 궁궐 밖 외출을 할 수 있었을까? 또 왕들이 궁궐 바깥에서 자는 날은 통틀어 며칠이나 되었을까? 조선시대를 배경으로 하는 텔레비전 사극에서 세자가 변복을 하고 민간을 돌아다니는 것을 본 적이 있다. 심지어 세자가 궁궐의 담을 뛰어넘어 여염으로 나가 기녀를 만나고 돌아오기도 했다. 과연 어디까지가 사실일까?

왕들이 특별한 목적 때문에 궁궐 바깥으로 행차하는 경우는 종종 있었다. 선왕이나 왕실 피붙이의 장례식 등을 치르기 위해, 혹은 선왕이나 왕실 어른의 묘에 참배하기 위해, 병사들을 모아놓고 무예나 활쏘기 시범 등을 참관하기 위해 궁궐 밖으로 나가는 경우가 있었다. 정조의 경우, 비명에 죽은 아버지 사도세자의 능에 참배하기 위해 수원까지 행차를 벌인 적이 많았다. 한강에 배다리(舟橋)를 놓았던 것도 바로 그 때문이었다.

하지만 이 같은 사례들은 예외적인 경우이고, 대부분의 국왕들은 그렇지 않았다. 국왕들은 대개 궁궐에서 태어나 궁궐에서 자라고, 궁궐에서 결혼식을 올리고, 궁궐을 거닐며 놀다가 궁궐에서 죽는 것이 일반적이었다.

다만 선조와 광해군은 좀 달랐다. 선조는 조선시대 국왕들 가운데 재위 동안 가장 긴 시간을 궁궐 바깥에서 보낸 임금이었다. 광해군 역시 왕세자 시절 오랫동안 궁궐 밖에 머물렀던 경험이 있었다. 선조는 임진왜란이 일어난 직후인 1592년 4월 28일 창덕궁을 나와 피난길에 올랐다. 그는 개성, 평양을 거쳐 의주까지 옮겨가 머물다가 이듬해인 1593년 10월에야 서울로 돌아와 정릉동 행궁(지금의 덕수궁)으로 들어갔다. 자그마치 1년 6개월 동안이나 궁궐 밖에서 '외박'을 한 셈이다.

광해군 역시 마찬가지였다. 그도 아버지 선조를 따라 피난길에 올랐다가 근왕병을 모으기 위해 방향을 바꾸어 함경도, 강원도, 충청도 등지까지 전전했다. 광해군이 왕세자로 있으면서 궁궐 바깥에서 보낸 시간은 오히려 선조보다 더 길었다.

손끝 하나 까딱하지 않아도 모든 시중을 다 들어주는 궁궐에 있다가 변방의 오지로 쫓겨 가야 했던 선조나 광해군은 분명 괴로웠을 것이다. 음식과 잠자리를 비롯해 모든 것이 불편했을 것임은 상상하기 어렵지 않다. 더욱이 의주가 어디인가? 한반도의 서북단이다. 정상적인 상황이라면 선조나 광해군은 의주까지 한 번도 가보지 못하고 일생을 마쳤을 것이다.

그런데 잃는 것이 있으면 얻는 것도 있는 법. 선조와 광해군은 서북변방인 평안도와 압록강 일대를 전전하고 의주에 머물면서 역설적으로 변방의 사정을 훤히 알게 되었다. 당시 한창 솟아오르고 있었던 누르하치 집단의 위력에 대해서도 정확한 인식을 가질 수 있었다. 의주는 바로 압록강 건너 건주여진 집단의 거주지와 지척의 거리였기 때문이다.

의주는 또한 명나라 장수들이 끊임없이 들락거리는 관문이었다. 선조는 의주에서 수없이 많은 명나라 장수들을 만났다. 그들 가운데는 여진족과 누르하치 집단의 사정에 밝은 이들이 많았다. 그들은 선조를 만났을 때 대개 누르하치 집단의 동향과 군사적 위력에 대해 이야기했다.

> 그들은 보통의 오랑캐와는 다릅니다. 그들 기마병단의 위력은 일본군과는 비교가 되지 않습니다. 조선도 이제 그들에 대한 대책을 세워야 할 것입니다.

명군 지휘관들이 선조를 만났을 때 전한 누르하치에 대한 이야기는 대체로 이런 내용이었다.

더욱이 1592년 8월, 누르하치가 조선 조정에 사자를 보내 원병을 파견하겠다고 제의했다는 것은 이미 말한 바 있다. 조선은 고민 끝에 그의 제의를 거부했다.

태평한 시절이었다면 선조는 아마도 누르하치가 보낸 사자를 서울에서 접견했을 것이다. 하지만 누르하치의 사자를 서울에서 만난다는 것과, 일본군에게 쫓겨 변방의 오지인 의주까지 밀려와 만난다는 것의 의미는 사뭇 달랐다. 선조는 조선이라는 나라가 얼마나 취약한 지정학적 위치에 있는지를 절감했을 것이다. 남쪽의 일본이 쳐들어와 이미 쑥대밭이 되어버린 판국에, 압록강 건너에서는 건주여진이 일어나고 있었다. 늑대를 피하려다 호랑이를 만난다고 했던가? 말로만 듣던 '북로남왜

(北虜南倭)'가 실감나는 대목이었다.

의주에 머무는 동안 이러저러한 계기를 통해 선조와 광해군은 여진족과 누르하치 집단의 사정에 대해 '감'을 잡게 되었다. 또 누르하치 집단과 접촉했던 많은 명나라 장수들과의 교류를 통해 여진 문제에 대해서는 전문가 수준의 식견을 갖게 되었다. 현장 감각이 생겼던 것이다.

서울로 귀환한 지 3년이 지난 1596년 3월, 신료들과 경연을 열었던 자리에서 누르하치 집단에 대한 대응 문제가 논의되었을 때, 선조는 자신이 의주에 머물렀을 때를 회상했다.

> 열 사람이 멀리서 보는 것은 한 사람이 직접 본 것만 못한 법이오. 평안도 내지의 사정은 내가 일찍이 직접 보았소. 피난길에 보아서 그런지 지금도 눈앞에 선하게 떠오르고 있소.

국경 지방인 평안도 사정에 대해 밝다는 것을 자신 있게 드러내고 있다. 이 같은 그의 경험은 신중하고도 유화적인 대누르하치 정책을 펴 나가는 데 바탕이 되었다.

선조는 의주에 머물고 있을 당시부터 압록강 연안의 여진인들을 회유하여 달래는 정책을 썼다. 당시 여진인들 가운데는 압록강을 건너 조선 영내로 몰래 들어와 산삼을 캐 가는 자들이 많았다. 역시 명 상인들에게 가져가 생필품과 바꾸기 위해서였다. 그들로서는 생계가 걸린 일이었다. 자연히 산삼을 놓고 조선 사람들과 갈등이 빚어질 수밖에 없었다. 이는 때로는 집단적인 충돌로 이어져 양쪽에 사상자가 생겨났다. 1595년 평안도 위원(渭原) 땅에 몰래 들어와 산삼을 캐던 건주여진인 40여 명이 조선인들에게 발각되어 거의 모두 살해된 사건도 있었다. 이에 격분한 누르하치가 보복을 시도해 양국 관계가 긴장 국면에 접어들기도 했다.

이후 선조는 양국 사이에 문제가 생기는 것을 피하기 위해 세심하게 배려했다. 위원군수를 처벌하는가 하면, 1596년 건주여진으로 들어가던 명나라 사절 편에 역관을 동행시켜 그들의 동향을 탐지했다. 또 변방 수령들에게 산삼 캐는 여진인들을 죽이지 말라고 지시하고, 국경 지역의 여진족에게 면포 등을 선사하는 등 회유했다.

한편으로는 누르하치가 쳐들어올 경우를 가상하여 대책 마련에 부심했다. 신하들에게 "그들은 막강하므로 우리의 정예병 10만으로도 맞받아칠 수 없다"고 설파하고 그들이 쳐들어오면 청야작전(淸野作戰)을 쓴 뒤 산성으로 들어가 맞서야 한다고 강조했다. 기마병을 이용한 돌격전이 장기인 그들과 평원에서 맞서봤자 승산이 없다는 사실을 잘 알고 있었기 때문이다. 또 조총을 잘 쏘고 창이나 칼을 잘 쓰는 항왜(降倭, 임진왜란 당시 일본군 가운데 조선에 항복하여 귀순한 자)들을 유사시 전투에 투입하라고 했다.

선조는 평소 누르하치 집단의 동향과 정세를 탐지하는 데 무척 신경을 썼다. 1595년 선조는 신충일(申忠一)이란 인물을 그들의 수도인 홍경노성(興京老城)으로 들여보냈다. 신충일은 누르하치의 여진 부락을 유심히 살폈고, 이어 조선 국경부터 그들 지역에 이르는 지리적 개황과 누르하치 집단의 생활상을 지도를 곁들인 상세한 보고서로 작성해 올렸다. 유명한 『건주기정도기(建州紀程圖記)』가 바로 그것이다.

그것은 조선시대 최초로 만들어진 '만주 정세 보고서'였다. 신충일은 이 보고서에 누르하치가 거주하고 있는 성의 모양과 방어 실태, 누르하치를 포함한 장수들의 외모 등에 이르기까지 지극히 광범하고도 세밀한 정보를 담았다. 청나라가 망하고 중화인민공화국이 들어선 오늘날 신충일의 『건주기정도기』는 중국인들에게 청나라 초기 사회의 실상을 파악하는 데 가장 중요한 사료로서 인정받고 있다.

조선이 '오랑캐 국가'에 솔선해서 사자를 보낸 것은 유례가 없는 일이었다. 임진왜란 직전인 1590년 대마도의 공작에 놀아나 마지못해 일본에 통신사를 보냈던 것과 비교하면 영 딴판이었다. 조선은 세종 대 신숙주가 일본을 다녀온 뒤로 임진왜란을 당할 때까지 일본에 사신을 보낸 적이 없었다. 거의 150년간의 공백이었다. 그동안 일본은 왕조가 바뀌고 전국시대를 맞는 등 엄청난 변화의 소용돌이를 겪었다. 무신경한 조선은 일본의 그 같은 정세 변화를 파악하는 데 소홀했다.

하지만 일본은 달랐다. 그들에게는 대마도가 있었다. 조선과 무역을 하지 않으면 생존 자체가 불가능했던 대마도인들은 조선 땅을 제집 드나들듯이 했고, 필사적으로 조선말을 배우고 조선에 관련된 정보를 빼내는 데 혈안이 되었다. 시간이 지나면서 대마도는 조선 사정에 밝은 인력들로 넘쳐났다. 이들은 도요토미 히데요시가 임진왜란을 일으킬 때 소중한 '자원'으로 활용되었다. 조선말 통역을 맡아 일본군의 앞잡이가 되어 출전했고, 조선 땅에서 일본군의 전진을 이끄는 향도 구실을 했다.

조선은 1590년 일본에 통신사를 보냈지만 전쟁을 막아내지도, 변변한 준비도 못했다. 각기 소속 당파가 달랐던 정사 황윤길(黃允吉, 서인), 부사 김성일(남인), 서장관 허성(북인) 등으로 이루어진 사절단은 당색만큼이나 개성도 달랐다. 돌아와서 선조에게 보고한 내용도 제각각이었다. 뿐만 아니라 그들에게는, 일본인들이 조선을 관찰할 때 보였던 집요함이나 정교함이 부족했다. 물론 그렇다고 전쟁 발발을 그들의 탓으로 돌리기는 어렵다. 일본의 변화된 모습과 그들의 본심을 정확히 살피기에는 통신사의 파견 시점이 너무 늦었다고 보는 편이 정확할 것이다.

그런데 이번만은 달랐다. 선조는 일본과 전쟁을 치르느라 경황이 없는 와중에도 솔선해서 사자를 누르하치에게 보냈던 것이다. 과거의 실패에 대한 반성에서 나온 것인가? 아니면 왜란을 통해 '뜨거운 맛'을 보았기 때문일까? 어쨌든 선조는 임진왜란을 치르면서 전략가이자 군사 전문가로 변신해 있었던 것만은 분명하다.

정보를 수집하고 기미책을 쓰다

광해군의 몸에도 선조의 피가 흐르고 있었다. 무슨 말인가? "명과 청 사이에서 탁월한 중립 외교를 펼쳤다"고 찬양받아온 그의 대외적 감각은 결국 부왕 선조에게서 물려받았다는 것이다.

선조를 따라 국경 지방인 의주까지 피난했고, 분조를 이끌면서 평안도와 함경도 일대를 두루 돌았던 광해군 역시 압록강 너머 건주여진의 동향을 지척에서 보고 들을 수 있었다. 또 선조가 제시한 누르하치에 대한 대응책을 접하면서 배울 수도 있었다. 임진왜란 초부터 명군 지휘관들과의 잦은 접촉을 통해 누르하치의 동향을 전해 듣고, 나름대로 그들을 바라보는 안목도 갖추게 되었다.

광해군이 즉위한 이후 누르하치의 위협은 더 커져가고 있었다. 1608년(광해군 즉위년) 8월, 압록강 일대에는 누르하치가 선박을 건조하여 조선을 침략하려 한다는 풍문이 돌았다. 같은 해 12월, 북경에서 돌아온 황신은 누르하치의 위협 때문에 북경 조정이 술렁이고 있다고 보고했다. 그런가 하면 "누르하치의 기마병단은 빠르기가 바람 같다"라든가, "왜군을 만나면 도망치면 되지만 누르하치의 기병에게는 그것마저 통하지 않는다"는 등, 명 측 인사들의 경험담이 조선에도 전해지고 있었다. 광해군은 바짝 긴장하지 않을 수 없었다.

광해군이 누르하치의 건주여진에 취했던 대응책은 기본적으로 '기미책(羈縻策)'이었다. '기(羈)'는 말의 얼굴에 씌우는 굴레를, '미(縻)'는 소를 붙잡아 매는 고삐를 뜻한다. '기미'란 본래 중국이 흉노와 같은 주변 오랑캐를 다루는 방식이었다. 변변치 못한 오랑캐와 일정한 관계를 유지하면서 견제하되, 정복하거나 지배하는 것과 같은 적극적인 대응은 피하는 것이다. 오랑캐를 다독거려 '온다고 하면 막지 않고, 간다고 하면 잡지 않는' 소극적인 현상 유지책이라고 할 수 있다. '미개하고 사나운 오랑캐'에게 의리와 명분을 얘기해봐야 '쇠귀에 경 읽기'이므로 잘 구슬려 평화를 유지하자는 심산이었다.

임진왜란이 끝난 지 겨우 10년. 여전히 아물지 않은 민생의 상처를 치유하기에도 겨를이 없는 와중에 사나운 후금과 일일이 맞대응할 여력이 없었던 데서 나온 고육책이기도 했다. 광해군은 누르하치 집단에게 유연하게 대처하여 또 다른 전쟁이 일어나는 것을 피하려 했던 것이다.

하지만 상대가 침략 근성을 버리지 않는데 언제까지나 유연하게 대처할 수는 없는 법이다. 한편으론 기미책을 써서 다독거리면서 다른 한편에선 힘을 길러 침략에 대비하려 했다. 자강책(自强策)이 바로 그것이었다.

생각건대 우리나라의 인심이나 병력으로는 아무것도 할 수 없으니 어찌하겠소. 한편으로는 저들을 기미하고 한편으로는 스스로 힘을 기르는 것이야말로 계책이 될 것이오. 둘 가운데 어느 하나도 포기할 수는 없는 것인데 도대체 착실하게 거행하지 않으니 참으로 통탄할 일이오.

광해군이 후금을 막는 대책으로 신하들에게 계속 강조했던 내용이다. 실제로 광해군은 누르하치가 쳐들어올 경우를 상정하고 방어 대책을 마련하는 데 노심초사했다.

그런데 방어 대책을 세우려면 적을 알아야 했다. 광해군이 명청 교체기에 취한 외교적 대응책 가운데 단연 돋보이는 것은 정보 수집을 위한 노력이었다.

누르하치 진영에 대한 정보를 수집하는 방법은 다양했다. 먼저 누르하치에게 밀려 곤경에 처한 다른 여진 부족에게 면포 등을 공급하여 환심을 산 뒤 정보를 수집했고, 여진어 역관 등을 양성하여 적절하게 첩자로 활용했다. 1611년(광해군 3) 광해군은 포로로 잡혀 누르하치 집단에 억류되었다가 풀려난 역관 하세국(河世國)에게 주변의 반대를 무릅쓰고 관직을 주었다. 그의 후금에서의 억류 경험을 활용하기 위한 포석이었다.

누르하치 집단에 관한 정보를 얻어내기 위해 때로는 신료들과 격렬한 논쟁을 벌이기도 했다. 1619년(광해군 11) 명을 돕기 위해 출전했다가 항복하고 포로가 되어 후금에 억류되었던 강홍립(姜弘立)을 처리하는 문제는 조선에게 실로 '뜨거운 감자'였다. 조정 신료들은, 항복한 그를 대신하여 가족이라도 잡아들여야 하며, 명에게 의심받는 것을 피하기 위해서라도 강홍립과 어떤 형태의 연락도 하면 안 된다고 주장했다. 하지만 광해군은 이를 일축했다. 강홍립의 가족을 보호해주었음은 물론, 억류되어 있던 강홍립과도 계속 밀서를 주고받았다. 강홍립은 밀서를 통해 누르하치 집단의 내부 동향을 광해군에게 보고했고, 그것은 광해군이 후금을 막는 대책을 세우는 데 기본적인 자료로 활용되었다.

정보 수집에 대한 광해군의 감각은 참으로 뛰어났다. 조선시대 역대 국왕들 가운데 명을 비롯한 주변 국가의 동향을 탐지하는 데 가장 많은 노력을 기울인 왕은 단연 광해군일 것이다. 대륙의 정세가 근본적으로 바뀌는 격동의 시대를 살았던 데다, 임진왜란이라는 대전란을 겪었던 체험이 그가 이런 자세를 갖는 데 바탕이 되었다.

> 두 나라 사이에서 전쟁이 한창 벌어지고 있더라도 그 사이에 사자(使者)는 항상 왕래해야 한다.

광해군이 지녔던 외교적 신념이었다. 아무리 적대적인 상대라 하더라도 최소한의 '핫라인'만큼은 유지해야 한다는 것이다. 그는 이 같은 지론을 바탕으로 측근의 역관들을 수시로 누르하치 영토로 들여보내 그들의 동향을 파악하려 애썼다.

상대의 정보를 수집하는 것만으로는 부족하다. 우리 정보가 유출되는 것을 막아야 한다. 광해군은 후금과 긴장이 고조되면서부터 보안 차원에서 여러 가지 조처들을 강구했다. 조정의 중요한 결정 사항을 조보(朝報)에 싣지 못하게 하고, 변경 지역에 출몰하는 여진인들을 엄중히 감시하도록 했다. 조선에 귀화하여 팔도에 흩어져 살던 여진인들의 동향

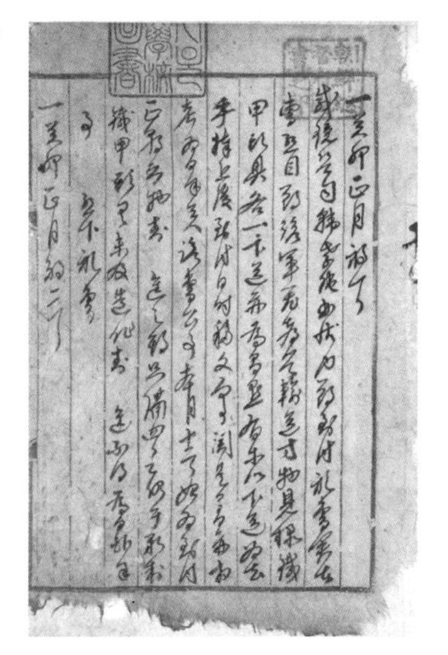

『향화인등록(向化人謄錄)』의 첫 장
여진족 가운데 조선에 귀화해서 살고 있는 사람들의 동태를 기록한 책이다. 예조의 전객사(典客司)에서 1603년(선조 36) 1월부터 11월까지의 상황을 정리하여 만들었다. 광해군은 누르하치의 위협이 높아지면서 조선의 내부 사정이 유출되는 것을 막기 위해 향화인들에 대한 관리를 더욱 엄격하게 시행하라고 지시했다. 규장각 소장 귀중본 도서.

을 관찰토록 하는 한편, 그들이 만주 지역으로 귀환하는 것을 금지했다. 그들을 통해 조선의 내부 사정이 흘러 나가는 것을 막기 위한 조치였다.

당시 누르하치 집단의 첩보 능력은 조선이나 명보다 한 수 위였다. 유목 민족의 후예로서 항상적인 생산 기반이 없이 농경 민족을 약탈하여 생존을 꾸려왔던 그들에게, 첩보 능력은 곧 생존을 위한 무기였다. 언제, 어디에, 무엇이 있는가를 정확히 알아야만 약탈도 할 수 있는 법이다.

> 건주여진은 간첩 활동에 가장 뛰어나서 그 내응자들 때문에 아무리 견고한 성이라도 앉아서 무너진다.

명나라 인사들도 인정하는 것이 건주여진의 첩보 활동과 반간(反間)

능력이었다. '반간'이란 상대방의 내부를 교란하는 활동을 말한다. 그들은 명나라 성들을 공략하기에 앞서 항상 먼저 간첩을 들여보냈고, 이를 통해 명 측의 인심을 동요시켰다. 어떤 경우에는 간첩 활동을 통해 피 한 방울 흘리지 않고 성을 함락시키기도 했다.

건주여진은 조공하겠다는 핑계로 조선 사정을 엿보거나 요동에 사는 한족 상인 등을 뇌물로 매수하여 조선과 명의 동향을 탐지하는 데 열을 올렸다. 광해군 말년에는 후금의 간첩이 서울까지 들어왔다는 기록이 있을 정도였다. 바야흐로 광해군 대 조선과 후금 사이에서는 보이지 않는 첩보전이 치열하게 벌어지고 있었다.

방어 대책을 마련하다

유연한 태도로 후금을 다독거리려 했던 광해군이 가장 신경을 썼던 것은 최악의 경우를 대비한 군사적 대책이었다. 아마 왜란을 몸으로 겪었던 체험에서 우러난 것이겠지만, 국방 문제에 대한 그의 관심은 거의 집착에 가까웠다. 그는 즉위하고 1년여 동안 경연을 한 번도 열지 않았다. '몸이 좋지 않아서' 등등 핑계도 다양했다. 신료들은 속이 터질 지경이었다. 광해군은 인조반정으로 폐위될 때까지 경연을 거의 하지 않았다. 아마 『광해군일기』에 나타난 경연 횟수를 보면 수십 차례도 되지 않을 것이다. 그가 경연에 별로 관심을 기울이지 않은 이유가 무엇인지는 정확하지 않다. 이유야 어쨌든 그것은 그가 '혼군'으로 매도당하는 데 주요한 빌미가 되었을 것이다.

그러나 국방 문제만은 달랐다. '몸이 좋지 않아서' 정무를 파할 경우에도 변방에서 올라온 군사 관계 보고나 명나라와 관계된 사항들은 반드시 아뢰도록 했다. 또 수시로 군사 관계 행사를 열었다. 반대하는 신료들에게 "편안한 때일수록 위태로움을 잊을 수 없다"고 설파한 뒤 진법(陣法, 전쟁터에서 진영(陣營)을 꾸리는 방식) 연습을 직접 참관하거나 관무재(觀武才, 국왕이 직접 참석하여 병사들의 무예 시범을 점검하는 의식)를 열어 병사들의 훈련 상태를 점검했다. 강화, 수원, 죽산, 용인 등 서울 주변의 요충지에는 수시로 어사를 보내 방어 태세를 점검했다.

무기를 제작하고 확보하는 데 기울인 노력도 각별했다. 특히 누르하치 기마병들의 돌격을 막는 데는 화포가 제일이라는 인식 아래, 그것을 제작하고 사격술을 연마하는 데 노력했다.

당시 명나라 사람들은 누르하치의 기마병을 '철기(鐵騎)'라고 불렀다. '강철 같은' 기마대라는 뜻이다. 기동력과 파괴력이 발군이기 때문이었다. 만주 평원지대의 명나라 성들을 공략할 때 그들이 구사한 전술은 가공할 만했다. 선두의 기마대가 돌이나 흙을 담은 자루를 들고 질풍같이 달려와 공격할 성 밑에 그것을 쌓는다. 곧이어 다음 대열이 와서 또 쌓기를 반복하고, 높이가 어느 정도에 이르면 뒤의 기마대는 그것을 밟고 성을 넘어 돌파하는 방식이었다. 단순히 사다리 등을 이용하여 성에 기어오르는 방식과는 차원이 달랐다. 그 위력 앞에서 명나라 병사들은 싸움이 시작되기도 전에 얼이 빠져버렸다. 따라서 평원에서 그들에게 맞서봤자 승산이 없고, 산성에 들어가 화포를 쏘아 제압하는 것이 최선이라는 결론이 내려졌다.

화포의 중요성을 절감한 광해군은 1613년(광해군 5) 기존의 조총청(鳥銃廳)을 화기도감(火器都監)으로 확대 개편한 뒤 다른 비용을 줄여가면서

천자총통(天字銃筒)과

지자총통(地字銃筒)

총통이란 화약의 폭발력을 이용하여 탄환이나 화살 등을 발사하는 화포를 말한다. 천자총통(위)과 지자총통(아래)은 그 가운데서도 가장 강력한 화포로서, 임진왜란 당시 거북선 등에 장착되어 위력을 발휘했다. 광해군은 후금의 기마병단을 저지하려면 화포가 제일이라는 판단에서 화기도감(火器都監)을 설치하여 각종 화포를 생산토록 했다.

파진포(破陣砲) 등 각종 화포를 생산하게 했다.

한교(韓嶠)라는 인물을 시켜 전차를 만드는가 하면, 명에 가는 사신들을 각별히 채근하여 화약 원료인 염초(焰硝)를 대량으로 구입해 왔다. 당시까지 조선은 염초를 자급하지 못하고 있었다. 명이 염초 제조법을 군사기밀로 여겨 알려주지 않았기 때문이다.

염초 제조법을 알려주지 않은 명의 속내가 무엇인지는 정확히 알 수 없다. 하지만 조선을 바라보는 명의 이중적인 시각이 배경이 된 것만은 분명하다. 명은 조선을 자신들의 '울타리'로 여기면서도 한편으로는 경계하고 있었다. 왜란 초의 예를 들면, 당시 명은 조선이 일본과 공모하여 요동을 탈취할지도 모른다고 의심했다. 아마 그런 생각 때문에도 조선에 염초 제조법을 넘겨주기를 꺼릴 수밖에 없었을 것이다.

어쨌든 조선은 왜란 당시 염초 제조법을 알아내기 위해 무척 애를 썼다. 때로는 명군 기술자를 매수하여 비법을 입수하려 했지만, 명군 지휘부의 엄격한 통제 때문에 여의치 않았다. 결국 조선은 이후에도 많은 비용을 들여 명으로부터 염초를 수입해야만 했다.

이 대목에서 갑자기 엉뚱한 생각이 떠오른다. 오늘날 북한은 사정거리 2천 킬로미터 이상의 대포동 미사일을 보유하고 있고, 중국·일본·러시아 등 주변국 모두 인공위성을 쏘아 올릴 수 있을 정도의 장거리 미사일을 가지고 있다. 그럼에도 한국 미사일의 사정거리는 180킬로미터에서 한 치도 늘어나지 못하고 있다. 오로지 미국이 발목을 잡고 있기 때문이다. "한국이 중거리 미사일을 갖게 되면 주변국을 자극하여 군사 경쟁과 긴장을 유발할 우려가 있다"는 것이 미국이 앵무새처럼 되뇌는 말이다. 어떻게 해서든 한국을 자신들의 영향력 아래 묶어두려는 속셈이다. '염초 문제'에서 갑자기 오늘날의 한미관계가 연상되는 것은 무슨 까닭일까?(편집자 주: 이 책의 초판이 쓰인 2000년과 2018년 현재의 사실이 다르지만, 당시의 논조를 살리기 위해 그대로 둔다.)

화포와 화약뿐 아니라 활과 화살, 창검 등 재래식 무기의 제작과 확보에 기울인 노력도 각별했다. 군기시(軍器寺, 병기를 제작하는 관청)와 훈련도감에 일러 활과 화살, 창검, 조총 등을 날짜별로 할당량을 정해 제작하라고 지시했다.

우수한 장수와 충분한 병력을 확보하는 데도 힘썼다. 왜란 중 의병장으로 용맹을 떨쳤던 곽재우를 발탁하여 북병사(北兵使)로 올려 보내고, 변방 수령의 대부분을 무인으로 임명했다. 내수사(內需司, 왕실 재산을 관리하는 관청)에 소속된 노비들을 정식 군인으로 선발하고, 왜란 중에 활약이 컸던 승군(僧軍)을 정비하는가 하면, 수시로 무과를 실시하여 합격자들을 변방으로 보냈다.

방어 대책 마련에 노심초사했던 광해군의 혜안은 일본에 대한 정책과 태도에서도 엿볼 수 있다. 후금을 막는 데 필요한 무기 확보에 열성이었던 그는 일본에까지 손을 뻗쳤다. 왜란 중의 경험을 통해 일본산 장검(長劍)과 조총의 우수성을 인식한 터라, 일본에 사신을 보낼 때 그것을 구입할 수 있는지 여부를 비밀리에 타진했다.

임진왜란이 끝난 지 10여 년밖에 안되어 일본을 '영원히 화합할 수 없는 원수'로 여기는 풍조가 퍼져 있던 상황에서, 이런 탄력적인 태도는 특기할 만하다. 1609년(광해군 2) 빗발치는 반대를 무릅쓰고 일본과 국교를 재개했던 것도 일본과의 관계를 안정시켜 점증하고 있던 후금의 위협에 대비하는 데 전념하자는 의도에서 나온 것이었다. 서북방의 후금과 동남방의 일본, 이른바 북로남왜(北虜南倭)로부터 협공당하는 시대적, 지정학적 현실을 인식했던 그가 조정 내외의 비판을 물리치고 일본과의 국교 재개를 택한 것은 고민 끝에 선택한 고육책이었다. 나아가 왜란 직후 광해군 시대의 국가 목표가 무엇보다 '생존' 문제에 초점을 맞추고 있었음을 뜻하는 것이기도 했다.

명, 순이(順夷)에게 원병을 요청하다

광해군이 후금에 대해 기미책을 쓰면서 양국 사이에 평화가 유지되었지만, 문제는 간단하지 않았다. 조선과 후금 사이에는 평화가 유지되

누르하치에게 항복하는 무순성 성주 이영방

오늘날 중국 굴지의 석탄 생산 도시인 무순은 17세기 초에는 명과 후금 사이의 무역 중심지였다. 1618년 누르하치는 명에 대해 '일곱 가지 원한'을 들어 선전포고하고 무순성을 공격했다. 무순성의 성주 이영방(李永芳)은 저항을 포기하고 순순히 항복했다. 바야흐로 명청 교체의 서막이 열리고 있었다.

었지만 명과 후금 사이에는 여전히 찬바람이 불고 있었던 것이다. 당시 조선과 명의 관계를 고려하면, 명과 후금 사이의 긴장과 충돌의 여파는 곧장 조선으로 미칠 수밖에 없었다.

1618년 누르하치는 명에 대해 일곱 가지의 원한을 토로한 뒤 정치경제적 요충인 무순(撫順)을 공격하여 점령했다. 무순의 함락이 명에 준 충격은 엄청났다. 명이 누르하치의 성장을 우려한 것은 사실이지만, 그동안의 상황은 그래도 참을 만했다. 왜냐하면 누르하치는 어디까지나 여진 주변의 여러 부족을 야금야금 먹어 들어갔을 뿐 명을 직접 공격의 대상으로 삼지는 않았던 것이다. 그런데 이젠 사정이 달라졌다. 무순 지역은 본래 누르하치가 명 상인들에게 생필품을 구입하던 교역 장소였다. 그런데 그 중요한 무순성을 쳤다는 것은 누르하치가 이미 사생결단하고 모든 것을 걸었다는 것을 뜻했다.

명으로서도 긴장하지 않을 수 없었다. 명의 조야는 벌집을 쑤셔놓은 듯 술렁였다. 이 기회에 그를 확실하게 손봐주어야 한다는 내용의 상소가 빗발쳤다. 당연히 누르하치를 응징하기 위한 원정군이 편성되었다. 불똥은 즉각 조선으로 튀었다. 명은 조선에 국서를 보내 후금을 응징하는 데 조선도 참여하라고 강조하고 즉각 원병을 뽑아 대기하라고 요구했다. 1618년(광해군 10) 윤4월의 일이었다.

그 명분은 '재조지은(再造之恩)'이었다. 왜란이 끝날 무렵부터 명은 조선에 대해 자신들이 베푼 은혜를 강조하고 생색을 내기 시작했다. 이러저러한 경로를 통해 은근히 은혜에 '보답'할 것을 종용하기도 했다. '동방예의지국'인 조선이 이를 모를 리 없었다. 조선 조정은 명의 은혜에 보답하려고 최선을 다했다. 이여송 등 참전했던 명군 지휘관들을 기려 그들을 모신 생사당(生祠堂, 은혜를 베푼 것을 기리기 위해 대상자가 생존해 있음에도 세운 사당)을 건립하는가 하면, 그들의 공적을 아로새긴 송덕비와 동주(銅柱, 구리로 만든 기둥 형태의 기념물)를 전국 각지에 세웠다.

그러나 이 같은 외형적인 '보답 행위'보다 더 중요한 것은 대부분의 사대부들이 명의 은혜를 가슴 깊이 새기고 있다는 점이었다. 일찍이 중국의 어떤 왕조도 '번방(藩邦)'을 그토록 도와 다시 일으켜준 경우는 없었다. 그러니 명의 은혜, 그중에서도 황제의 은혜는 백골난망이었다. 황제는 왜 조선을 도와주었을까? 선조를 비롯한 역대의 임금들께서 지성으로 사대(事大)했기 때문이었다. 사대부들이 생각하기에 이제 조선은 명의 예사로운 번방이 아니었다. 함께 피를 흘려 지켜준 만큼 단순한 번방이 아닌 '혈맹'이자 내복(內服, 중국과 한집안이나 마찬가지라는 의미)이었다.

그런데 이제 그 '은인'이 도와달라고 요청해 왔다. 실제 명의 병부 우시랑(兵部右侍郎, 현재의 국방부 차관)은 조선에 원병을 요청하면서 그것이 '재조지은'에 보답하는 길이라고 강조했다.

그것은 이이제이(以夷制夷)의 일환이기도 했다. 오랑캐로서 오랑캐를 친다는 전통적인 중국의 주변 정책이었다. 명의 입장에서 볼 때 조선은 '순이(順夷)'였다. 명에 대해 '고분고분한 오랑캐'라는 뜻이다. 누르하치는 말할 것도 없이 '역이(逆夷)'였다. 명에 대해 고분고분하지 않을뿐더러 대놓고 덤비고 있었다. 손을 봐줘야 했다. 하지만 명의 내부 사정은 누르하치를 쉽게 손봐줄 만큼 간단하지 않았다. 환관이 날뛰고 여기저기서 반란이 터지고……. 옛날처럼 막강한 명이 아니었다. 많이 약해진 것이 사실이었다. 그러니 '순이'를 이용하여 '역이'를 쳐야 한다는 발상이 자연스레 대두되었다.

'순이'는 조선 말고 또 있었다. 누르하치에게 밀려 생존 자체를 위협받고 있던 해서여진(海西女眞)의 예헤(葉赫) 부족이 그들이었다. 명은 예헤를 북관(北關)이라 불렀는데, 그들에게도 누르하치를 치는 데 필요한 원병 2만 명을 요구했다. 남으로는 조선, 북으로는 북관을 동원하여 누르하치를 협공하겠다는 것이 명의 깜냥이었다.

이이제이 차원에서 조선과 북관에게 원병을 요청하긴 했지만, 명의 입장에서 '오랑캐' 하나를 당하지 못하고 또 다른 '오랑캐'에게 손을 내민 것은 자존심이 상하는 일이었다. 그래서 허풍을 치기 시작했다. 명은 조선에게 원병을 보내라고 하면서 스스로는 50만의 대군을 동원한다고 했다. 그러나 실제로는 10만 정도였다. 더욱이 멀리 떨어진 명 각지에서 병력을 모아 앉아서 기다리는 누르하치를 치기 위해 만주까지 수천 리를 이동한다는 것 자체가 모험이었다. 광해군이 보기에 명은 위태로운 도박을 벌이고 있었던 셈이다.

광해군, 출병을 거부하려 애쓰다

명이 보낸 국서를 처음 보았을 때 광해군의 입장은 단호했다. 안 된다는 것이었다. 오랫동안 명과 후금에 관한 정보를 수집해서 내린 결론이었다. 명의 병력으로 누르하치를 일거에 제압하는 것이 불가능하다고 본 그는, 명에 보내는 답장에 "경솔하게 정벌하지 말고 다시 헤아려 만전을 기해야 한다"는 구절을 집어넣으라고 지시했다. 명에 대한 일종의 충고였다. 비변사 신료들은 아우성을 쳤다. '속국'의 처지로 대국에 대해 이래라저래라 하는 것은 말이 안 된다는 이유였다.

광해군은 징병을 피하기 위해 외교적 수단을 총동원했다. 설사 병력을 보내더라도 압록강을 건너는 것만은 피하고 싶었다. 나약한 병력을 들여보내 '철기의 밥'을 만드느니 국경에서 위세만 과시하며 마음으로 돕고 싶었다. 그러려면 무엇인가 명분이 있어야 했다. 여기서 광해군은 원병을 요청하는 문서를 보내온 주체가 명의 병부와 요동도사라는 것을 문제 삼았다. 정식으로 황제가 칙서를 내리지 않았는데 원병을 보낼 수는 없다고 맞섰다.

광해군은 황제에게 직접 조선의 피폐한 현실과 나약한 군사력의 실태를 알리기 위해 사신들을 북경으로 보냈다. 이겸, 박정길(朴鼎吉), 윤휘(尹暉), 신식(申湜) 등이 줄줄이 압록강을 건넜다. 회답사, 진주사, 성절사, 사은사 …… 사신 명칭도 다양했다. 그러나 그들이 휴대한 국서의 내용은 한결같았다. 왜란 이후 피폐해진 경제 사정, 나약한 군사력, 여전히 존재하는 일본의 침략 위협, 원병 요청 과정에서 황제의 칙서가 없었다는 절차상의 하자 등이 거론되고, 결론은 군대를 보낼 수 없다는 것이었다.

비변사 신료들의 주장은 달랐다. 신료들은 '재조지은'에 대한 보답과 춘추대의(春秋大義)를 들어 원병을 보내야 한다고 맞섰다. 또 의리로 보면 명은 우리에게 '부모의 나라'임을 강조하고, 은혜를 입은 처지에 '자식'으로서 부모의 부탁을 거부할 수 없다고 했다. 이이첨 등 대북파도 대부분 원병을 보내야 한다고 주장했다. 오로지 박승종, 윤휘, 임연(任兗) 등 소북계의 일부와 광해군의 측근 몇몇이 광해군의 입장에 동조할 뿐이었다.

광해군은 이이첨 등의 출병 주장에 대해 피폐한 상황에서 나약한 군대를 보내봤자 '농부를 호랑이 굴에 집어넣는 격'이라고 비판했다. 바야흐로 광해군과 비변사 신료들 사이에 출병을 놓고 심각한 힘겨루기가 시작되었다.

황제가 직접 내린 명령이 아니라는 이유를 들어 출병을 거부하고자 했던 광해군의 시도는 벽에 부딪혔다. 조선 사정을 알리려고 보낸 사신들은 요동에서 대부분 발이 묶였다. 원정군의 총사령관이 되어 요동에 와 있던 경략(經略) 양호(楊鎬)에게 발목이 잡힌 것이었다. 양호는 왜란 때 조선에 왔던 터라 누구보다 조선 사정에 밝았다. 그는 조선이 '재조지은'에 보답할 생각은 않고 무익한 외교문서만 보낸다고 짜증을 냈다.

더욱이 북경에 들어갔던 성절사 윤휘가 황제 명의의 칙서를 받아왔다. 내용은 속히 원병을 보내되 양호의 지휘를 받으라는 것이었다. 뿐만 아니라 명 조정에서 조선의 관망하는 듯한 태도에 불만이 커져가고 있다는 소식이 전해왔다. 병력을 보내지 않으면 명의 강경파들은 먼저 조선을 손보자고 할지도 몰랐다. 이런 소식이 알려진 뒤 비변사 신료들의 출병 채근은 더 힘을 얻었다. 광해군이 안팎에서 협공당하는 분위기였다. 어떻게 해서든 병력 파견을 피하려 했던 광해군의 노력이 실패로 돌아가는 순간이었다.

광해군은 끝까지 포기하려 하지 않았다. 좋다. 군대는 보낸다고 치자. 하지만 피해는 줄여야 했다. 나아가 후금에게도 군대를 보낸 것이 '피치 못한 일'임을 알려야 했다. 그는 강홍립을 도원수로 임명했다. 강홍립은 어전통사(御殿通事, 국왕 직속의 통역관) 출신으로 중국어에 능한 인물이었다. 광해군 생각에, 원정군의 사령관은 군사적 재능도 중요하지만 장차 마주치게 될 명군과 후금군 사이에서 유연하고 무리 없이 행동할 수 있는 인물이어야 했다. 그러려면 일단 명군과 말이 통해야 했다. 그런 면에서 강홍립은 탁월한 선택이었다.

1619년 2월 광해군은 강홍립에게 전권을 맡긴 뒤 만주로 군대를 보냈다. 전투원, 비전투원을 합쳐 모두 1만여 명이었다.

광해군은 왜 명의 징병 요구를 거부하려 했을까? 이유는 여러 가지였다. 우선 그는 누구보다 전쟁의 참상을 잘 알았다. 임진왜란 직후 왕세자가 되자마자 전장을 주유했던 그였다. 전쟁 때문에 망가진 민생의 참상은 신물이 나도록 보았다. 더욱이 당시는 왜란이 끝난 지 겨우 20년. 아직 후유증을 치유해야 할 시기였다. 그 와중에 장정들을 뽑고, 군량을 대기 위해 세금을 다시 매기고, 그것을 수천 리 바깥의 만주까지 수송할 인부도 징발해야 했다. 만약 일이 잘못되어 누르하치로부터 보복 공격이라도 받는다면, 그것은 생각만 해도 아찔한 일이었다.

다음으로, 광해군은 왕권을 강화하려고 추진 중이던 일련의 사업들이 전쟁 때문에 방해받는 것이 싫었다. 비판 여론을 무릅쓰고 한창 짓고 있던 인경궁과 경덕궁의 공사도 걱정이었다. 재정이 고갈된다는 볼멘소리가 높았고, "토목공사와 전쟁은 병행할 수 없다"며 궁궐 가운데 하나는 포기하라고 아우성들이었다. 왜 하필이면 지금? 광해군이 보기에 명은 자신의 왕권 강화 구상을 송두리째 헝클어놓는 훼방꾼이었다.

그 밖에 광해군이 지녔을 '반명 감정'을 생각할 수 있다. 사실 광해군의 명에 대한 감정은 좋을 수가 없었다. 왜란 당시 명군 지휘관들을 접대할 때마다 비굴할 정도로 굽실대던 부왕 선조의 모습에서 느꼈던 모멸감, 둘째 아들이라는 이유로 자신의 즉위를 인정하지 않고 시간을 끌면서 괴롭혔던 것 등. 그뿐만이 아니었다. 1608년 명의 요동총병 이성량은 둘째인 자신의 즉위를 빌미 삼아 조선을 쳐서 명의 직할령으로 삼자고 황제에게 요청했다. 결국 '해프닝'으로 끝나긴 했지만 이성량의 획책을 경험한 뒤 광해군의 명에 대한 경계 의식은 더욱 커졌다.

명과 원만한 관계를 유지하는 데 드는 비용도 엄청났다. 1608년 임해군을 조사한답시고 왔던 명사 엄일괴 등이 막대한 양의 은자를 뜯어간 뒤, 사신으로 오는 자들마다 은을 내놓으라고 떼를 썼다. 조선이 매번 그들에게 주었던 은자만 수만 냥이었다. 모두가 '백성들의 고혈이자 눈물'

이었다.

광해군 생각에 조선은 '재조지은'에 보답할 만큼 했다. 그런데 이제 군대까지 보내라니? 그의 '감정'을 생각하면 광해군이 명의 요구를 순순히 받아들인다는 것은 쉬운 일이 아니었다.

명청 교체의 길목에서

조선군, 압록강을 건너다

도원수 강홍립 휘하 조선군의 선발대는 1619년 2월 1일 압록강을 건넜다. 강홍립이 거느리는 본진은 23일 강을 건넜다. 모두 1만여 명의 조선군 전투부대는 좌영, 우영, 중영의 3영으로 구성되었다. 전군이 압록강을 건너기 직전 광해군은 강홍립에게 지침을 주었다.

> 원정군 가운데 1만은 조선의 정예병만을 선발하여 훈련했다. 이제 장수와 병사들이 서로 숙달하게 되었노라. 그러니 그대는 명군 장수들의 명령을 그대로 따르지만 말고 신중하게 처신하여 오직 패하지 않는 전투가 되도록 최선을 다하라.

압록강 너머로 병력을 보내지 않으려고 그토록 애썼던 광해군의 입장에서는 당연한 주문이었다. 더욱이 강을 건너는 병력은 조선군 가운

「파진대적도(擺陳對賊圖)」

1619년 압록강을 건넜던 강홍립 휘하의 조선 원정군이 후금군과 맞서고 있는 장면이다. 정조 때 간행된 『충렬록』에 실려 있다. 앞줄에는 총을 들고 있는 조총수, 뒷줄에는 활을 들고 있는 궁수(弓手)가 도열해 있다. 특히 조총수들은 임진왜란 이후 광해군이 심혈을 기울여 양성한 정예 병력이었다.

데서도 정예병들이었다. 임진왜란 이후 오랜 세월을 공들여 키워온 조총수 5천 명은 특히 더 아까웠다. 하지만 어쩔 수 없이 강을 건너 싸움터로 가게 되었으니, 인명 손실을 최소화하기만을 바랄 수밖에 없었다.

당시 명군 지휘부가 가장 탐낸 병력이 바로 조선의 조총수들이었다. 기병이 대부분인 명군은 같은 기병인 누르하치의 병력만 만나면 왠지 주눅이 들었다. 더욱이 후금군은 '철기'라 불리지 않던가? 워낙 기동력이 뛰어난 데다 말을 타고 칼과 활을 사용하는 것이 발군이었다. 명군은 몇 차례 전투 경험을 통해 누르하치의 기병과 직접 맞붙으면 승산이 없다는 것을 알고 있었다. 따라서 그들의 돌파력을 잠재우려면 화력의 지원이 필요했다. 조선군 조총수들은 거기에 안성맞춤이었다.

명군 총사령관 양호는 조선군이 강을 건너기 전부터 조총수부터 빨리 들여보내라고 성화였다. 좌익중로군 사령관 두송(杜松) 역시 조선군 조총수들을 데려가려고 안달이었다. 원정을 주도해야 할 명군이 처음부터 조선군에게 화력을 기대고 있었던 것. 그것은 분명 명군의 한계였다. 동시에 이 전쟁의 결말을 짐작케 하는 대목이기도 했다.

명군은 이 원정을 위해 역전의 명장들을 전부 불러들였다. 총사령관 양호, 좌익북로군 사령관 마림(馬林), 좌익중로군 사령관 두송, 우익중로군 사령관 이여백(李如栢), 우익남로군 사령관 유정(劉綎)이 그들이었다. 모두 쟁쟁한 면면이자 전투 경험이 풍부한 장수들이었다. 양호는 왜란 당시 조선에서 총사령관으로 활약하면서 울산전투를 지휘했다. 이여송의 친동생인 이여백, 마림, 유정 역시 왜란에 참전했다. 따라서 이들은 모두 조선 사정에 밝았다. 특히 유정은 조선 여자와의 사이에 자식을 두기도 했다. 압록강을 건넌 후 조선군은 유정의 휘하에 배속되었다.

양호는 두송과 마림 휘하의 북로군과 중로군을 서북 방향으로부터 누르하치의 수도인 홍경노성을 향해 전진시키고, 이여백은 심양으로부터 홍경노성을 향해 나아가도록 했다. 유정에게는 조선군을 이끌고 남동의 압록강 방향으로부터 적을 치도록 했다. 삼면에서 동시에 후금을 협공하자는 전략이었다.

신중하게 처신하라는 광해군의 지침도 있었지만, 처음 밟아보는 만주 땅에서 조선군의 행군은 조심스러울 수밖에 없었다. 더욱이 출발지인 평안도 창성에서부터 공격 목표인 홍경노성까지의 행군로는 만만치 않았다. 강을 건넌 후 숙영하면서 지나야 했던 앵아구(鶯兒溝, 2월 24일), 양마전(亮馬佃, 25일), 배동갈령(拜東葛嶺, 27일), 우모채(牛毛寨, 28일), 마가채(馬家寨, 3월 1일), 심하(深河, 3월 2일, 3일) 부차(富車, 4일)로 이어지는 지역에는 험준한 산과 강이 널려 있었다. 때로는 하늘을 가릴 만큼 나무가 들어찬 밀림을 헤쳐 나가야 했다. 배동갈령에 도착한 27일에는 말의 배 부분까지 물이 차오르는 강을 네 번이나 건너야 했다.

날씨마저 좋지 않았다. 워낙 추위가 심한 데다 2월 25일과 26일에는 눈보라가 몰아쳐 병사들의 옷과 군장이 모두 젖었다. 갈수록 체력 소모는 심해지는데 군량은 제때 공급되지 않았다. 병사들은 지친 기색이 역력했다.

강홍립은 유정에게 연락하여 행군을 늦춰달라고 요청했다. 하지만 유정은 허락하지 않았다. 이미 압록강을 건넌 직후부터 조선군에게 전진하라고 닦달했던 명군 지휘부였다. 그들은 조선군이 관망하는 자세를 보일 것이고, 느릿느릿 움직일 것이라고 예상했다. 미리부터 군기를 다잡아야 했다. 유정은 아예 강홍립 진영에 명군 장교 교일기(喬一琦)와 우승은(于承恩)을 파견했다. 감독관이자 고문관이었다. 그들은 명군의 명령에 고분고분하지 않을 경우 군법으로 처단하겠다고 위협했다.

우승은은 조선군에 대한 의심이 특히 심했다. 걸핏하면 칼을 빼들고 위협했다. 그는 강홍립이 병사들이 지쳤으니 전진을 늦추자고 하자 역시 칼을 빼들었다. 강홍립은 어쩔 수가 없었다. 그는 조선군에게 전진하라고 명령했다. 강홍립은 아마도 자신에게 독자적인 작전권이 없는 비애를 곱씹었을 것이다. 광해군은 명군 지휘부의 명령만 따르지 말라고 했지만, 일단 중국 땅으로 넘어온 이상 그렇게 하기는 쉽지 않았다.

교일기(喬一琦)의 차자(箚子)

1618년 10월 명나라의 유격장군 교일기가 조선군 부원수 김경서에게 보내온 것이다. '차자'란 지휘관이 부하에게 보내는 문서로서, 이것은 조선군의 작전권이 명군에게 있었음을 증명한다. 조선군이 후금과의 전투에 소극적인 태도를 보일 것이라고 우려했던 명군 지휘부는 조선군의 군기를 잡으려고 했다. 차자의 내용 가운데 "병력을 진격시킬 때 (조선군이) 관망하지나 않을까 우려된다(只恐進攻之時 不無觀望之意). …… (명군의) 명령을 어기는 자는 군법으로 다스리는 것을 허락한다(有違令者許以軍法從事)"라는 대목이 보인다.

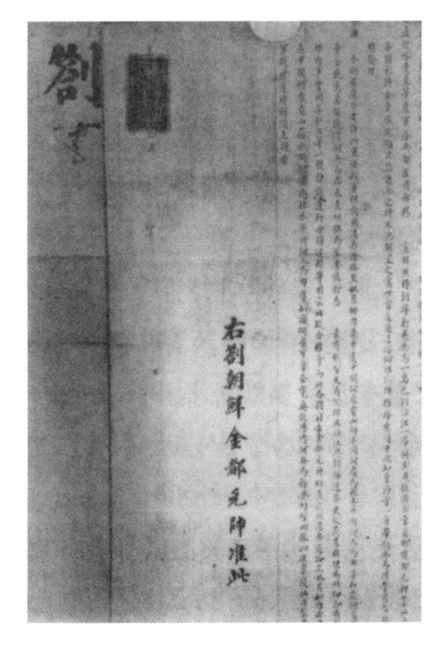
右劄朝鮮金都元帥准此

그것은 뱁새가 황새를 쫓아가야 하는 형국이었다. 명군은 기병이 대부분이고, 조선군은 보병만 5천 명이 넘었다. 조선 보병들은 창성을 출발할 때 1인당 열흘 분씩의 군량을 등에 지고 있었다. 군량만이 아니었다. 조총, 침구, 거마작(拒馬柞, 적 기병의 돌격을 막기 위한 장애물) 등 각종 물자도 지고 있었다. 무거운 군장을 짊어진 조선 보병이 말을 탄 명군을 따라가려면 별 도리가 없었다. 병사들은 무게가 나가는 군량을 몰래 땅에 파묻었다. 조금이라도 군장의 무게를 줄이려는 고육책이었다. 군량 보급이 제대로 되지 않는 판국에 휴대한 군량마저 파묻어버렸다. 얼마 지나지 않아 조선군은 군량도, 체력도 고갈되는 상황을 맞았다. 싸우겠다는 의지 역시 사그라들고 있었다.

『광해군일기』에 따르면, 우모채에 도착한 28일 무렵 조선군의 일부 진영은 군량이 바닥나버렸다. 할 수 없이 주변 여진족 민가를 뒤져 그들이 숨겨놓은 양식을 약탈해서 문제를 해결했다. 당시 조선 조정은 평안감사 박엽(朴燁)과 관향사(管餉使, 군량 수송 책임자) 윤수겸(尹守謙)을 시켜 원정군에게 필요한 군량을 운반토록 했지만 여의치 못했다. 군량을 싣고 압록강을 건널 배가 부족한 데다 원정군의 전진 속도가 빨라 따라 잡지를 못했던 것이다.

심하전투, 그리고 강홍립

전진하던 조선군은 1619년 3월 2일 심하에서 후금군과 조우했다. 강홍립의 종사관으로 출전했던 이민환의 『책중일록(柵中日錄)』에 따르면, 당시 조선군과 마주친 후금군은 기마병 600여 명이었는데 이 전투에서는 조선 조총수들의 분전으로 적을 패주시켰다.

가벼운 승리에 도취할 겨를도 없이 조선군은 또 다른 전투를 치러야 했다. '허기와의 전투'였다. 적을 패주시킨 뒤 강홍립은 3영 전체의 병사들을 주변 부락에 풀어놓고 양식을 찾아보라고 지시했다. 이윽고 찾아낸 양곡을 빻아 가루로 만들고 죽을 끓여 겨우 허기를 채웠다.

3월 4일, 먼저 전진했던 명군을 따라가던 조선군은 부차에 도착했을 때 후금군 3만으로부터 기습을 받는다. 조심스레 나아가던 조선군이 전방에서 울리는 대포 소리를 들었을 때, 유정 휘하의 명군은 이미 후금군의 기습에 휘말린 뒤였다.

서북군을 이끌었던 두송 휘하의 병력이 살이호(사르후, 薩爾滸)에서 전멸당한 것이 화근이었다. 원래 명군의 각 진영은 3월 1일 동시에 출발하기로 되어 있었다. 그럼에도 두송은 공명심 때문에 약속을 어기고 하루 일찍 출발했고, 무리한 행군 끝에 복병을 만나 전멸하고 말았다. 두송을 궤멸시킨 후금군은 밤새 길을 달려 다시 유정을 치러 왔던 것이다. 누르하치의 둘째 아들 귀영개((貴永介)로부터 기습을 받기 직전, 유정의 명군은 부차 주변의 여진 부락들을 약탈하느라 미처 대오를 갖추지도 못한 상태였다.

명군이 기습당한 사실을 인지한 강홍립은 각 진영의 대오를 정돈했다. 자신은 중영을 이끌고 행군로의 좌측 언덕으로 올라가고, 좌영은 그보다 앞에 있던 또 다른 언덕에 진을 치게 했다. 우영은 남쪽의 언덕에 진을 치게 했다. 좌영은 벌판에 머물다가 강홍립의 명령으로 진을 옮기는 사이에 후금군 기마대의 기습을 받았다.

강홍립은 우영 소속의 병력을 보내 좌영을 구원하게 했다. 이때 교일기와 우승은이 강홍립에게 와서 명군의 전멸 소식을 알렸다. 좌우 두 진영이 전투 태세를 갖출 무렵, 조선군 진영으로 역풍이 불면서 먼지가 하늘을 가렸다. 날씨도 철저히 후금군 편이었다. 그 틈에 후금군의 철기가 들이닥쳤다. 조선군 포수들은 총을 쏘았지만, 두 번째 화약을 다시 재기도 전에 좌우영은 거의 함몰되고 말았다. 말로만 듣던 후금군 철기의 위력을 절감하는 순간이었다. 선천군수 김응하(金應河), 운산군수 이계종(李繼宗), 영유현령 이유길(李有吉) 등 지휘관들뿐 아니라 수천 명의 병졸들이 전사했다. 우영장(右營將) 이일원은 겨우 몸을 빼내 중영으로 도망쳐 왔다.

조선군이 패하는 장면을 기술한 이 대목까지는 각 사료들의 서술이 대체로 비슷하게 일치한다. 그런데 강홍립이 거느리던 조선군의 중영이 후금군에게 항복하는 장면에 대한 서술은 사료에 따라 차이가 있다. 먼저 『광해군일기』의 기록은 이렇다.

> 적의 기마대가 돌격해오자 중영의 조선군 장졸들은 어차피 죽을 것으로 알고 결전을 준비했다. 바로 그 순간 적이 역관 하서국(河瑞國)을 불러 강화를 맺자고 청했다. 부원수 김경서(金景瑞)는 강홍립과 상의한 뒤 적진으로 가서 화약을 맺기로 약속했다. 항복하기로 결정한 뒤 호남 출신의 병사 한 사람이 이민환(李民寏)에게 대의로서 질책하고 결사항전하자고 했으나 이민환은 그를 묵살했다.

조선군은 어차피 싸우려 했으나 후금군이 먼저 화약을 맺도록 제의했다는 것이다. 이민환은 『책중일록』에서 다음과 같이 적었다.

> 적에게 거의 몰살당했던 좌영 소속의 군졸 한 사람이 강홍립에게 달려왔다. 그는 "적이 좌영에 와서 계속 역관을 찾았는데 진영에 역관이 없어서 대답을 못했다"고 보고했다. 강홍립이 역관 황연해를 보내 만나게 하자 적이 "우리는 명과 원한이 있다. 그러나 너희 나라와는 그렇지 않다. 그런데 왜 우리를 치러 왔느냐?"고 힐문했다. 황연해가 "양국 사이에는 원한이 없었다. 이번 출병은 부득이한 것이다"라고 응답했다. 황연해가 두세 차례 왕복한 뒤 적이 다시 사람을 보내와 화약을 맺자고 청했다.

「양수투항도(兩帥投降圖)」

1619년 심하전투에서 패했던 도원수 강홍립과 부원수 김경서가 후금의 수도인 흥경노성에 나아가 누르하치에게 항복하는 장면이다. 누르하치는 조선군의 참전을 '재조지은에 보답하기 위한' 피치 못한 것으로 이해해주는 태도를 보였다. 하지만 조선 초기 이래 여진족들을 야인(野人)이라 부르며 무시했던 조선이 장차 청의 위력에 휘둘릴 것을 예고하는 장면이기도 하다. 역시 『충렬록』에 실려 있다.

『광해군일기』의 기록과는 다소 다르지만, 후금군이 먼저 역관을 찾고 강화를 맺자고 요청했다고 한 점은 비슷하다. 이에 비해 이긍익(李肯翊)의 『연려실기술』은 내용이 다소 다르다.

> 적이 좌우영을 함락시키고 중영으로 닥쳐올 준비를 하자 강홍립이 군중에 영을 내려 준비를 명하였다. 애초에 번호(藩胡)에게 보냈던 역관 하서국을 따라온 번호 한 사람이 연이어 역관을 불렀다. 강홍립은 황연해를 보내 그에게 "우리는 너희와 원수진 것이 없다. 지금의 일은

부득이한 것이다"라고 했다.

『광해군일기』에는 하서국이 강홍립 진영에 있었던 것으로 되어 있지만, 여기서는 강홍립이 하서국을 미리 번호에게 보낸 것으로 되어 있다. 번호란 조선과 누르하치의 건주여진 사이에 살던 다른 계통의 여진인들을 말한다. 『연려실기술』의 내용은 조선이 먼저 화의를 제의했다는 뉘앙스를 풍긴다.

3월 4일 밤, 항복 논의가 오가는 와중에 조선군 진영에서는 적의 포위망을 뚫어보자는 제의가 나왔다. 하지만 이미 굶주리고 지친 병사들은 아무도 응하지 않았다고 한다. 조선군은 이미 전의를 상실했던 것이다. 그런 상황에서 항복은 피할 수 없는 선택일 수도 있었다. 이날 밤 조선군 부원수 김경서는 화의를 논하면서 후금 장수 귀영개(貴永介)와 같은 방에서 잤다. 이민환은 예상 밖으로 귀영개 등 후금군 지휘부가 조선 장수들을 '인간적'으로 대해주며 적대하지 않겠다고 하늘에 맹세하는 것을 보고 항복의 결심을 굳혔다고 적었다.

이윽고 조선군은 후금군에게 항복했다. 3월 5일 강홍립과 김경서는 후금군의 호위 속에 홍경노성으로 들어가 누르하치를 만났다. 후금군은 조선군 포로들을 분류했다. 손바닥에서 윤기가 나는 사람과 신체가 건장한 사람들을 따로 뽑아두고 나머지는 각처의 부락으로 분산시켜 보냈다. 건장한 자들은 그들의 병력으로 충원하고 나머지는 농작에 종사시킬 요량이었다. 한 사람의 노동력이 아쉬웠던 그들은 조선군 포로들을 잡아 수천 명의 노동력을 확보하게 되었다.

동시에 강홍립의 비극적인 운명도 시작되었다. 이민환 같은 인물은 중간에 풀려났지만 최고 지휘관인 그는 끝내 후금 진영에 억류되었다. 그가 항복한 뒤 조선 조야에서는 그의 가족을 잡아다가 처벌해야 한다는 논의가 빗발쳤다.

항복했다는 사실만 놓고 보면 그는 비난받아야 할 것이다. 하지만 그는 악조건 속에서도 최선을 다했다. 애초부터 관망하라고 했던 광해군의 지시가 있었던 데다, 이미 전세가 기울어버린 상황에서 수천의 생령을 그냥 죽일 수는 없었다. 그는 억류된 와중에도 갖은 수단을 동원하여 후금 내부의 정보를 광해군에게 올려 보냈다. 그가 보낸 정보는 '심하전투' 이후 광해군이 대명·대후금 정책을 세우는 데 기본 자료로 활용되었다.

광해군이 이미 쫓겨난 뒤인 1627년 강홍립은 후금군을 이끌고 조선으로 들어온다. 정묘호란 당시 그는 향도로서 차출되었던 것이다. 그는 강화도로 피난했던 인조를 알현했다. 강화 협상을 매듭짓기 위해서였다. 인조 주변의 신료들은 그를 죽여야 한다고 아우성쳤다. 하지만 인조는 의외로 그를 감싸주었다. 이미 후금군과 강화를 맺자고 해놓고도 강홍립을 죽이자고 말하는 신료들의 '이중성'이 마음에 걸렸던 것일까? 아니면 강홍립의 속마음과 역할을 인정했기 때문이었을까?

정묘호란 당시 조선군 지휘관 정충신(鄭忠信)은 후금군과 함께 철수하는 강홍립에게 편지를 보냈다.

황해도의 바닷가 지역에 들어간 후금군이 마구잡이로 살육을 자행하고 있소. 이미 백마를 잡아 강화하기로 하늘에 맹세한 판국에 그럴 수는 없는 것이오. 그대는 화의를 담당하여 혀끝으로 수만의 후금군을 물러나게 했으니 조선 백성 가운데 그 누가 그대의 덕에 감사하지 않으리오.

정충신의 부탁은 후금군을 단속하여 살육을 막아달라는 것이었다. 조정이 강화로 피난 간 와중에 한강 이북의 조선 백성들은 '도마 위의 고기'였다. 강홍립은 정충신의 부탁대로 후금군의 살육을 막기 위해 노력했거니와, 강화 협상을 주선하여 후금군을 철수시키는 데도 중요한 역할을 했다. 하지만 뒷날 강홍립은 '매국노'로 매도되고 철저히 잊혔다. 요컨대 '심하전투'는 강홍립이라는 '비극적인 운명'을 만들어냈던 것이다.

주객이 전도되다

'심하전투'를 포함하여 당시 조선과 명의 연합군이 후금군과 벌였던 전투 전체를 보통 '살리호전투'라고 부른다. 역사학계에서는 보통 이 전투가 명청 교체의 분수령이 된 것으로 보고 있다. 명은 이 전투에서 패함으로써 결국 '결정타'를 맞았다는 것이다.

역사학계에서는 '심하전투'에 출전했던 조선군과 관련하여, 주로 조선군이 애초부터 후금군에게 항복하려고 예정하고 있었는지, 최고 통수권자인 광해군이 도원수 강홍립에게 미리 밀지를 내려 항복하라고 지시했는지 사실 여부를 따지는 데 초점을 맞춰왔다.

이병도와 일본인 학자 다카와 고조는 광해군이 주화론자인 강홍립을 도원수로 임명한 사실 등을 근거로 출전하기 전에 미리 밀지를 내려 투항할 것을 지시했다고 본다. 그에 비해 또 다른 일본인 학자 이나바 이와키치는 밀지설의 근거로 이용된 자료들이 대부분 인조반정 이후 광해군을 부정적으로만 평가하던 시점에서 기록된 것이라고 보아 신뢰하지 않았다. 대신 그는 이민환의 『책중일록』의 내용을 받아들여 항복은 사전에 미리 계획된 것이 아니라 강홍립의 독자적인 판단에 따른 것이었다고 주장한다.

필자는 여기서 어느 쪽의 주장이 맞는지 따지지 않겠다. 왜냐하면 양측이 각각 자신들 주장의 근거로 제시하고 있는 『광해군일기』의 내용이 어느 한쪽의 주장만이 맞다고 결론을 내릴 수 있을 만큼 간단하지 않기 때문이다.

오히려 더 중요한 것은 조명 연합군이 왜 이 전쟁에서 패하고 항복하게 되었는가를 따지는 것이다. 강홍립 등 조선군 지휘부가 뚜렷하게 싸우려는 의지를 드러내지 않았고 후금군에게 항복한 것은 사실이다. 바로 그 때문에 강홍립 등은 '역적'으로 몰렸고 끝내는 광해군까지 '명을 배신한 패륜아'로 몰려 폐위당하는 빌미로 이용되었다.

> 강홍립 등이 군사기밀을 후금에게 누설함으로써 명군은 패하게 되었다. 요동 전체를 후금에게 빼앗기게 된 것도 궁극적으로는 강홍립 등이 책임져야 한다.

인조반정 이후 서인들 사이에서 불거져 나왔던 극단적인 주장이다. 과연 그럴까? 연합군이 패하고 요동을 상실한 것이 강홍립과 조선군의 책임일까?

당시 후금을 치는 데 주력은 엄연히 명군이었다. 조선군은 어디까지나 마지못해 불려 나온 '객병'이었다. 물론 "왜란 당시 명이 베풀었던 재조지은에 보답하려면 명에 협조해야 한다"는 명분에서 출병했으므로 조선군은 열심히 싸워야 했다고 주장할 수도 있다. 하지만 객병인 조선군이 후금군과 결전을 벌여야 한다고 강조하는 것은 무리일 듯싶다. 왜란 당시 조선에 들어왔던 명군도 그러지 않았던가? 그들 역시 '남의 나라'인 조선을 위해 일본군과 결전을 벌이고 피를 흘리려 하지는 않았다. 더욱이 심하전투 당시 조선군은 독자적인 작전권도 없었고, 군량 보급도 제대로 이뤄지지 않는 상황에서 악전고투했다.

'살리호전투'에서 명군의 패배는 이미 예견된 것이었다. 명군은 병력의 숫자, 병사들의 자질, 무기와 장비, 지휘관의 작전 능력, 군기 등 승패를 가늠하는 모든 조건에서 후금군의 상대가 되지 못했다.

명군은 출정하기 전에 자신들의 병력이 47만이니 20만이니 하면서 허풍을 쳤다. 이는 그야말로 '허풍'이었다. 실제로는 10만 미만이었고, 그나마 조선과 예헤에서 차출한 병력이 2만 5천가량이나 되었다. 순수 명군 병력은 기껏 7만 안팎이었다. 후금군의 병력은 대략 5만~6만 정도였다. 승패를 가르는 다른 요인들을 고려하지 않을 때, 보통 공격하는 측의 병력이 수비하는 측보다 3배 정도는 되어야 한다는 것이 병가의 정설이다. 그럼에도 명군은 자체 병력이 부족해서 조선과 해서여진의 객병을 끌어다 숫자를 채우기에 급급했다.

병졸들의 자질 또한 열악했다. 후금군은 오랜 공동체 생활로 단련된 정예병이었다. 이미 누차 언급했지만 그들의 기마병은 '철기'라 불렸다. 그렇다면 명군 기마병은 어떠했는가? 그들은 그냥 '말탄 보병'으로 불렸다. '철기'와 '말탄 보병'의 대결! 승부는 뻔했다. 명군은 원정을 위해 각지에서 장정들을 끌어 모았고, 그 와중에 어중이떠중이들이 모여들었다. 어중이떠중이라도 훈련만 제대로 시키면 쓸 만하다. 하지만 그것이 제대로 이뤄지지 않았다. 거기에도 패배의 비밀이 숨어 있었다.

앞서 이미 언급했지만 명군 지휘부는 조선군 조총수들을 서로 끌어가려 했다. 화력이 변변치 못했기 때문이었다. 1619년 2월 강홍립의 장계를 보면, 유정 휘하의 명군은 대포도 없는 것으로 되어 있다. 뿐만 아니라 "명군은 조선군만 믿고 있다"는 내용의 보고가 올라와 광해군을 놀라게 했다.

이 전쟁이 패전으로 끝난 뒤, 열렬한 애국자이자 중화민족주의자였던 명나라 신료 서광계(徐光啟)는 황제에게 상소를 올렸다.

> 시험 삼아 얼마 전에 요동에서 벌어진 전투에 대해 말씀드리겠습니다. 우리에게 단 하나라도 적을 물리칠 만한 장점이 있었습니까? 적에게 단 하나라도 우리에게 질 수밖에 없는 단점이 있었습니까? 두송의 머리에는 적의 화살이 무수히 박혔고, 반종안은 등에 화살을 맞았습니다. 지휘관의 투구와 갑옷이 이 지경으로 형편없는데 병졸들의 그것이야 말할 것이 있겠습니까?

서광계는 명군 장수 두송과 반종안(潘宗顏)이 각각 머리와 등에 화살을 맞았다는 사실에 경악했다. 명군은 화기뿐 아니라 착용하고 있는 장비에서도 문제점을 노출했던 것이다.

명군 지휘관들 사이에는 인화(人和)도 잘 이뤄지지 않았다. 두송, 마림, 이여백, 유정 등은 명성과 계급이 비슷하여 서로 상하·예속 관계가 성립될 수 없었다. 그래서 그들은 따로 놀았다. 두송은 공명심 때문에 약속 날짜를 어기고 먼저 출동했다. 일단 그가 함몰해버리자 나머지 병력들은 후금군에게 각개격파당하고 말았다. 총사령관 양호가 총괄적으로 '교통정리'를 해주어야 했으나 그는 그럴 위인이 되지 못했다.

조선군을 지휘했던 유정은 홍경노성을 향해 출동하기 전에 강홍립에게 다음과 같이 답답한 마음을 털어놓았다.

> 총사령관 양호와 사이가 좋지 않아서 나서고 싶지 않았소. 하지만 죽기를 작정하고 어쩔 수 없이 출전했소. 천시(天時)도, 지리(地利)도 모두 불리하지만 어쩌겠소. 내게 병권이 없는 것을…….

유정의 고백대로라면 그는 싸움이 시작되기 전부터 자포자기하고 있었던 셈이다. 이런 분위기에서 명군이 승리한다는 것은 그야말로 요행을 바라는 것이나 마찬가지였다.

『1587—아무 일도 없었던 해』의 저자로 잘 알려진 중국인 사학자 레이 황(Ray Huang, 중국명 黃仁宇)은 명군의 패전을 당시 명나라 사회가 안고 있던 총체적인 문제점에서 비롯된 것으로 진단한다. 환관들은 미쳐 날뛰었고, 관료들은 무능하고 안이했다. '광세지폐' 등에서 비롯된 명의 쇠퇴 조짐은 총체적인 전쟁 수행 능력을 약화시켰고, 그것이 그대로 '살리호전투'의 패전으로 연결되었다는 것이다.

유정이 고백했던 내용은 강홍립을 통해 광해군에게 보고되었거니와, 광해군의 예상은 그대로 적중했다. 광해군은 이미 출전 이전부터 명군의 문제점을 정확히 짚어내고 있었다.

명나라 무인(武人)
베이징의 명 십삼릉 입구에 세워진 석물 가운데 하나다. 명은 해마다 국가재정의 대부분을 국방비에 투입했지만 결국 누르하치를 막아내지 못했다. 병사들뿐 아니라 군 지휘관들의 작전 역량이나 정신력이 후금군에 비해 뒤떨어졌기 때문이다. 그것은 1619년 '심하전투' 때 확연히 증명되었다.

오랑캐가 무순성을 공격한 다음 소굴로 되돌아갔는데 그 속마음을 헤아리기 어렵다. 만약 명이 대부대를 이끌고 깊이 쳐들어가 그 소굴을 치려 한다면 필경 승산이 없을 것이다.

1618년 누르하치가 무순성을 점령하여 명에게 싸움을 걸었던 직후 광해군이 했던 말이다. 이어 그는 병력을 보내라고 명이 보내온 편지의 답장에 "경솔하게 정벌하지 말고 다시 헤아려 만전을 기해야 한다"는 내용의 '충고'를 집어넣으라고 지시했다. 결국 광해군의 예언은 그대로 적중했던 것이다.

'심하전투' 전후의 명군 상황을 헤아려보면 패전의 원인이 무엇인지는 금방 드러난다. '오랑캐' 누르하치의 떠오르는 기세를 당해내기에는 명의 준비가 너무 한심했다. 그래서 그들은 또 다른 '오랑캐' 조선을 이용하여 누르하치를 치려 했다. 하지만 주객이 전도된 명의 시도는 오히려 명청 교체를 재촉하는 계기가 되고 말았다.

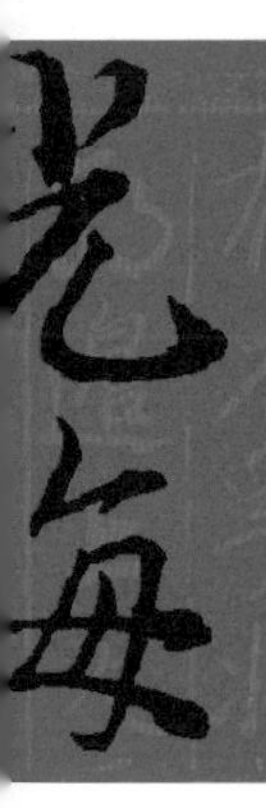

광해군, 명을 주무르다

명 난민들, 조선으로 몰려오다

내정에선 때로 우유부단하고 소심한 모습을 보였던 광해군이었지만, 외교 문제를 처리하는 과정에서 보인 태도는 의외로 냉철했다. 그리고 과감하고 준비성이 있었다.

어느 날 갑자기 이웃 국가에서 난민들이 몰려들어올 경우 그들을 어떻게 처리해야 할까? 얼마 전까지 소식에 따르면 굶주린 북한 주민들이 압록강이나 두만강을 건너 중국 땅으로 흘러드는 경우가 비일비재하다고 한다. 그리고 중국은 예외 없이 그들을 북한으로 송환한다는 방침을 세웠다고 한다. 일본 역시 정부 차원에서 한반도의 장래에 대한 가상 시나리오를 설정해놓고 그에 대비하고 있다. 한반도에서 남북 사이에 전쟁이 일어나거나 북한 정권이 붕괴할 경우 난민들이 일본으로 몰려드는 상황을 가상하여 그에 대비하고 있다는 것이다.(편집자 주: 205쪽과 마찬가지.)

비슷한 경우가 광해군 대 조선에서도 있었다. 요동 지역을 석권해가

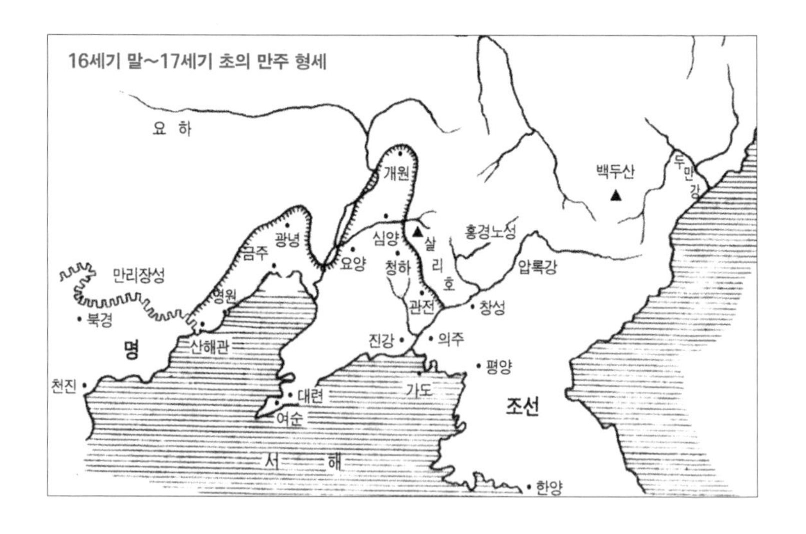

던 후금군을 피해 요동에 살던 명나라 주민들이 조선으로 대거 몰려들었던 것이다. 이 난민들을 보통 요민(遼民)이라고 부른다.

1618년 누르하치가 무순을 공략하여 점령하면서부터 요민들은 대대적으로 피난길에 올랐다. 1619년 '심하전투' 이후에는 그 숫자가 훨씬 늘었다. 요민들은 금주와 해주를 지나 산해관을 넘어 화북 지역으로 들어가거나 진강, 관전, 애양 등 압록강 근처로 몰려들었다. 특히 진강은 바닷길을 통해 여순뿐 아니라 등주와 내주 등 산동성 지역으로, 압록강을 건너서는 조선으로 이어지는 교통의 요지였다.

진강 등지로 피난했던 요민들 가운데 많은 수가 조선으로 넘어왔다. 1621년 명나라 조정이 파악하고 있던 숫자만 2만 명 정도였고, 이듬해에는 10만여 명에 이르렀다. 청천강 이북의 평안도 지역은 난민들로 넘쳐났다. 그들 가운데는 아예 깊숙이 남하하여 강원도와 경기도 지역까지 흘러드는 사람들도 있었다.

본래의 거주지와 생업을 버리고 피난길을 오른 사람들은 거칠게 마련이다. 낯선 이국땅에 들어와 숙식을 해결해야 했던 요민들은 조선에서 갖가지 문제들을 일으켰다. 요민들 가운데 그나마 약간 여유가 있는 부류들은 조선인들이 좋아하는 청람포(青藍布, 푸른색으로 물들인 고급 광목의 일종) 같은 포목류를 들고 와서 식량으로 바꾸는 등 별다른 피해를 끼치지 않았다. 이도 저도 없는 부류들은 무리를 지어 다니며 조선 민가를 약탈하거나 관가에 몰려가 식량을 내놓으라고 떼를 썼다. 그 과정에서 조선 사람들과 난투극을 벌이기도 하고, 쌍방 모두 사상자가 생기기도 했다. 이 때문에 요민들이 밀집해 있던 청천강 이북 지역의 수령들은 아우성을 쳤다.

조선의 입장에서 요민들은 실로 '뜨거운 감자'였다. 명과의 관계를 생각하면 인정상 그들을 냉정하게 뿌리칠 수 없었다. 그렇다고 그들을 묵인하자니 청천강 이북의 주민들이 겪는 피해가 너무 컸다. 후금이 어떤 태도를 보일지도 미지수였다. 후금이 만일 그들을 송환하라고 요구할 경우, 그에 대한 대응이 난감했다. 뿐만 아니라 난민들 속에는 후금의 스파이들이 변장을 한 채 섞여 있다는 풍문까지 돌고 있었다.

후금은 전장에서 사로잡은 포로나 새로 획득한 점령지의 한족들을 재화로 취급했다. 그들은 중요한 노동력이었기 때문이다. 명과의 무역을 통해 곡물이나 면포 등 생필품을 획득해왔던 후금은 1618년 개전 이후 명이 무역을 중단시켜버리자 커다란 타격을 받았다. 이제 항산(恒産)을 확보하려면 농경 민족으로 변신을 시도할 수밖에 없었다. 하지만 땅은 늘어나고 있는데 인구가 부족했다. 농업 기술도 열악했다. 농경을 하기에는 여러 가지로 부족했던 후금에게는 점령지의 한족 농민들이야말

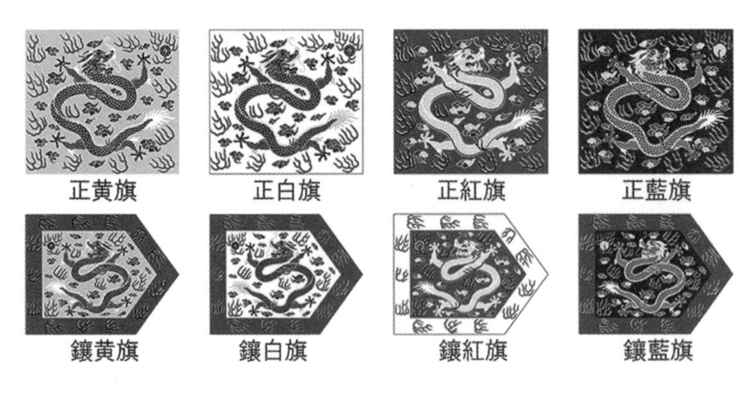

팔기병(八旗兵)의 깃발들

팔기는 후금의 군사조직이자 행정조직이었다. 본래 건주여진족이 사냥을 할 때 깃발을 달리하여 각 집단을 구별한 데서 비롯되었다. 애초에는 정황기(正黃旗), 정남기(正藍旗), 정백기(正白旗), 정홍기(正紅旗) 등 4기에서 시작되어 양황기(鑲黃旗), 양남기(鑲藍旗), 양백기(鑲白旗), 양홍기(鑲紅旗)가 추가되어 8기가 되었다. 양(鑲)은 테두리를 두른 깃발을 말한다.

로 소중한 존재였다. 그들을 엄중히 감시하여 경작에 종사시켰다. 한족 가운데는 또한 후금이 아쉬워했던 장인(匠人)이나 여러 분야의 기술자들이 많았다. 그들 역시 소중한 자원이었다.

후금은 또한 한족들을 병적에 편입하여 팔기병(八旗兵)을 확충했다. 팔기란 행정조직이자 군사 편제 단위인 후금만의 독특한 제도였다. 훗날 만주팔기와 함께 명을 멸망시키는 데 중요한 역할을 했던 한인팔기(漢人八旗)가 이렇게 해서 만들어졌다.

그런데 그렇게 소중한 한족 정착민들이 자꾸 탈출해서 국경 밖으로 달아나는 것은 후금에게는 참으로 곤란한 일이었다. 나라의 기반을 흔드는 것이었다. 신경이 예민해진 후금은 1621년 의주부윤에게 서신을 보내 요민들을 받아들이지 말라고 경고했다.

광해군은 일찍부터 요민들을 장차의 '화근'으로 인식했다. 밀물처럼 쇄도해오는 그들을 처리할 대책을 마련하라고 비변사에 누차 지시했다. 그들에게 양곡을 지급하는 문제 등이 심각했을뿐더러 그들의 송환 여부를 놓고 생겨날지도 모르는 후금과의 갈등을 피하기 위해서였다. 하지만 비변사 신료들 중에는 '뜨거운 감자'를 처리하는 방향에 대해 뾰족한 묘안을 내놓는 사람이 없었다. 결국 광해군이 나설 수밖에 없었다.

광해군은 국경 지대의 평안도 수령들에게 요민들이 조선 영내로 상륙하지 못하도록 막으라고 지시했다. 밀려드는 난민들을 잘 타일러서 상륙하는 것을 막고, 그것이 여의치 않을 경우 배편을 마련하여 산동의 등주나 내주 등지로 송환하라고 각별히 지시했다.

그뿐만이 아니었다. 이미 조선 영내로 넘어와 조선인 복장으로 갈아입고 머물던 명나라 장졸들의 동태를 엄중히 살피고, 그들에게 잡인들이 접근하는 것을 막으라고 지시했다. 그들을 통해 조선의 내부 정보가 명이나 후금으로 유출되는 것을 막으려는 조처였다.

또한 이미 들어와 있는 요민들의 신상을 파악하여 그들을 거주 지역별로 나눠 장부를 만들어 관리하라고 지시했다. 경기도 지역까지 깊숙이 들어와 있는 요민들은 남해, 진도 등 원격지로 이주시키도록 했다. 그들 때문에 제기될지도 모르는 명이나 후금의 송환 요구를 사전에 막으려는 조처였다. 요민들을 처리하는 광해군의 자세는 실로 냉정했다.

유해(劉海)라는 인물이 있었다. 그는 본래 진주 출신으로 임진왜란 직후 명군을 따라 중국으로 흘러들어갔다. 명에서 군대에 들어가 사천을 연고로 했던 장수 유정의 부하가 되었다. 본래는 조선 사람이되 이제 명군이 된 셈이다. 1619년 명 조정이 후금을 치기 위해 유정을 차출했을 때 유해 역시 유정을 따라 만주로 종군했다. 당시까지 진주에는 유해의 부친이 생존해 있었다. 유해는 부친을 만나기 위해 유정에게 주선해주도록 부탁했고, 유정은 그를 서울로 들여보냈다.

유해 부자에게는 실로 20년 만의 상봉이었다. 하지만 광해군은 유해가 부친을 만나기 위해 진주로 내려가는 것을 허락하지 않았다. 대신 유해의 부친이 직접 상경토록 했다. 뿐만 아니라 유해가 부친과 단둘이 만나는 것도, 같은 방에서 자는 것도 금지했다. 만날 적마다 매번 역관을 동석시켰다.

광해군이 너무 야박했다고 비판할 수도 있을 것이다. 부자 사이의 정리를 따진다면 광해군의 태도는 분명히 심했다. 하지만 당시 광해군과 조선 조정은 명과 후금 사이에서 곡예를 벌이듯 숨가쁜 외교전을 벌이고 있었다. 유해는 본래 조선 사람이지만 당시는 엄연히 중국인이었다. 그것도 사병이 아닌 명군의 지휘관이었다. 광해군은 그런 유해를 통해 조선의 내부 사정이 유정 등 명나라 고위 지휘관에게 유출되는 것을 막으려고 했던 것이다.

상대방의 정보를 수집하려 애쓰되 국내 정보가 유출되는 것은 철저히 막으려 했던 광해군의 평소 태도가 그대로 드러나는 대목이다. 조선으로 들어온 요동 난민들을 송환하려 했고, 또 그들을 관리하려 했던 냉정한 자세 역시 같은 맥락에서 생각할 수 있을 것이다.

광해군, 모문룡을 섬으로 밀어 넣다

조선으로 들어온 명나라 난민 중에는 희한한 인물이 하나 있었다. 명나라 장수 모문룡(毛文龍, 1576~1629)이 그였다. 모문룡! 모 씨 성을 가진 중국인 가운데 한국사의 전개에 엄청난 영향을 끼친 두 사람을 꼽으라면 단연 마오쩌둥과 모문룡을 들 수 있을 것이다.

마오쩌둥은 1949년 장제스를 대만으로 쫓아버린 뒤 사회주의 중국의 건국을 선포했다. 그는 중국과 국경을 맞대고 있는 한반도에도 사회주의 정권이 들어서기를 염원했다. 한반도는 바로 '만주의 울타리'이기 때문이었다. 그는 1950년 한반도 북쪽의 '사회주의 정권'이 위기에 처했을 때 자발적으로 100만의 대병력을 파병하여 '구원'한 바 있었다. 마오쩌둥이 중공군을 참전시킨 1950년의 한국전쟁을 '미국에 저항하여 조선을 도운 전쟁 – 항미원조(抗美援朝) 전쟁'으로 부르거니와 오늘날까지 중국이 북한에 영향력을 행사할 수 있는 배경은 바로 마오쩌둥에게서 비롯된 것이다.

모문룡은 17세기 초반 평안도에, 혹은 철산 앞바다의 가도(椵島, '단도'라 부르기도 함)라는 섬에 머물면서 '후금의 배후를 견제한다'는 명분을 내세워 조선으로부터 막대한 규모의 식량과 군수물자 지원을 받아냈다. 모문룡이 조선 영토에 주둔하면서 내세운 명분은 '요동 수복'이었으나 또 하나의 중요한 목적은 조선이 후금 쪽으로 기울지 못하도록 견제하고 감시하는 것이었다. 이런 점들을 고려하면 두 사람이 비록 300년 이상의 세월을 떨어져 살았지만, 한반도가 중대한 역사적 전환기를 맞고 있을 때 한반도의 정권들에게 각각 커다란 정치적 영향을 끼쳤다는 점에서 공통점을 지닌다고 할 수 있다.

절강 출신인 모문룡은 1621년 7월, 요동 전체가 후금에게 점령되었던 직후 압록강변의 진강으로 잠입하여 그곳을 점령했다. 산동에서 배를 타고 출발한 그는 산동과 요동반도 사이에 점점이 흩어져 있는 섬들을 지나면서 요민들을 규합했다. 후금에 투항하여 진강 지역 사령관으로 임명되었던 인물을 처단하고 기습적으로 진강을 탈취했던 것이다.

그것은 한마디로 '대사건'이었다. 1618년 누르하치가 '일곱 가지 원한'을 내걸고 무순성을 공격하여 탈취했던 이래, 육지에서 벌어진 수많은 전투에서 명은 이겨본 적이 거의 없었다. 이미 요동은 모두 빼앗겨 명의 자존심은 땅에 떨어진 지 오래였다. 그런 와중에 모문룡이 조정의 지원도 없이 요민들만을 이끌고 적진의 한가운데로 뛰어들어 전략 요충인 진강을 점령했다! 모문룡에게는 '일세의 호걸'이니 '기남자(奇男子)'니 하는 최상의 찬사가 쏟아졌다. 명의 조야는 한껏 고무되었다. 금방이라도 요동을 수복할 것 같은 흥분이 넘쳐흘렀다. 황제는 모문룡을 지원하고, 수군을 그에게 합세시켜 요동을 수복하라고 병부에 지시했다.

거꾸로 후금은 모문룡 때문에 비상이 걸렸다. 1621년 요동을 완전히 손아귀에 넣은 이후 후금의 목표는 고정되었다. 이제는 북경을 향하여, 그 북경으로 건너가는 관문인 산해관을 향하여 나아가면 되는 것이었다. 오로지 서진(西進), 또 서진만을 염두에 두었던 후금에게 갑자기 나타난 모문룡은 한마디로 '목에 걸린 가시'였다.

하지만 모문룡이 진강에 어렵사리 마련한 거점은 오래갈 수 없었다. 정확히 말하면 한 달을 버티지 못했다. 우선 그가 거느린 병력이 너무 미약했던 데다 그의 진영이 명 본토로부터 고립되어 증원군을 끌어들일 수 없었기 때문이었다. 진강을 점령했던 직후 모문룡은 "이제 요동 전체를 수복하겠다"고 기염을 토했지만 그것도 잠시였다. 안마당을 모문룡에게 내줬다는 사실에 격앙된 후금은 대병력을 투입해 모문룡을 압박해왔다. 모문룡은 결국 진강을 탈출할 수밖에 없었다.

모문룡은 1621년 7월, 진강을 탈출하여 조선의 미곶에 상륙했다. 평안감사가 올린 긴급 장계를 통해 그가 미곶에 상륙했다는 소식을 들은 광해군은 바짝 긴장했다. 그는 대책을 마련하려고 한밤중에 회의를 소집했다.

모문룡은 조선으로 들어온 이후에도 "고토 요동을 수복하겠다"고 큰소리를 쳤다. 이어 철산, 용천, 의주 등 후금과 인접한 압록강변의 여러 고을을 돌아다니며 요민과 명군 패잔병들을 수합했다.

그것은 조선의 입장을 참으로 난처하게 만드는 일이었다. 모문룡의 조선 진입은, 1618년 명이 후금을 치기 위해 조선도 병력을 징발하라고 요구했던 것 못지않게 중대한 사건이었다. 나아가 삼국 사이의 기존 관계에 중대한 변화의 조짐을 몰고 왔다. 1619년 '심하전투' 이후 어렵게 유지해왔던 조선의 대명·대후금 관계에 전혀 새로운 변수가 나타난 것이었다.

조선은 모문룡 때문에 대략 세 가지의 난제에 직면했다. 우선 '천조(天朝)의 장수'인 그를 접대하는 문제가 간단치 않았다. 모문룡뿐 아니라 당시 조선에 들어왔던 명군 장수들 가운데는 처자식을 동반했던 사람들이 많았는데, 그들은 조선에게 식량과 거처의 제공을 요청했다. 그들이 조선에 손을 벌리는 명분은 역시 '재조지은'이었다. 실제 광해군 말년 조선에 망명했던 명군 장수들 가운데는 왜란에 참전했던 인물들이 많았다. 모문룡이 비록 왜란에 참전하지는 않았으나 그가 '재조지은'을 내세워 접대와 원조를 요구할 때 조선이 그를 회피하기는 어려웠다. 수많은 명군 장수들을 접대하는 문제가 심각해지면서, 후금의 침략을 받기 전에 지레 망하고 말 것이라는 우려가 터져 나오고 있었다.

모문룡이 조선 영내에 머물게 되면서 조선은 후금과의 접촉이 조심스러워질 수밖에 없었다. 1621년 정탐을 위해 정충신을 후금 진영에 파견하면서도 지척에 있는 모문룡이 알까 봐 그것을 비밀리에 추진했다. 실제 당시 명의 신료들 가운데는 모문룡에게 조선을 견제하여 후금 측으로 기울지 못하도록 하는 일종의 '감시자' 역할을 주문했던 이들이 있었다. 1623년 광동도어사 유정선(劉廷宣)은 모문룡이 후금을 견제하기는 부족하지만 조선을 견제하는 것은 충분하다고 평가하고, 그를 섣불리 본토로 철수시켜서는 곤란하다고 주장했다. 바야흐로 모문룡 때문에 조선의 외교적 행보가 크게 제약될 수밖에 없었던 것이다.

조선은 무엇보다 모문룡 때문에 후금을 자극하지나 않을까 전전긍긍했다. 모문룡이 "조선과 연결하여 후금의 배후를 치겠다"는 명분을 내세워 조선 영토에서 장기간 주둔할 기미를 보이고 있었던 데다 그가 들어온 뒤로는 조선으로 드나드는 명 장졸들과 요민들의 수가 더 늘어났기 때문이었다. 갈 곳이 마땅치 않았던 요민들에게 모문룡의 존재는 '비빌 언덕'이 되었다. 동시에 후금에게는 모문룡이야말로 자신들이 붙잡아두고 있는 요민들을 끌어당기는 '지남철'이었다. 모문룡 때문에 후금 영내에 있던 한족들이 동요하는 기미를 보이자 후금은 민감하게 반응했다.

후금과 사단이 생길 것을 우려한 광해군은 모문룡에게 여러 차례 사람을 보내 의주 쪽 강변으로 출입하는 것을 자제하고 내륙에 머물러 있으라고 권유했다. 하지만 모문룡은 들은 척도 하지 않았다.

광해군의 우려는 현실로 나타났다. 모문룡이 의주와 용천 등지를 왕래하던 1621년(광해군 13) 12월, 후금군은 그를 잡기 위해 압록강을 건너와 의주, 가산, 용천 등지를 습격했다. 모문룡은 용천 관아에 있다가 조선

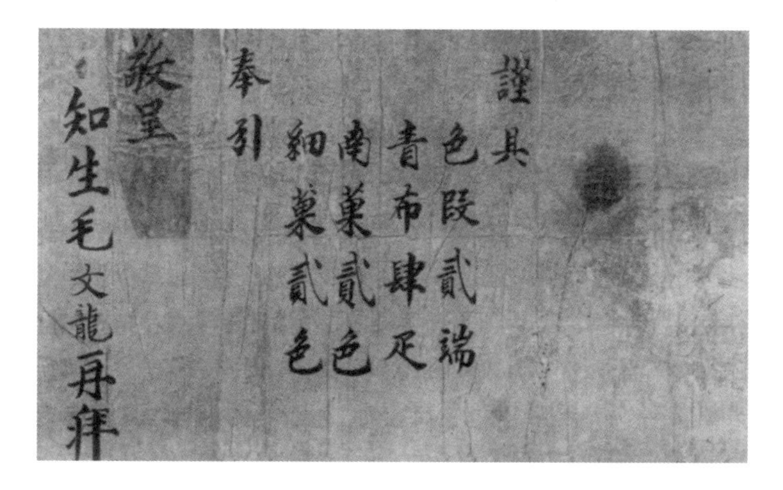
謹具
色段貳端
青布肆疋
南菓貳色
細菓貳色
奉引
敬呈
知生毛文龍拜

모문룡의 예단(禮單) 목록

조선에서 군량 등을 보내온 데 대한 답례로 모문룡이 보낸 물품의 목록으로 여겨진다. 모문룡은 '요동 수복'을 표방했지만 실제로는 '밀수 왕초'나 마찬가지였다. 해마다 군량미 명목으로 수십만 석의 양곡을 명과 조선에게서 받아냈지만 그는 후금과 싸우려는 의지가 없었다. 그 양곡의 대부분은 밀수를 벌이고 명 조정의 요인들을 매수하는 밑천으로 사용되었다.

인 복장으로 갈아입고 겨우 탈출하여 목숨을 부지했다. 하지만 그 때문에 578명의 요민들이 피살되었다. 이것은 조선이 후금과 평화를 유지해 왔던 이후 후금이 자행한 최초의 침략이었다. 모문룡의 존재가 '화근'일 수밖에 없음을 입증하는 것이었다.

신료들은 모문룡이 '천조의 장수'이기 때문에 그를 접대하는 데 신경을 써야 한다고 주장했지만, 광해군은 그의 본질을 꿰뚫어 보고 있었다. 광해군은 기본적으로 모문룡을 대단히 경솔한 인물로 여겼다. '요동 수복'을 되뇌면서 압록강변에서 드러내놓고 무력시위를 벌이는 모문룡의 행태는 군사기밀을 누설하는 행위라고 보았다. 더욱이 그가 거느린 미약한 군사력으로는 요동 회복은커녕 아무 작전도 할 수 없다고 보았다.

하지만 광해군 역시 드러내놓고 그를 배척할 수만은 없었다. 그는 어쨌든 '천조의 장수'가 아니던가? 고심 끝에 광해군이 생각해낸 대책은 기발했다. 모문룡에게 육지에 머물지 말고 섬으로 들어가라고 종용했던 것이다. 광해군은 평안감사 박엽(朴燁)을 보내 모문룡에게 섬으로 들어가라고 누차 설득했다.

그것은 여러 가지를 동시에 염두에 두고 생각해낸 발상이었다. 우선 모문룡이 섬으로 들어가면 육지에 있을 때보다는 조선이 후금으로부터 받게 될 위협이 줄어들 것이라고 생각했다. 후금이 기마전에는 강하지만 바다에 익숙하지 못하여 해전에 취약한 상황을 염두에 둔 것이었다. 모문룡을 후금군의 공격 사정권으로부터 벗어나게 해주어 그에 대한 최소한의 예의를 표하되, 조선 역시 후금의 위협으로부터 벗어나려는 착상이었다.

모문룡은 1622년 11월, 광해군의 권유대로 철산 앞바다에 있는 가도라는 섬으로 들어갔다. 그를 섬으로 들어가게 하려 했던 광해군의 오랜 노력이 결실을 맺는 순간이었다.

모문룡은 이후 가도에다 동강진(東江鎭)이라는 군사기지를 건설했다. 역시 목표는 '요동 수복'을 내걸었다. 본래 가도였던 섬의 이름도 피도(皮島)라고 뜯어고쳤다. 자신의 성(姓)이 모(毛, 터럭)였기 때문이었다. "모는 피(皮, 가죽)가 있어야만 붙어 있을 수 있다"는 순전히 미신적인 발상에서 나온 행동이었다.

이후에도 모문룡의 본질을 간파하고 있던 광해군은 그에 대한 접대에 별 관심을 기울이지 않았다. 1623년 인조반정이 일어나자 모문룡은 명 조정에 글을 올려 인조가 일으킨 쿠데타를 찬양했다. 광해군에게 홀

대받았던 그로서는 어쩌면 당연한 태도일 수 있었다. 인조와 조선의 새 정권이 명으로부터 승인을 받는 과정에서 그의 한마디는 적지 않은 도움이 되었다. 하지만 모문룡은 자신의 '공로'를 내세워 조선 조정에 수시로 군량을 요구했다. 조선은 그것을 거부할 수 없었고, 어떤 해에는 1년 경비 가운데 3분의 1이 모문룡에게 지출되었다.

모문룡이 자행했던 폐단은 인조 대에 와서 극에 이르렀다. 군량 공급 문제만이 조선을 괴롭힌 것이 아니었다. 명은 동강진을 통해 조선이 후금으로 기울지 않도록 감시했다. 모병(毛兵)이라 불리던 명군 장졸들은 수시로 육지로 올라와 관아를 약탈하거나 조선인 남녀들을 납치해갔다. 때로는 해상에서 조선 선박을 통째로 나포해 갔다. 모병과 요민들이 끼치는 폐단 때문에 청천강 이북의 영토 주권은 사실상 상실된 것이나 마찬가지였다. 모문룡을 여전히 '눈엣가시'로 여기고 있던 후금의 협박도 점점 커져갔다.

정묘호란 직후인 1627년경부터 인조 정권 역시 모문룡에 대한 인내에 한계를 느끼게 되었다. 조정 신료들 가운데서 모문룡과 일전을 벌여야 한다고 주장하는 인물들까지 나타났다. 하지만 모문룡은 여전히 '천조의 장수'였고, 그에게 '은혜'를 입은 인조 정권이 그를 적대하기란 쉬운 일이 아니었다. 인조 정권은 모문룡을 혐오하면서도 결단을 내리지 못한 채 그에게 끌려다니고 있었다.

모문룡의 정체를 꿰뚫어 보았던 광해군의 선견지명은 1629년에 입증되었다. 그해 모문룡이 영원순무(寧遠巡撫) 원숭환(袁崇煥)에 의해 처형되었던 것이다. 원숭환은 열렬한 중화민족주의자였다. 그는 모문룡이 해마다 수십만 석의 군량을 챙기면서도 후금과 싸우겠다는 의지를 전혀 보이지 않는 데 불만을 품고 있었다. 결국 그는 요동을 수복하려면 모문룡부터 제거해야 한다고 생각했다. 오랫동안 모문룡의 행태를 관찰하면서 기회를 엿보던 원숭환은 그를 쌍도(雙島)라는 섬으로 유인하여 처형하면서 12가지의 '죄악'을 들이댔다.

> 매년 수십만 석의 군량을 축내면서도 진지를 구축한 지 8년 동안 단 한 뼘의 땅도 수복하지 못했다. …… 환관 위충현을 부모처럼 섬겨 조정의 내시들과 연결을 맺었다. …… 상인들을 약탈하고 함부로 목숨을 빼앗았다. …… 스스로 시장을 열고 오랑캐와 내통하였다.

원숭환이 들이댄 모문룡의 '죄악'은 끝이 없었다. 8년 동안 감시의 사각지대였던 가도에 머물면서 그가 보인 행태는 다름 아닌 '밀수 왕초'의 그것이었다. 산동에서 요동반도 연안을 지나는 상선들을 불러 모아 그들에게 세금을 거두고, 수십만 석씩 공급되는 군량미를 횡령했다. 또 모문룡 스스로 강남과 산동, 요동, 조선을 넘나드는 밀무역을 벌였고, 그를 통해 동강진에는 재물이 산처럼 쌓여갔다. 섬 전체가 밀무역의 소굴이었던 셈이다. 1637년 가도를 점령했을 때 청군은 창고에서 은 3만 1천 냥, 비단 4만 3천 필, 청포 18만 7천 필을 노획했다고 한다.

배부른 모문룡은 요동 수복을 꾀할 능력도, 의지도 없었다. 다만 가끔씩 조선으로 가는 사신이 섬에 들를 때 후금을 치는 시늉만 했을 뿐이다. 그러면서 지천으로 널린 재물을 밑천 삼아 뇌물로써 환관 위충현(魏忠賢)을 비롯한 부패한 조정 요인들을 구워삶았다. 자신에 대한 감시의 칼날을 피하기 위해서였다. 1627년경부터는 아예 후금과 내통하고 있었

원숭환의 유상(遺像)

열렬한 애국자이자 중화민족주의자였던 원숭환은 1626년 영원성전투에서 누르하치에게 부상을 입혀 결국 죽게 만들었다. 1629년 모문룡의 사기성을 간파하고 그를 처형했지만, 그 역시 후금의 반간 공작과 명 조정의 반대파의 참소로 말미암아 처형당했다. 이후 원숭환은 만국 시대까지 한족 지식인들의 추앙을 받았다.

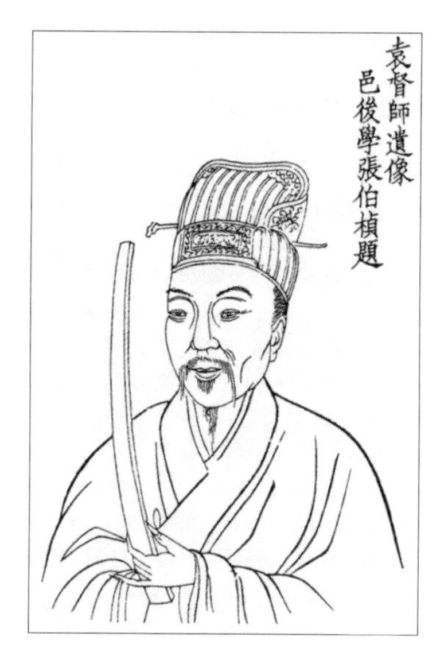

다. 그의 진영과 후금 사이에 사자가 왕래하는 모습은 조선 관리들에 의해서도 목도되었다. 모문룡이 사기 행각을 벌이는 와중에 인조 대 조선은 병들고 있었다.

모문룡은 결국 '임자'를 만났던 것이다. 일찍이 광해군이 그의 본질을 꿰뚫어 보았듯이 원숭환 역시 그의 사기성을 간파했다. 그를 '장차의 화근'으로 여겨 일정한 거리를 두려 했던 광해군의 외교적 감각은 분명 대단한 것이었다.

명, 재징병을 시도하다

조선군이 '심하전투'에서 패하여 항복했던 이후 명이 보인 반응은 어떠했는가? 명 조정이나 요동에 주둔하던 명군 지휘관들의 입장은 크게 둘로 나누어져 있었다.

먼저 명을 돕기 위해 참전했다가 수천의 조선 장졸들이 전사했다는 사실을 높이 평가하고 조선을 위로해야 한다고 주장한 사람들이 있었다. 이들은 조선이 비록 파병 과정에서 망설이기는 했지만 결국 참전하여 엄청난 인명 피해를 입었다는 사실을 들어 명이 그에 대해 보답해야 한다고 여겼다. 명 황제 명의로 칙서를 보내 조선을 위로하고, 전몰자의 유가족들에게 은을 하사하자고 주장했다.

그런가 하면 강홍립이 항복하여 후금 진영에 머물고 있었다는 사실을 알아채고, 그의 항복이 고의적인 것이라고 의심하는 부류도 있었다. 사실 이런 부류의 숫자가 더 많았다. 특히 요동 지방에는 조선과 후금이 화친하여 결탁했다는 풍문이 확산되고 있었다. 또 명군 지휘관들 중에는 '심하전투' 직후 조선에 사람을 보내 조선 조정이 강홍립의 가족들을 어떻게 처리하는가를 예의 주시했던 이들도 있었다.

하지만 조선을 칭송하여 위로하자고 주장했던 부류나, 조선을 의심했던 부류를 막론하고 모두 똑같은 속셈을 품고 있었다. 조선에서 다시 한 번 원병을 더 동원하는 것. 바로 그것이었다.

그 중심에 서광계(徐光啓)가 있었다. 서광계! 그가 정확히 어떤 인물인지는 모르더라도 예수회 선교사 마테오 리치와 같이 서 있는 그의 모습을 본 적이 있을 것이다. 필자가 그의 얼굴에서 받은 느낌은 '꼬장꼬장함' 그 자체다. 당시 여느 신료들과는 달리 천주교나 서양의 과학기술에 대해 대단히 개방적인 태도를 보였던 그는 열렬한 애국자이자 중화민족주의자였다. 그는 요동 문제만 생각하면 속이 터졌다. 저 변변치 못한 여

서광계

오른쪽은 예수회 선교사 마테오 리치와 같이 서 있는 장면이고, 위쪽은 중국인이 그린 초상화이다. 서양화가가 그린 오른쪽 그림의 인상이(우측이 서광계) 유럽인처럼 느껴지는 데 비해 위쪽 그림의 인상은 '꼬장꼬장함' 그 자체다. 천주교 신자였던 서광계는 서양의 과학기술을 명에 소개하는 데 큰 공을 세웠다. 그런 그가 조선에 대해서는 강경한 입장을 보였다.

진 오랑캐들에게 중화제국이 수모를 당하다니! 통탄할 수밖에 없었다.

서광계는 '심하전투'가 끝난 직후, 명군이 완패할 수밖에 없었던 이유를 조목조목 분석해서 황제에게 올렸다. 누르하치에게 당했던 수모를 되갚기 위해 그가 주목했던 방법은 조선과 북관의 여진족을 다시 한 번 이용하는 것이었다.

조선에 다시 원병을 보내라고 요구하자. 명은 그렇게 요구할 수 있는 충분한 자격이 있다. 조선이 임진왜란을 맞아 헐떡이고 있을 때 명은 조선을 도왔다. 중화의 대국이 이 변변치 못한 '오랑캐' 국가 조선을 도대체 왜 도왔는가? 다 필요할 때 써먹자고 그랬던 것이 아닌가?

서광계가 조선에 대해 품고 있는 기본적인 생각이었다. 그런데 조선이 명의 재징병 요구를 받아들이지 않으면 어떻게 할 것인가? 감호(監護)하면 된다. '감독하고 보호한다'는 정도의 뜻을 지닌 '감호'는 조선에게는 아주 기분 나쁜 말이었다. 명이 직접 관원을 파견하여 조선을 통제·감독한다는 뜻을 지녔기 때문이었다. 조선이 명의 요구에 고분고분하지 않을 때 억지로라도 말을 듣게 하려고 제의한 방책이었다.

1619년 6월, 서광계는 황제에게 상소를 올려 다시 한 번 조선에서 원병을 끌어들여야 한다고 주장했다. 이미 조선에 '재조지은'을 베풀었으니, 다시 징병해도 아무 문제가 없다고 했다. 그는 자신이 직접 가서 조선 군신들을 설득하되, 여의치 않으면 협박이라도 해서 관철시키겠노라고 공언했다. 그러고는 황제에게 자신을 조선으로 보내달라고 간청했다.

북경에 갔던 사신을 통해 서광계의 이야기가 조선에 알려졌을 때, 광해군과 조선 조정은 아연 긴장할 수밖에 없었다. 이미 임진왜란 시기, 조선을 명의 직할령으로 삼아 통치해야 한다는 주장들이 흘러나온 적이 있었기 때문이었다.

하지만 서광계가 집요하게 시도했던 조선행은 실현되지 않았다. 황제가 서광계의 충성심을 높이 사서 그를 하남도감찰어사(河南道監察御史)로 임명하여 북경 주변의 방어 태세를 점검하게 했기 때문이다.

'서광계 문제'는 그럭저럭 넘어갔지만 명 조정의 공기는 여전히 불온했다. 원병을 다시 불러내는 것은 둘째치고, 조선이 누르하치에게 넘어가 '창을 거꾸로 잡지나 않을까' 하는 의구심이 갈수록 증폭되었다.

> 조선이 누르하치에게 넘어간다면? 누르하치는 아마 제일 먼저 조선에게 수군을 징발할 것이다. 조선은 육군은 몰라도 수군은 대단히 강한 나라다. 누르하치는 조선 수군을 이용하여 압록강을 타고 내려와 황해 바다로 들어설 것이다. 그러면 여순과 천진은 물론 산동성의 등주, 내주, 양주까지 바로 위협에 직면한다. 육지에서의 게임은 이미 누르하치의 완승으로 끝나가고 있다. 그런데 누르하치가 수군마저 확보한다면?

명으로서는 상상하기조차 섬뜩한 시나리오였다. 누르하치가 조선 수군을 이용하여 산동 등 내륙 지방을 공격하면 자신들의 조운로(漕運路)가 위협받을 것이고, 그것은 가만히 앉아서 망하는 지름길이기 때문이다.

조선에 대한 감시의 눈빛은 더욱 번뜩였고, 이러저러한 요구 또한 계속되었다. 1619년 11월, 명은 원현룡(袁見龍)이란 인물을 보내와 1만 명의 병력을 다시 징발하라고 요구했다. 1621년 4월에는 총독 문구(文球)가, 1622년 3월에는 감군(監軍) 양지원이 와서 군사를 다시 징발해달라고 요청했다. '심하전투' 이후 거의 해마다 징병 요청이 이어졌던 것이다. 어느 경우를 막론하고 재징병을 요구할 때마다 명이 내세운 명분은 "재조지은에 보답하라"는 것이었다.

오랑캐 하나를 당하지 못하여 또 다른 '오랑캐'의 항배에 주목하고,

또 그 오랑캐에게 손을 벌려야만 했던 처지. 명으로서는 분명 자존심이 상하는 일이었다. 하지만 이것저것 '체면'을 따질 겨를이 없었다. 어떻게 해서든 조선을 자신들의 편으로 확실히 묶어두어야 했다. 상황은 그만큼 급박했다. '심하전투' 이후 조선에 대해 회유와 협박을 동시에 구사했던 명의 고민이 바로 여기에 있었던 것이다.

"외교는 사술(詐術)을 피하지 않는다"

서광계의 협박 소식을 들은 직후 광해군은 부랴부랴 이정구(李廷龜)를 불러들였다. 이정구는 당시 조선에서 제일가는 문장가였다. 특히 중국에 보내는 외교문서를 짓는 실력은 자타가 공인하고 있었다. 심지어 중국인들까지 그의 문장 실력을 인정했다.

하지만 그는 당시 대북파에게 밀려 조정에서 쫓겨나 있었다. 인목대비를 처벌하는 문제인 '폐모 논의'에 대해 미적거린다는 것이 그가 쫓겨난 이유였다. 대북파가 보기에 그는 한마디로 '불충한 인물'이었다. 하지만 이제 그런 문제를 따질 겨를이 없었다. 명을 설득시키려면 이정구의 문장과 경험이 필요했다. 광해군은 이정구를 불러들여 변무사(辨誣使)로 삼았다. 대북파의 신료들은 '불충한 인물'을 조정에 다시 불러들이면 곤란하다고 반대했다. 하지만 광해군은 그것을 일축해버렸다. 그러고는 그를 북경으로 보냈다. 이정구는 북경에서 예의 화려한 문장과 언변으로 조선 사정을 설명한 뒤 '서광계 문제'를 해결했다. 광해군의 기대를 저버리지 않았던 것이다.

명의 재징병 요구에 대한 광해군의 태도는 단호했다. 이미 강홍립 등이 거느리는 대군을 보냈으므로 더 이상은 안 된다는 것이었다. 1619년 11월, 재징병을 요청하러 온 원견룡을 만났을 때의 일이다. 원견룡이 호소 반, 협박 반의 태도로 재징병을 요구하자 광해군은 "조선이 아직 왜란의 후유증에서 벗어나지 못했다"는 이유를 들어 그것을 거부한다. "왜란 핑계를 그만 대라"고 원견룡이 응수하자 광해군은 다시 정연한 논리를 내세워 그를 반박했다.

> 조선이 원병을 다시 보내면 누르하치는 분병 그 틈을 타서 창성과 삭주를 넘어 의주를 가로질러 쳐들어올 것이오. 그러면 조선은 명에 조공하는 길이 막히게 되오. 여진족 중에도 해변에서 자라서 배를 잘 부리는 자들이 있소. 그들이 배를 몰아 바다로 나가면 바로 여순이 위험해질 것이오. 그러니 압록강을 끼고 있는 평안도를 잘 지키는 것이야말로 명을 위해서도 가장 좋은 계책이 되는 것이오.

"명을 위한 가장 좋은 계책은 조선의 평안도를 잘 지키는 것이다"라는 광해군의 이 말에 원견룡은 말문이 막히고 말았다. 논리가 정연하기도 했지만 '더 이상'은 안 된다는 의지를 읽어냈기 때문이었다.

광해군은 '강홍립 문제'에 대해서도 흔들리지 않았다. 신료들은 강홍립 때문에 명의 의심을 사고 있다는 이유를 들어 강홍립의 가족을 잡아다가 처벌해야 한다고 아우성이었다. 하지만 그는 들은 척도 하지 않았다. 강홍립은 억류된 중에도 밀서를 보내 후금의 사정을 알려주는 등 광해군에게는 여전히 중요한 '정보원(情報原)'이었다. 광해군은 오히려 그의 가족들을 보살펴주고, 가족들이 강홍립과 서신과 물자를 주고받는 것

「시진검격도(矢盡劍擊圖)」

'심하전투' 당시 항복하지 않고 분전하다가 순국했던 김응하의 전투 장면이다. 버드나무 밑에서 왼손에 칼을 들고 저항하고 있는 인물이 바로 김응하다. 화살이 떨어지자 칼을 빼들고 싸웠고, 오른손에 화살을 맞자 왼손으로 칼을 바꿔 잡고 끝까지 저항하여 후금군조차 경의를 표했다는 용장이었다.

을 허락했다.

이 대목에서 다시 엉뚱한 생각이 떠오른다. 로버트 킴이라는 인물이 있다. 1995년 북한의 잠수함이 동해로 침입했을 때 그와 관련된 미 해군의 정보를 빼내 한국에 넘겼다는 이유로 징역 9년형을 언도받고 현재 미국 연방교도소에서 복역 중인 인물이다.(편집자 주: 205쪽과 마찬가지.) 얼마 전 그는 편지를 보내 한국 정부의 '무신경'에 절규한 바 있다.

부잣집(미국)에 시집온 가난한 처녀가 친정(한국)의 어려운 소식을 듣

김응하의 유상(遺像)

정조 대 편찬된 『충렬록』에 실려 있다. 광해군은 '심하전투' 이후 김응하를 추앙하는 사업을 벌임으로써 "조선이 후금에게 고의로 항복했다"고 여기던 명의 의심을 잠재우려 했다. 이런 목적에서 편찬한 것이 추모시집인 『충렬록』이다. 따라서 광해군 대 편찬된 『충렬록』은 정조 대 편찬된 『충렬록』과는 다른 책이다.

고 어떻게 가만히 있을 수 있겠는가?

자신이 미 해군의 정보를 한국에 넘기게 된 동기를 이렇게 표현했던 로버트 킴은 자신에게 아무런 도움이나 관심을 보여주지 않는 한국 정부에 대해 섭섭함을 숨기지 않았다. 강홍립을 서술하면서 갑자기 로버트 킴이 떠오르는 것은 무슨 까닭일까?

광해군은 강홍립을 비호하면서도 그의 항복을 고의적인 것으로 여기는 명의 의심을 희석시키려 했다. 대표적인 것이 1619년 '심하전투' 직후부터 벌어진 '김응하(金應河) 추모 사업'이었다. 선천부사(宣川府使)였던 김응하는 '심하전투' 당시 좌영장으로 출전했다. 그는 후금군의 공격을 받아 진영이 무너지는 와중에도 끝까지 분전하여 무수한 적을 베고, 창에 찔려 죽어가면서도 칼을 놓지 않아 후금군조차 경의를 표했다는 용장이었다. 광해군은 죽은 그에게 호조판서를 내렸다. 그러고는 명나라 사신들이 왕래하는 길목에 그를 모시는 사당을 지으라고 지시했다. 아무래도 명나라 사신들의 이목을 의식한 '전시용'의 성격이 짙었다.

이어 김응하의 무공과 투혼을 찬양하는 시집을 제작했다. 『충렬록(忠烈錄)』이 바로 그것이었다. 『충렬록』 편찬 과정에는 조정의 신료들이 모두 참여하여 김응하를 찬양하는 시를 지어 수록했다. 뿐만 아니라 '심하전투' 당시 조선군을 지휘했던 명나라 장수 유정과 교일기를 추모하는 제문도 실었다.

재미있는 것은 『충렬록』을 편찬하는 데 머물지 않고 그것을 만주 지역까지 유포했다는 점이다. 곧 김응하처럼 조선의 군사들도 후금군과 치열하게 싸웠다는 것, 그의 죽음을 온 나라가 추모하고 있다는 사실을 명나라에 전파시킴으로써 강홍립의 항복에 명의 관심이 집중되는 것을 막으려 했던 것이다.

이는 어쩌면 명을 기만하는 행동이었다. 하지만 광해군은 외교에서는 때로 '사술(詐術)'도 필요하다고 여겼다. 인간과 인간 사이의 관계에서는 분명 문제가 되지만, 명이나 후금 같은 강대국 사이에서 아슬아슬하게 전쟁을 피하면서 살아가려면 어쩔 수 없었다. 쉴 새 없이 정보를 수집하여 상대방의 동향을 파악하고, 그때그때 정확한 판단을 내리는 것. 그것이야말로 처참한 왜란을 직접 겪으면서 그가 터득한 '조선의 생존술'이었다.

광해군은 '심하전투' 이후 그야말로 '뻔질나게' 명 조정으로 사신을 보냈다. 명 조정에 감돌고 있던 조선에 대한 불온한 분위기를 탐지하고, 명의 재징병 요청을 거부하려는 포석이었다. 1619년 11월, 광해군은 측근 윤휘를 보내 요동경략(遼東經略)에게 의주와 마주보고 있는 만주의 진강과 관전에 명군을 배치해달라고 요청했다. 후금이 조선에 쳐들어올 경우 명군이 달려와 구원하기 쉽도록 하기 위한 깜냥이었다. 이제 명과 후금의 대립 구도에서 조선이 차지하는 전략적 중요성을 부각시켜 명에게 군사적 지원을 요청하고, 궁극에는 명이 조선에 대해 더 이상 재징병을 요구하지 못하도록 하려는 고도의 전술이었다. 한마디로 명에 대한 '외교적 역공'이라 할 만했다.

비변사 신료들은 명나라가 위험한 판국에 달려가 구원할 생각은 하지 않고, 아직 일어나지도 않은 후금의 침략을 걱정하느냐고 비판했지만 광해군은 단호했다. '심하전투' 이후 광해군은 대외 정책의 방향을 결정할 때 신료들의 주장은 거의 무시해버렸다. 신료들과 격렬한 찬반 논의를 벌인 끝에 보냈던 원병이 대패했기 때문이었다. 그가 생각하기에 신료들은 큰소리만 칠 뿐 대국(大局)을 볼 줄 아는 자가 없었다. 자연히 신료들을 무시하는 태도를 보이게 되었다.

> 과인은 이미 군대를 보내기 전부터 패배할 것을 알고 있었소. …… 궁궐을 짓는 사업을 포기하면 그대들은 과연 누르하치의 목이라도 베어 올 수 있다는 말인가?

'심하전투' 직후 재정이 고갈되었음을 이유로 궁궐 건설 공사를 중지하라고 했던 신료들의 요청에 대해 광해군이 내린 대답이었다. 신료들에 대한 냉소적인 자세가 진하게 스며 있다. '심하전투' 패전은 역설적으로 대외 정책에 관한 한 광해군의 자신감을 키워놓았던 것이다.

광해군은 이후에도 고급사(告急使), 주문사(奏聞使), 재자관(齎咨官)

등 각종 명목의 사신들을 줄줄이 명으로 보냈다. 사신들은 자신들이 북경을 왕래하면서 목도했던 명나라의 내부 사정을 정리하여 광해군에게 보고서를 올리기도 했다.

> 저는 지난해 6월 재자관으로 요동에 들어갔습니다. 그때는 '심하전투'에서 패한 직후라 요동에 남아 있는 명나라 장졸들의 숫자는 수만도 안 되었습니다. 군기는 풀어져 있었고, 바야흐로 경략 양호가 탄핵을 받아 처벌을 기다리는 중이라 아무것도 수습된 것이 없었습니다. 제가 봐도 심히 걱정되던 차에 요동경략 웅정필(熊廷弼, 패전 이후 새로 요동 지역 사령관으로 임명된 인물)이 새로 와서 군병들을 이끄니 기세가 조금은 나아진 것 같습니다. 비록 나아졌다고는 하나 명군은 아직 겁에 질려 있으며 말들은 전부 피폐한 것들뿐입니다. 이런 형편에서 후금과 다시 대적한다는 것은 아마도 힘들 듯합니다.

'심하전투' 직후 재자관으로 북경에 다녀온 황중윤(黃中允)이 남긴 '정보 보고서'의 내용이다. '심하전투' 이후 만주에 있던 명군의 사정을 일목요연하게 보여준다. 광해군의 측근이던 황중윤의 이 기록은 광해군이 빈번하게 사신을 명으로 파견했던 이유를 엿볼 수 있게 해준다. 광해군은 주변 국가의 정보 수집에 관한 한 상당한 감각을 지닌 임금임이 틀림없었다.

광해군은 때로 사신들 편에 조선이 탐지한 후금에 관한 정보도 들려 보냈다. 이 같은 그의 노력은 명나라 신료들에게서도 인정받았다. 1620년 명의 요동경략 웅정필(熊廷弼)은 광해군이 여러 차례 요청했던 '진강

관전 방어론'을 보고받은 뒤 "조선이 중국을 위해 염려해주는 것이 중국이 스스로를 염려하는 것보다 더 심각하다"라고 평가했다. 명의 재징병 요구를 회피하려는 광해군의 노력이 먹혀들고 있다는 반증이었다.

1622년 감군 양지원이 다녀간 이후에도 명은 조선에게 병력과 함정 등을 제공해달라고 계속 요구했다. 광해군은 함정을 제공하는 것은 수락했지만 병력을 다시 보내는 것은 끝까지 거부했다. 명이 누르하치에게 다시 전쟁을 걸어보았자 승산이 없다는 현실을 파악했던 것이다. 이미 여러 경로를 통해 명군의 피폐한 상황을 인지하고 있었기 때문에, 이길 가능성이 거의 없는 '도박'에 응하려 하지 않았다.

그럼에도 명나라 사신들이 수시로 왕래하고 도성에 머무는 횟수가 잦아지자, 광해군은 명나라 사신들의 동태까지 감시하라고 비변사에 지시했다. 1623년에는 아예 명사들을 접견하는 것을 회피했다. 외교에 관한 한 광해군은 참으로 냉정한 인물이었다.

대명 외교, 내정에 파장을 몰고 오다

광해군이 나름의 해안과 탁월한 외교 수단을 통해 후금과 평화를 유지하고 명의 재징병을 회피하는 데 성공했지만, 그것만으로 모든 문제가 해결된 것은 아니었다. 외교는 내정의 연장이라 했다. 광해군이 최초의 징병 요구를 회피하려 했던 것, 결국 명의 압력과 비변사 신료들의 채근을 이기지 못하고 원병을 보냈던 것, 1619년 조명 연합군이 '심하전투'에서 패한 것, 이후에도 거듭되었던 명의 재징병 요구를 여러 가지 외교 수단을 통해 끝내 회피한 것 등 일련의 사건들이 내정 전반에 심상치 않은 파장을 몰고 왔다. 그리고 그 파장 속에서 인조반정으로 가는 조짐들이 조금씩 싹을 틔우고 있었다.

먼저 원병을 보냈던 것은 광해군이 예상했던 그대로 조선 사회에 심각한 사회경제적 영향을 끼쳤다. 1만 명 이상의 병력을 동원했던 것은 당시의 피폐한 현실에서 분명히 무리였다. 당시 전투병 1만 명은 평안도 3,500명, 전라도 2,500명, 황해도 2천 명, 충청도 2천 명 등 각도에 할당하여 동원했다. 병력을 징집하기 위해 중앙에서 각 도에 관원들을 파견하고 뽑아놓은 장정들을 서울로 불러 모으는 과정에서 온 나라가 벌집을 쑤신 듯이 소란스러워졌다.

원정군에게 지급할 군량을 마련하는 것도 쉬운 일이 아니었다. 군량으로 들어갈 쌀과 잡곡은 주로 전라도와 충청도에서 거둬들였다. 또 명나라가 요구한 말 1천 필을 조달하는 비용도 전부 농부들에게 부과되었다. 역시 궁궐을 건축할 때와 마찬가지로 조도사(調度使)라는 임시 관원들을 파견하여 징수를 독촉했다. 자연히 증세 조처에 대한 백성들의 불만이 커질 수밖에 없었다. 원정군이 압록강을 건너는 때가 한겨울이어서 방한복을 준비하는 것도 빼놓을 수 없는 일이었다. 방한복의 재료인 면포를 마련하는 비용은 서울과 개성에 사는 백성들의 몫이었다.

장정들을 징발하고 곡식과 면포를 거두어들이는 것 때문에 "온 나라가 몸살을 앓는다"고 했는데, 이는 결코 과장이 아니었다. 엎친 데 덮친 격이라고나 할까? 궁궐 공사와 원정군에게 들어가는 비용 때문에 원성이 높아가고 있던 무렵, 전라도와 충청도에서는 심각한 기근이 들었다. 궁지에 몰린 농민들이 고향을 등지거나 도적 떼로 변신하고 있다는 우울한 소식이 전해졌다. 하지만 이미 병력을 보내기로 명과 약속한 이상, 그것을 파기하기는 어려웠다.

이 같은 악조건 속에서 '박박 긁어모아' 보낸 병력이 후금군에게 패하여 대부분 전사하거나 포로로 억류되었다는 소식이 전해졌을 때, 조선 사회는 흔들릴 수밖에 없었다. 아버지나 형제를 잃은 고아, 남편을 빼앗긴 과부 등 이산가족이 속출했다.

당시 후금은 조선인 포로들을 그야말로 애지중지했다. 포로들 가운데 체격이 건장한 자들은 자신들의 병력으로 편입시켰다. 그렇지 못한 장정들 또한 경작에 투입하여 부릴 수 있는 소중한 노동력이었다. 이 때문에 그들이 포로들을 송환해주는 것은 바랄 수 없었고, 요행히 그들의 감시를 피해 도망쳐 오는 것을 기대할 수밖에 없었다. 『광해군일기』에 따르면 '심하전투'가 있었던 1619년(광해군 11) 3월 이후부터 7월까지 도망쳐 온 포로들의 숫자는 1,400명 정도였다. 결국 1만 명에 가까운 장정들이 전사하거나 후금 땅에 붙잡혀 있었던 셈이다.

조선 인구 가운데 1만여 명에 이르는 장정들이 사라져버린 후유증은 만만치 않았다. 특히 평안도를 비롯한 서북 지방의 사정이 심각했다. 원정군으로 뽑혀 출전했던 장졸들 중 돌아오지 못한 자가 고을마다 많게는 400~500명에서 적게는 100~200명에 이르렀다. '심하전투'가 끝난 한참 뒤에도 평안도 각 고을에서 통곡 소리가 끊이지 않는다고 할 정도였다.

평안도가 입은 피해의 여파는 연쇄적으로 다른 지방으로 미쳤다. 조정은 후금과 가장 가까운 평안도 지방의 방어 공백을 메우기 위해 전라도와 경상도 등지에서 병력을 뽑아 평안도로 올려 보냈다. 남쪽 출신 병사들은 낯설고 물설은 평안도 변방에서 수령들에게 시달렸다. 평안도로 가는 병사들이 지나가는 길목에 있는 황해도 주민들은 그들대로 또 피해를 입었다.

눈 덮인 빈 산에
한 줄기 오솔길 뻗어 있어
외진 마을에 저문 연기 오르는데
방아 찧는 소리 드물더라

수숫대 엮어서
사립문이라 가린 집에
기울어진 벽 옆으로
베틀 하나 놓였는데

일흔 넘은 늙은 할멈
꼬부라진 허리로 쪼그리고 앉아
손님 보고 후유 한숨 쉬며
눈물 섞어 자기 신세 하소연한다

"연전에 자식 하나 둔 것이
병영에 소속되었는데
명색이 포수로 뽑혀
요동 땅으로 건너갔지요

거기서 우리 군사 싸움에 패했으니

전들 살아올 수 있나요
뼈다귀 뒹구는 모래밭
어느 곳에 파묻혔는지

늙은이 고단한 신세
죽으나 사나 매일반이지만
어린 손주 품에 안고
한목숨 어디 붙여 살아가나

또 지난 겨울 일이지요
수자리 군사 수백 명이 들이닥쳐
우리 마을 짓밟고 빼앗는데
사납기가 오랑캐보다 무섭더이다

쌀독엔 곡식이 바닥나고
간장 된장까지 거덜났는데
어찌 바라기나 하였겠소
고리짝에 옷가지인들 남겨두리라고

우리 몇 식구
도토리 산나물로 연명하니
몸은 야위고 기운이 빠져
팔다리도 말을 듣지 않고

목숨이 모질어 살아 있지만
사는 것이 죽느니만 못하지요
차라리 지금 눈이나 감아버리면
다시 무슨 근심 걱정 있으리오"

임형택이 번역하여 『이조시대 서사시』란 책에 실어놓은 「봉산 동촌에서(宿鳳山東村)」란 시의 일부분이다. 이 시의 저자인 이민성(李民宬, 1570~1629)은 광해군과 인조 초년에 걸쳐 대명 외교에서 중요한 역할을 했던 관인이었다. 그런데 그 역시 '심하전투'와 일정한 관계를 맺고 있었다. 당시 강홍립의 종사관으로 출전했다가 포로가 되었던 이민환(李民寏, 1573~1649)이 바로 그의 아우였기 때문이었다. 이민환은 후금에 억류되어 있다가 천신만고 끝에 귀환할 수 있었지만 '오랑캐에게 항복했다'는 주위의 비난 때문에 쉽사리 서울로 들어올 수 없었다. 어쩔 수 없이 평안도에 머물고 있는 아우를 만나기 위해 이민성은 북행길에 올랐고, 그때 황해도 봉산의 시골 마을을 지나게 되었던 것이다.

이민성이 우연히 들렀던 촌가의 노파에게는 위의 시에 적힌 사연처럼 너무나도 처절한 아픔이 있었다. 아들은 '심하전투'에 출전했다가 살았는지 죽었는지 소식조차 끊겼다. 노파가 사는 마을은 후금의 침략을 막기 위해 평안도로 가던 병사들에 의해 약탈당했다. 그뿐만이 아니다. 양식이 떨어져 도토리와 산나물로 겨우 연명해야 할 만큼 궁박한 현실은 노파를 벼랑 끝으로 몰아버렸다. 오랜만에 상봉할 아우에 대한 그리움과 안쓰러움 때문에 마음이 급한 이민성이지만, 노파의 하소연 앞에선 목이 멘다.

할머니의 하소연을 듣고 있자니
뼛골이 사무치도록 눈물겹다
"할머니, 잠깐
내 말도 들어보오

우리 집 식구 중에도 있었지요
창 들고 싸움터로 나간 사람
목숨이 실처럼 이어져
만 번 죽을 고비 살아서 돌아왔구료

내 지금 먼 길을 가는 것도
이 모진 전쟁 때문이라오
방금 말씀 듣고서
나도 모르게 눈물이 쏟아지오"

아아 슬프다
이를 어찌 하나
넓고 넓은 하늘 아래
할멈 혼자만 저러할까

어이하면 얻을 건가?
전쟁이 영영 끝나 병장기 없어지고
넓고 넓은 하늘 아래

이민성이 슬픔에 젖은 노파를 다소나마 위로하려고 했던 말이다. 노파의 아들은 죽었지만 어쨌든 자신의 동생은 살아 돌아왔다. 자식마저 잃고 벼랑 끝에 몰린 노파에 대한 미안함 때문에 자신의 동생은 "목숨이 실처럼 이어져" '겨우' 돌아왔음을 강조한다. 요컨대 이 시에서 묘사된 것처럼 1619년의 '심하전투'에 조선군이 참전했던 것은 조선 사회에 깊은 상처를 남겼던 것이다.

그것은 분명 악순환이었다. 전장으로 떠났던 사람들은 죽거나 사로잡혀 억류되는 슬픔을 겪었지만, 살아남은 사람들은 누르하치에 대한 두려움 때문에 전율했다. "이제 곧 누르하치의 조선에 대한 보복이 시작될 것이다." 조선과 명이 힘을 합쳤어도 꺾지 못한 누르하치였다. 그런 누르하치가 쳐들어온다면? 사람들은 지레 겁을 먹었다. 1619년 12월, 후금군을 막으라고 압록강변에 투입된 남방 출신 병사들은 주둔지를 이탈하여 대거 도망쳤다. 전쟁이 곧 일어날 것이라는 소문이 서울 장안에 떠돌았고, 그에 놀라 서울을 떠나는 사람이 줄을 잇는다는 과장 섞인 보고들이 올라왔다.

병력을 징발하고 세금을 더 거두는 과정에서 피해를 입었던 전라도와 충청도, 도성 주변에는 화적까지 날뛰었다. 후금에 대한 두려움에 방어 대책을 마련하는 과정에서 부과되었던 경제적 부담에 대한 반감이 더해지면서 나타난 현상이었다.

이래저래 광해군의 어깨는 무거울 수밖에 없었다. 그는 패전 직후 팔도의 관찰사들에게 민심을 수습하라고 당부하는 간곡한 내용의 유시를 내렸다.

팔도의 관찰사들에게 유시하노라. 근래 서쪽 변방의 보고 때문에 서울과 지방의 인심이 놀란 모습이 마치 새와 짐승이 날뛰는 것 같고 농사마저 포기한다고 한다. 농사철을 놓치면 백성들은 자신의 하늘을 잃어버리게 되니 무슨 수로 나라꼴이 될 것이며 어떻게 적을 막을 수 있겠는가? 저 적들이 오기도 전에 백성들이 도적이 되는 판국이니 그대들은 백성들에게 요역을 감면해주고 농사에 힘쓸 것을 권장토록 하라.

원정군을 보내기 전에는 어떻게 해서든 명의 요구를 거부하는 문제로 고민했는데, 이젠 원정이 남긴 상처 때문에 골머리를 앓아야 했다.

하지만 광해군의 머리를 아프게 만들었던 것은 하층의 백성들만이 아니었다. 재야 사림들은 그들대로 '눈을 흘기고' 있었다. 사대부들은 강홍립의 항복과 그 이후 광해군이 취했던 대외 정책을 '강상 윤리를 무너뜨린 행위'라고 비난했다. 이유가 무엇이든 강홍립이 후금군에게 항복했던 것이 화이론자(華夷論者)인 그들에게 좋게 보일 리 없었다. 이미 영창대군이 죽고 폐모 논의가 제기된 이후 조정에서 마음이 떠난 그들이었다. 동생을 죽이고 어머니를 폐하려 들더니, 이제는 짐승만도 못한 오랑캐에게 무릎을 꿇었다. 그러고는 도와달라는 명의 요청마저 이 핑계 저 핑계를 대면서 회피하려 했다. 그들이 보기에 조정에서 하는 일이란 하나같이 마음에 들지 않는 것뿐이었다. 이렇게 사대부들은 사대부들대로, 하층민들은 또 그들대로 조정에 대한 반감과 불만이 커져가면서 사회 전반이 동요하고 있었다.

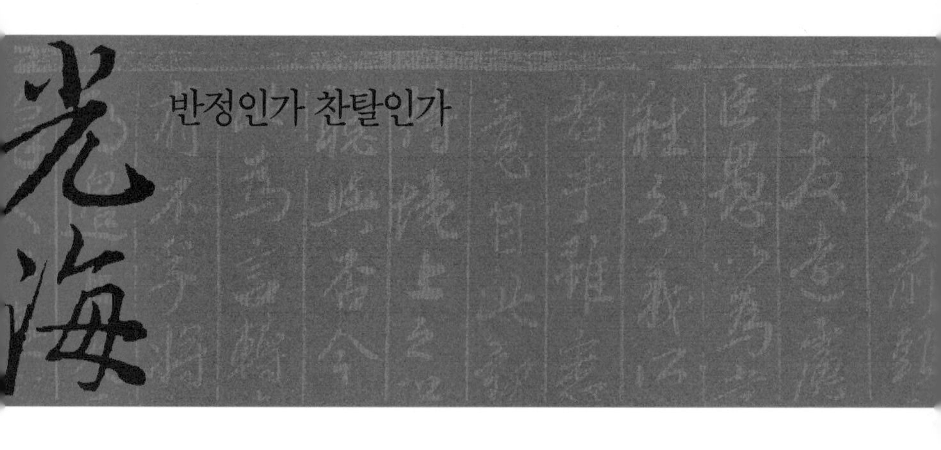

서인들, 재기의 기회를 얻다

원병 파견과 '심하전투' 패전 이후 전개된 외교정책은 조정의 정치판에도 미묘한 변화의 조짐들을 몰고 왔다. 이미 말했던 것처럼 광해군의 목소리가 확실히 커졌다. 반면에 원정군을 보내야 한다고 우겼던 비변사 신료들은 할 말이 없었다. 광해군은 때로 기염을 토했다.

> 거 봐라. 나는 이미 애초부터 그렇게 될 것을 알고 있었다. 저 적들은 40년 동안 군대를 길러와 이제 한창 기세가 오르는 판이다. 그런데 나약하기 짝이 없는 우리 군대를 호랑이 굴속으로 밀어 넣었으니 전군이 패하여 항복한 것은 조금도 이상할 것이 없다.

패전 이후 광해군이 신료들에게 퍼부은 질타는 이런 식이었다. 자신의 '선견지명'에 대한 자신감과 함께 신료들에 대한 극단적인 냉소의 분위기가 묻어난다.

이 같은 분위기 속에서 각 정파 사이의 역학 구도에 미묘한 변화의 조짐이 나타나기 시작했다. 패전 이후 광해군은 대북파에 의해 조정에서 쫓겨났던 서인, 남인, 소북계의 인물들을 다시 불러들였다. 위기가 닥치면 인재가 아쉬운 법이다. 원병을 다시 보내라는 명의 요구에 대처하는 문제를 비롯하여 전반적인 대외 정책을 어떻게 이끌 것인가라는 난제를 앞에 두고, 광해군은 과거 이원익, 이항복, 이덕형처럼 노련하고 경륜 있는 인물들이 아쉬울 수밖에 없었다. 그러나 이항복, 이덕형은 이미 죽고 없었다. 이원익은 폐모 논의에 반대하다가 대북파들의 탄핵을 받아 귀양을 가 있는 형편이었다.

광해군 주위에는 대북파가 있었지만 그들은 문제가 있었다. 어찌된 일인지 이이첨은 대외 정책만은 광해군과 다른 입장을 보였다. '심하전투' 이전에는 원병을 보내야 한다고 우기더니 "후금의 사자를 처형하고 그들이 보내온 국서를 불태워 대의가 살아 있음을 보여주어야 한다"며 준열한 척화론을 설파했다. 이이첨을 비난하는 사람들은 이이첨이 '척화파'로서 명분을 얻기 위해 본심을 감추고 '쇼를 한다'고 비아냥거렸다. 광해군 역시 그런 이이첨이 마음에 들지 않았다.

그렇다고 대외 정책을 펴는 과정에서 새로운 측근으로 떠오른 박승종, 윤휘, 임연, 황중윤 등에게 모든 것을 맡기기에는 왠지 모르게 불안했다. 박승종과 임연은 소북, 윤휘는 서인, 황중윤은 남인에 가까운 인물들이었다. 어쨌든 일단 대북파가 아닌 인물들이 광해군의 새로운 측근으로 부상했다는 사실만으로도 정치판에 변화가 일어나고 있다는 징표가 되기에 충분했다.

특히 이이첨에게 '식상했던' 광해군은 1619년(광해군 11) 3월 박승종을 영의정으로 임명했다. 박승종은 이이첨과 오랜 정치적 라이벌이었다. 그는 명과 후금 누구와도 원한을 맺지 않으려는 광해군의 외교적 입장에 확실히 동조했다. 윤휘, 임연, 황중윤 등은 쉴 새 없이 북경을 오가며 광해군이 내려준 지침을 전달하는 실무자 역할을 잘해냈다. 하지만 그 이상의 기획 능력은 없었다. 노회한 명나라 신료들이나 돌파력이 뛰어난 후금의 사자들을 상대하기에는 어딘지 부족해 보였다.

광해군이 생각하기에 조선 사정을 명 조정에 알려 설득시키고 그들을 외교적으로 '주무르려면' 우선 뛰어난 문장가가 필요했다. 수시로 조선에 드나드는 명나라 관리들을 상대하기 위해서도 마찬가지였다. 더욱이 명으로 보내는 외교문서는 아무나 쓸 수 있는 것이 아니었다. 문장에 관한 한 우리보다 '한 수 위'로 자임하는 명 예부의 관리들이 감탄할 정도의 실력이어야 했다. 조정에는 그런 인재가 없었다. 쫓겨난 서인 이정구를 다시 불러들였던 이유가 거기에 있었다. 뿐만 아니라 폐모 논의 등을 계기로 유배되었던 '노성한' 인물들인 이원익, 심희수(沈喜壽), 남이공, 이귀, 조희일(趙希逸), 최명길 등도 석방했다. 그 배경에는 이들을 끌어들여 이이첨을 견제하려는 박승종의 계산도 있었다.

문제는 대북파였다. 그들은 이정구 등을 석방하여 다시 등용하는 것에 반발했다. 이유는 그들이 폐모 논의 등을 반대했던 '불충한 무리'라는 것이었다. 이정구의 등장으로 당시 명으로 보내는 외교문서 작성을 도맡다시피 했던 이이첨의 위상이 당장 흔들릴 수밖에 없었다. 대북파는 "아무리 문장이 뛰어난 인물이 필요하다지만 불충한 무리를 불러들이면 안 된다"고 일침을 놓았다. 예의 '토역 담당자'를 자임한 대북파는 '전가의 보도'를 다시 꺼내 들었던 것이다.

그런데 광해군의 태도는 옛날과 달랐다. 이정구는 '불충한 인물'이기 때문에 등용해서는 안 된다고 반발하는 대북파에게 내린 그의 답변은 충격적인 것이었다.

> 김제남이 너희들의 덕이 된 지 오래되었다. 무릇 다른 사람들을 모함해야 할 필요가 생기면 반드시 김제남을 함정으로 삼아왔다. 너희들의 말이 더 이상 신기하지 않고 듣기에도 피곤하니, 이젠 그만둘 때가 된 듯하다.

김제남은 인목대비의 아버지이자 영창대군의 외조부였다. 뿐만 아니라 계축옥사의 주모자로 몰려 주살된 '역적'이자 이후 폐모 논의가 시작되는 데 단서를 제공했던 인물이었다. 대북파는 '불충한' 그를 처단한 것을 자신들의 공적으로 내세워 '토역 담당자'로서 발신하는 데 근거로 삼아왔다. 그런데 이제 더 이상 그 얘기를 꺼내지 말라니?

광해군의 발언은 '역적을 토벌해야 한다'는 명분을 내세워 정치적 반대파를 탄압해온 대북파의 행태를 더 이상 좌시하지 않겠다는 의지의 표현이었다. 나아가 이제는 이이첨 등을 견제하겠다는 의사를 표시한 것이기도 했다. 당시 권력이 비대해지면서 정적의 숫자가 날로 증가하고 있었던 이이첨에게, 광해군의 발언은 '찬바람' 그 자체였다. 권력 유지의 원천이었던 광해군과의 밀착에 균열이 생기고 있었던 것이다.

1622년, 광해군은 석방된 서인과 남인의 중진들에게 다시 벼슬을 주었다. 이귀, 남이공, 이수광(李睟光), 정경세, 정엽(鄭曄) 등이 다시 관직에 나아갔다. 특히 이귀는 황해도 평산(平山)부사에 임명되었다. 이귀를 풀어주고 다시 등용했던 것은 최명길을 석방한 것과 함께 광해군의 커다란 '실수'였다. 두 사람 모두 1년 후 인조반정을 통해 광해군을 권좌에서 끌어내린 장본인들이었기 때문이다.

이미 1620년(광해군 12)경부터 쿠데타를 모의해왔던 이귀로서는 그야말로 하늘이 내린 기회를 잡은 셈이었다. 당시 평산에서 개성에 이르는 길에는 호랑이가 자주 나타나서 인명 피해가 그치지 않고 있었다. 이귀가 평산으로 부임하기 위해 조정을 떠나던 날, 광해군은 그에게 호랑이를 퇴치하는 데 힘쓰라고 특별 지시를 내렸다. 이귀는 부임 후 호랑이를 잡아 광해군에게 자주 올려 보내 환심을 샀다. 그러면서 다음과 같은 글을 올렸다.

> 호랑이가 나타나는 곳은 경기도와 황해도의 접경이온데 사냥을 하다가 호랑이가 다른 지역으로 도망치면 감히 경계를 넘어가 잡을 수 없습니다. 따라서 아무리 많은 군사를 동원해도 중도에서 그만두기 일쑤니 청컨대 호랑이 사냥을 할 때는 호랑이를 쫓아가는 것이 경계에 국한되지 않도록 해주옵소서.

광해군은 이귀의 청을 받아들였다. 장단, 개성의 지방관들에게 이귀와 힘을 합쳐 호랑이 사냥에 힘쓰라고 지시하고 호랑이를 쫓을 때는 경계를 넘어가도 좋다고 허용했다.

당시 장단부사는 이서(李曙)였고, 평산에서 장단으로 가려면 개성을 지나야 했다. 쿠데타를 일으킬 때 이서와 합세하려고 했던 이귀는 항상

이귀

인조반정을 실질적으로 주도한 모주(謀主)인 이귀는 성혼의 제자였다. 성격이 괄괄했던 그는 정인홍을 비롯한 북인들과 끊임없이 갈등을 빚었다. 임진왜란 이후 정인홍에게 밀려 권력에서 물러났던 그는 인조반정을 성공시킴으로써 정인홍에게 정치적으로 '역전승'을 거두었다. 영정에 나타난 눈매가 매섭다.

개성을 통과하는 문제 때문에 고민했다. 그런데 이제 호랑이 사냥을 핑계로 개성을 통과하여 장단으로 달려갈 수 있게 된 것이다. 어쨌든 이귀는 평산부사로 있으면서 한편으로는 호랑이 사냥과 다른 한편으로는 후금에 대한 방어 대책을 마련한다는 명분을 내세워 거사를 위한 준비의 시간을 가질 수 있었다.

말년의 광해군은 지쳤던 것일까? 반대를 무릅쓰고 억지로 끌고 온 영건 사업, 역시 비변사 신료들을 어르고 달래가면서 힘겹게 끌고 온 대명 정책……. 그는 외로웠을 수도 있었다. '토역 담당자'를 자임했던 이이첨과도 마음으로는 거의 결별했고, 주변에는 믿고 맡길 만한 확실한 측근이 없었다. 그러다 보니 소심하고 우유부단한 그는 자신의 경호 책임자나 마찬가지인 훈련대장을 6년 동안 11번이나 바꿨다. 주변을 믿을 수 없었다는 얘기다.

이 무렵 인조반정의 성공과 관련하여 김개똥(金介屎)이란 상궁의 이름이 자주 등장한다. 『광해군일기』에 따르면 그녀는 왕세자 시절 광해군의 눈에 든 이후 줄곧 총애를 받았던 여인이었다. 반정을 주도한 이귀와 김자점(金自點) 등은 개똥이와 연줄을 맺고 그녀의 도움을 받았다고 한다. 몇 차례에 걸쳐 이귀 등이 역모를 꾀한다는 내용의 투서가 들어가 광해군이 그를 잡아 문초하고자 했지만, 광해군을 '주물렀던' 개똥이가 이귀를 비호함으로써 결국 유야무야되었다.

> 광해를 폐하고 인조를 세운 수공(首功)이 누구냐? 이때의 일을 말하자면 이귀는 칼자루를 잡은 사람이요, 김류와 김자점은 칼자루요, 이괄은 칼날이다. 하나 만일 궁중에 이귀와 체결한 김개똥이 없었다면 그렇게 쉽게 패망하지는 않았을 것이다.

단재 신채호의 소설 「이괄」에 나오는 구절이다. 신채호가 어떤 자료를 바탕으로 위와 같은 이야기를 했는지는 분명하지 않다. 아마 당시까지 인조반정과 관련하여 구전되거나 야사 속에 전해오는 이야기를 채록했을지도 모를 일이다.

또 김개똥이 무엇을 기반으로 광해군을 주물렀는지도 정확하지 않다. 다만 『광해군일기』의 기록을 보면 그녀에게 무엇인가 '비방(秘方)'이 있었고, 그것 때문에 광해군이 '꼼짝 못하게' 되었다고 적혀 있다. 비방이란 아마도 성적(性的)인 그 무엇을 가리키는 것으로 생각된다. 어쨌든 광해군이 주변 상황을 파악하고 결단을 내리는 데 문제가 생겼고, 이는 김개똥의 존재와 어떤 형태로든 관련이 있었던 것만은 분명해 보인다.

경호 책임자를 수시로 바꾸고 일개 상궁인 개똥이의 참언에 넘어갔다는 것은, 광해군이 자신의 왕권을 유지해주는 공식적인 관료 기구를 불신하고 불안정한 측근들에게 기대려 했음을 의미한다. 그의 불안한 심리 상태와 전전긍긍하는 모습은 『연려실기술』에 실린 다음의 기사에서 엿볼 수 있다.

> 광해군이 항상 궁중의 깊숙한 곳에 몸을 숨기고 사람을 시켜 찾게 하여 찾지 못하면 기뻐하고 찾으면 기뻐하지 않았는데, 대저 변(變)이 있을까 염려하여 몸 숨기기를 연습했던 것이다. 또 은화 수백 궤짝을 궁중에 쌓아놓았는데 만약 왕위를 잃으면 중국에 뇌물을 써서 복위되기를 구하기 위해서였다.

위의 기사를 토대로 유추할 때 말년의 광해군에게 무엇인가 '문제'가 있었음을 짐작할 수 있다. 자신에게 다가올 비극적 최후를 예감하고 있었던 것은 아닐까?

어쨌든 '심하전투' 이후 광해군은 소신 있는 대외 정책을 밀고 나갔지만 그 대외 정책이 몰고 온 내정의 파란을 극복하지 못했다. 그런 상태에서 왕권의 보위를 위해 여전히 전전긍긍했고, 결국 인조반정을 맞게 되었던 것이다.

광해군, 폐위되다

광해군은 1623년(광해군 15) 3월, 서인 일파가 주도한 무력 쿠데타에 의해 폐위되었다. 광해군 정권을 전복하려는 기도는 1620년경부터 추진되었다. 무신 이서, 신경진(申景禛) 등이 계획을 세운 뒤 김류, 이귀, 최명길 등 문신들을 동조자로 끌어들였다. 특히 이귀는 반정을 모의하는 과정에서 모주(謀主)로서 거사를 약속한 문신들과 무신 신경진, 구굉(具宏) 등을 연결시키고 각각의 인원에게 역할을 분담시키는 등 주도적으로 활약했다.

반정을 모의한 서인 일파는 광해군의 조카인 능양군 이종(李倧)을 국왕으로 추대하기로 합의했다. 하지만 보안이 유지되지 않았다. 『광해군일기』에 나온 기록을 보면, 이귀는 '정변의 모주'치고는 입이 가벼웠다. 그는 평산부사로 재직할 당시 순시차 들른 황해감사 이명에게 자신의 계획을 귀띔 했고, 그 내용은 곧 조정에도 알려져 1622년 말이 되면 조정에서는 "이귀와 김자점이 반역을 꾀하니 잡아들여 국문해야 한다"는 주장이 계속 불거져 나오고 있었다. 하지만 광해군은 그 주장을 곧이듣지 않았다. 앞서 말했듯이 이귀와 연결되어 있던 김개똥이 광해군의 판단을 흐려놓은 탓이었다.

1623년 1월 4일, 이귀는 오히려 상소를 올려 자신의 '억울함'을 호소하고 자신을 고발한 사람들과 대질심문을 통해 시비를 가려달라고 역공을 취했다. 이귀로서는 목숨을 건 대담한 도박이었다. 궁중에서 광해군을 '주물렀던' 김개똥에 대한 믿음 때문이었을까? 3월 8일까지도 대북파의 대간들은 "이귀와 김자점을 잡아들여야 한다"고 계속 경고했지만, 광

정선이 그린 창의문

자하문(紫霞門)이라고도 한다. 1623년 3월 12일 인조반정을 일으켰던 반정군이 이 문을 통과하여 창덕궁을 기습했다. 당시 광해군의 경호 책임자인 훈련대장 이흥립은 창의문 부근에 대한 수색을 건성으로 끝냄으로써 반정군의 거사를 도왔다.

해군은 귀담아 듣지 않았다. 3월 11일, 권력의 실세인 유희분, 박승종까지 나서서 사태의 심각성을 역설한 뒤에야 비로소 금부당상(禁府堂上)을 불렀다. 하지만 때는 이미 늦었다.

반정 주체들은 3월 12일 새벽 창덕궁을 기습했다. 기습을 받기 직전 경호 책임자인 훈련대장 이흥립(李興立)은 창덕궁을 호위하고 일부 병력을 보내 창의문 바깥을 수색했다. 그러나 무엇인가 수상한 것들을 찾아내겠다는 의지가 별로 보이지 않는 수색이었다. 연서역(延曙驛)에 모여 있던 반란군은 자정이 지나자 창의문을 통과해 창덕궁 앞에 도착했다. 이때 훈련대장 이흥립은 반정군을 맞이한다. 그의 투항은 곧 반정의 성공을 알리는 것이자 광해군의 몰락을 알리는 서곡이었다. 약 1천 명 정도의 반정군은 별다른 저항을 받지 않고 창덕궁으로 난입했다. 이귀와 김자점을 체포하려고 모여 있던 대소 신료들은 반정군의 함성 소리에 놀라 흩어졌다.

입직 승지 이덕형(李德泂) 등이 다급하게 국왕의 소재를 찾는 와중에 광해군은 후원에 놓인 사다리를 타고 창덕궁 담장을 넘어 피신했다. 젊은 내시의 등에 업힌 채 궁인 한 사람만이 앞에서 인도하는 초라한 형국이었다. 병력을 풀어 진압을 꾀하는 것은 생각조차 할 여유가 없었다. 다급한 와중에 사복시(司僕寺)가 위치한 개천가에 있는 의관 안국신의 집으로 들어갔다. 그러고는 안국신의 친척인 정담수란 인물을 창덕궁 근처로 보내 상황을 파악하라고 했다. 정담수가 별다른 소식을 얻지 못한 채 돌아왔을 때 광해군은 그에게 "이이첨이 저지른 짓이 아닌가?"라고 물었다고 한다. 광해군 말년, 광해군과 이이첨의 관계가 어떠했는지를 단적으로 보여주는 장면이다. 그러는 동안 상황은 끝나가고 있었다.

인조반정의 주도 세력이 동원한 반란군은 대략 1천 명 정도였다. 병력 자체가 얼마 되지 않을뿐더러 장단부사 이서가 거느리던 400여 명 외에는 오합지졸에 불과했다. 당시 조선군 가운데 최정예인 훈련도감 소속의 군사들과 견준다면 거사의 성공은 장담하기 어려웠다. 하지만 훈련대장 이홍립을 포섭함으로써 반정 주체들은 고비를 넘길 수 있었다. 훈련대장을 자주 갈았던 광해군의 우려가 결국 최악의 형태로 실현되었다고나 할까?

'5·16' 당시에도 박정희가 이끈 쿠데타군은 겨우 4천 명 정도였고, 그를 진압하려 했던 이한림 1군 사령관의 예하 병력이 10만이 넘었던 것을 생각하면, 쿠데타의 성공은 무엇보다 권력의 핵심 포스트를 신속하게 장악하는 것이 요체임을 절감하게 된다.

이튿날인 3월 13일, 반정 주체들은 병력을 풀어 광해군의 행방을 쫓았다. 결국 광해군과 그의 아들을 찾아내고 사태를 평정했다. 이어 덕수궁에 유폐되어 있던 인목대비를 뵙고, 그녀의 위호(位號)를 서궁에서 대비로 회복시킨 뒤 옥새를 넘겨받아 능양군을 즉위시켰다. 그가 바로 인조였다.

반정이 성공한 다음 날부터 숙청 작업이 대대적으로 벌어졌다. 박정길, 이위경, 한찬남(韓纘男) 등 대북파의 핵심 인물들이 저잣거리에서 목이 잘렸다. 박승종은 아들과 함께 도망하다가 스스로 목을 맸다. 이이첨은 이천까지 도주했다가 사람들에게 발각되어 잡혀 왔다. 김개똥 역시 처형되었다. 그녀가 결과적으로 반정 세력을 도왔지만 폐모 논의에 관련되어 있었기 때문이다.

정인홍도 합천에서 잡혀 올라와 처형되었다. 당시 그의 나이 여든셋이었다. 참으로 끈질겼던 이귀와의 악연이 정인홍의 '패배'로 비로소 끝나는 순간이었다.

반정 주체들은 평안도 국경 지방으로도 사람을 보냈다. 평안감사 박엽과 의주부윤 정준(鄭遵)을 처형하기 위해서였다. 그들은 바로 광해군의 의중을 받들어 대외 정책을 일선에서 실천했던 인물들이었다. 그들까지 전격적으로 처형한 것은 분명 명을 의식한 조처였다. 실제 훗날 조선과 가까운 곳에 주둔하고 있던 명군 지휘관들은 이들을 처형한 것에 대해 "통쾌한 일"이라고 찬사를 보냈다.

저항 한번 변변히 해보지 못하고 대북파는 거의 전멸되다시피 했다. 그들이 장악했던 권력의 토대가 극히 허약한 것이었음을 입증하는 대목이다. 대북파 관인들은 반정 주체들로부터 '폐모 논의'에의 참여 정도 등 광해군 대의 정치적 행적을 심사받은 뒤 '죄질'에 따라 운명이 결정되었다. 처형되는 것을 겨우 면한 이들은 대부분 투옥되거나 유배되고 '죄질'이 미약한 자들은 조정에서 축출되었다. 특히 북인계 인물 가운데 6품 이상의 관직에 있으면서 '폐모 논의' 등에 관련되었던 신료들은 거의 예외 없이 처벌받거나 조정에서 쫓겨남으로써 북인은 이후 정파로서의 기능을 잃어버렸다.

'주변인'들, 권력의 중심에 진입하다

그것은 한마디로 혁명적인 변화였다. 대북파들이 쫓겨나 비어버린 관직은 반정을 주도한 서인들과 그에 묵시적으로 동조했던 남인들이 차지했다. 특히 반정을 모의하고 거사를 주도했던 김류, 이귀 등 서인계 인물 53인은 '정사공신(靖社功臣, 위기에 처한 종묘사직을 바로 세운 공신)'에 책봉되었고, 이들은 이후 조정을 좌우하면서 실질적인 권력의 핵심으로 부상했다.

반정의 핵심적인 주체들은 어떤 사람들이며 그들이 반정을 일으킨 명분은 무엇인가? 반정의 핵심 주체인 김류, 이귀, 김자점, 구굉 등은 대개 서인 계열의 사대부들이거나 인조와 연결된 외척들이었다. 특히 사대부들 가운데는 이이, 성혼, 김장생(金長生)의 문하생들이 많았다. 이처럼 반정을 주도한 사람들은 대북파에 비해 사제 관계로 연결된 학연적 기반이 확실했고, 성리학을 배운 '학인(學人)'으로서 자의식이 강하였다. 그럼에도 불구하고 이이첨 등 대북파의 견제에 밀리거나 계축옥사 등을 계기로 대북파의 '토역 대상'이 되어 조정에서 쫓겨남으로써 광해군과 대북파에 대해 강한 비판 의식과 불만을 갖고 있었다.

인조반정 주체들이 '신하'의 입장에서 무력을 동원하여 '임금'을 치는 쿠데타를 일으킨 배경에는 그 나름의 명분이 있었다. 인조반정이 성공한 직후, 인목대비는 광해군이 폐위된 사실을 온 나라에 알리기 위해 내린 교서에서 광해군이 저지른 '죄악'을 조목조목 나열했다. 그 '죄악'이 바로 폐위의 명분이었는데 크게 세 가지였다.

첫 번째는 역시 '폐모살제(廢母殺弟)'를 거론했다. 자신이 광해군에게 '어머니'의 위치에 있었음에도 광해군이 대북파의 참소만 믿고 자신의 부친을 참살하고 어린 자식을 빼앗아 죽였다고 질타했다. 따라서 '강상윤리 회복'을 위해 광해군을 폐위한다고 선포했다.

두 번째는 궁궐 건설 사업을 비롯하여 토목공사가 성행했던 것을 거론했다. 10년이 넘게 계속된 궁궐 공사 때문에 수많은 민가가 헐렸으며, 그에 들어가는 막대한 비용 때문에 백성들은 도탄에 빠지고 사직이 위기에 처하게 되었다고 했다.

세 번째는 명에 대한 사대를 소홀히 하고 후금과 밀통함으로써 명을 배신했다는 것을 거론했다. 선조는 40여 년 동안 북쪽을 등지고 앉았던 일이 없을 정도로 명에 대해 정성을 다했는데, 광해군은 두 마음을 품고 오랑캐에게 정성을 바쳐 '재조지은'을 배신했다는 것이다. 요컨대 교서에 나타난 광해군의 '죄악'이자 '폐위 명분'은 '천리를 멸하고 인륜을 끊어서 위로는 명나라에 죄를 지었고, 아래로는 만백성에게 원한을 맺히게 했다'는 것이었다.

역사를 보면 어떤 집단이든 정변을 일으킬 때는 거창한 명분과 이념을 내세운다. 명분과 의리를 중시하는 성리학을 공부했던 사대부들이 일으켰던 인조반정의 경우에도 마찬가지였다. 반정 주체들이 보기에 광해군과 대북파의 정치적 행태는 분명 문제가 있었다. 왕권 강화를 꾀하는 과정에서 빚어진 것이긴 했지만 어머니 인목대비를 서궁(西宮, 오늘날의 덕수궁)으로 몰아내고 동생 영창대군을 죽였던 것이 우선 문제가 되었다. 더욱이 궁궐 등을 짓는 데 필요한 재원을 끌어대기 위해 미천한 신분의 인간들에게 '조도사'라는 명칭을 주고 시골로 내려 보내 사대부들의 긍지를 훼손했다. 반정 주체들이 보기에 광해군 시대는 분명 '말세'였다.

그렇다고 해서 반정과 같은 극단적인 정치적 모험, 아니 목숨을 걸어야 하는 도박을 대의명분만으로 결행하는 사람은 없을 것이다. 거기에는 나름대로 실존적 욕망이 스며들어 있게 마련이다. "광해군 대가 계속된다면, 아니 대북파들이 계속 집권한다면 우리는 어떻게 될까?" 반정을 성공시킨 서인들, 그중에서도 핵심적인 역할을 한 반정공신들은 한 번쯤은 이런 생각을 해보았을 것이다. 광해군 정권이 계속될 경우 주변부를 빙빙 돌다가 일생을 마쳐야 했을 것이고, 아니면 또 무슨 명목의 역모죄에 걸려 비명횡사할지도 모를 일이었다. 어차피 그럴 바에야 ― 광해군 정권이 계속되어 앞이 보이지 않는 상황이 이어진다면—한번 뒤엎어보려는 욕망이 생길 법도 했다.

이 같은 측면들을 생각하면 반정을 일으킨 주체들이 광해군 대에 어떤 처지에 있었던가를 짚어보는 것도 흥미로운 일이다. 광해군 대의 반정 주체들은 몇 사람을 빼고는 벼슬이 없는 포의(布衣) 신분이었거나, 정치적으로 불우한 처지에 있었다. 설사 벼슬에 있었다 하더라도 광해군 정권이 지속될 경우 입신할 가능성이 별로 보이지 않는 '주변인'들이 대부분이었다.

그 가운데서도 광해군 정권을 '뒤집어엎어야' 할 절박성을 가장 크게 느꼈던 인물은 단연 이귀였다. 이귀는 기본적으로 '도전적인' 사람이었다. 이정구의 문집을 보면 이귀가 북한산에 놀러갔을 때 바위와 바위 사이를 훌쩍 뛰어넘는 장면이 나온다. 『인조실록』에도 활달하고 자신감이 넘치는 이귀의 모습이 자주 보인다. 자신감이 넘치는 이귀였지만 광해군 대에 그는 '주변인'일 수밖에 없었다. 정인홍과 맺었던 악연 때문에 이이첨을 비롯한 대북파로부터 견제를 받았고, 그 때문에 정치적으로 외곽을 맴돌 수밖에 없었다. 기껏해야 지방의 수령직을 전전했던 것이 그의 정치적 이력이었다. 광해군 말년에는 "역모를 꾀한다"는 혐의를 받아 하마터면 죽을 뻔했거니와, 그가 목숨을 부지한 것은 거의 천운이라고 할 만한 일이었다.

더욱이 그에게는 커다란 고민이 하나 있었다. 바로 딸과 관련된 문제였다. 딸의 이름은 여순(女順)이라고 했다. 성격이 활달하고 얽매이기를 싫어하는 아버지의 성격을 물려받아 그랬는지 몰라도, 그녀는 당시의 여느 아씨들과 달랐다. 그녀는 열다섯에 김자겸(金自兼)이란 선비에게 출가했는데, 김자겸은 바로 반정 주체 가운데 한 사람인 김자점의 형이었다. 불행히도 김자겸은 일찍 세상을 떠나고 여순은 청상과부가 되었다.

그런데 여순은 남편이 죽은 후, 남편의 친구였던 오언관(吳彦寬)이란 인물과 함께 야반도주하여 끝내는 산으로 올라가 머리를 깎고 중이 되었다. 이윽고 그들은 관에 체포되었다. 그들을 수상하게 여긴 사람이 신고를 한 것이다. 여순과 오언관은 자신들이 같이 도망친 것은 오로지 불도에 뜻을 두었기 때문이라고 했지만, 세상은 그들의 얘기를 곧이듣지 않았다. 명분을 중시하는 당시의 사회 분위기에서 여순에게는 당연히 '정절을 팽개친 여자'니, '간통했다'는 등의 비난이 쏟아졌고 "그들 때문에 삼강오륜이 무너졌다"는 탄식까지 나오는 형편이었다.

그 부담은 온전히 아버지 이귀에게로 옮아갔다. 이귀는 "제 집안조차 제대로 다스리지 못하는 형편없는 인간"이라는 비아냥 속에서 계속 언관들의 도마 위에 올라야 했다. 이귀는 "여순이 부처에 빠져서 체신을 잃었을 뿐 정절을 잃은 것은 아니다"라고 딸을 변호했지만 그의 체면은 구겨질 대로 구겨졌다.

광해군 대 이귀 집안의 '수난'은 이귀와 딸 여순에게만 닥친 것이 아니었다. 1622년 2월, 이귀의 장남 이시백(李時白)은 무인 안륵에게 구타를 당하는 치욕을 겪는다. 길을 지나다가 안륵이 탄 말을 건드렸다는 이유로 안륵의 종에게 끌려가 볼기를 수십 대나 맞았던 것이다. 포의 신분이었지만 사대부로서의 자존심이 망가진 이시백은 몸져누웠고, 시백의 아들 이각(李恪)은 상소를 올려 "죽을 때까지도 원통함을 잊을 수 없을 것"이라고 절규했다. 어쩌면 극히 개인적이고 사소한 일 같지만, 광해군 대 '주변인'으로서 이귀가 겪어야 했던 이러한 치욕들이 그가 거사를 일으

김장생

인조반정의 정신적 지도자. 서인 김계휘(金繼輝)의 아들로 이이에게서 성리학을 배웠다. 광해군 대에 지방수령 등을 역임하다가 동생이 계축옥사에 연루된 뒤로 벼슬을 포기하고 학문에 몰두했다. 인조반정이 성공하자 반정 공신들에게 편지를 보내 향후의 정책 방향을 제시하는 등 새 정권의 기틀을 세우는 데 중요한 역할을 했다.

키기로 결심하는 데 영향을 미쳤으리라고 생각하는 것은 지나친 비약만은 아닐 것이다.

'주변인'은 이귀만이 아니었다. 반정군의 대장으로 추대되었던 김류나 장단부사로서 반정군을 지휘했던 이서 또한 마찬가지였다. 김류는 과거 합격 이후 명성을 날렸지만 북인 이필형(李必亨)에게 탄핵을 받은 이후에는 기세가 꺾이고 말았다. 홍문관 부교리 정도가 조정에서 해보았던 최고 관직이었고, 이후로는 역시 지방 수령직을 전전했다. 이서는 광해군 초반 "형벌을 남용한다"라거나 "과부와 간통했다"는 등의 혐의로 사헌부로부터 탄핵을 받아 곤경에 처했다. 그 역시 광해군 정권이 지속될 경우 지방 수령 이상으로 입신하기는 불가능해 보였다.

인조반정 주체들의 스승이자 '이데올로그' 역할을 했던 김장생의 경우도 광해군 대에 참으로 어렵게 살아남았다. 그는 자신의 서얼 동생 김경손이 계축옥사에 연루되는 바람에 목숨을 잃을 뻔했다. 겨우 혐의를 벗고 목숨을 건졌지만 관직은 포기해야 했다.

최명길 역시 아버지 최기남이 김제남과의 관계 때문에 문초를 받은 일이 있었고, 그 또한 한때 병조 좌랑으로 임명되는 등 '잘나가다가' 이이첨에게 거슬러 파직되어 쫓겨났다.

어쨌든 이제 '주변인'들이 중심부에 진입하고 중심부에 있던 대북파들은 거의 쫓겨났다. 『당의통략(黨議通略)』이나 『죽로집(竹老集)』 등을 보면 반정공신들과 관련하여 흥미로운 대목이 나온다.

> 반정할 때 맨 처음 훈신(勳臣)들이 모여 맹세했는데 두 가지 밀약이 있었다. 그것은 국혼(國婚)을 잃지 말자는 것과 산림(山林)을 올려 쓰자는 것이었다.

'국혼'이란 왕실, 더 정확하게는 국왕과 혼인을 맺는 것을 말한다. 따라서 '국혼을 잃지 말자(勿失國婚)'는 것은 왕비는 대대로 자파, 곧 서인 가문의 여자를 들여보내야 한다는 것이다. 국왕과 혼인 관계를 맺어 권력을 확고히 하자는 의도가 담긴 것이다. '산림을 올려 쓰자(崇用山林)'는 것은 명망 있는 재야의 산림 인사를 중용하여 자파의 위상을 높이자는 것이다.

반정공신들의 이 같은 밀약 내용은 어렵게 광해군 대를 살아남았던 그들의 경험이 반영된 것이자, 그들이 '엎어버린' 광해군 대의 정치판에서 '학습'하고 '모방'한 것이었다. 광해군 대 권력의 핵심이던 이이첨, 박승종, 유희분은 모두 광해군과 혼인을 통해 연결되어 있었다. 우선 유희분은 광해군의 처남이었다. 박승종의 아들과 이이첨의 딸은 혼인을 했고 그 사이에서 태어난 딸은 광해군의 며느리, 곧 세자빈이 되었다. 세 사람은 모두 광해군을 매개로 사돈이 되어 서로 연결되어 있었다. 유희분은 문창부원군, 박승종은 밀창부원군, 이이첨은 광창부원군의 훈호(勳號)를 받았다. '삼창(三昌)'으로 불렸던 이들은 정치적 라이벌이 되었고, 서로 심각한 갈등을 빚었다. 하지만 그들이 서로 싸울지라도, 그래서 서로의 관계가 모래알처럼 소원한 것일지라도, 당시 정치판의 소수이자 약자였던 서인이나 남인에게 그들은 그야말로 '넘을 수 없는 벽'으로 보일 수밖에 없었다.

그런 판에 더하여 정인홍은 산림으로서 군림했다. 의병장으로서의 명분, 조식의 수제자로서의 학연, 광해군의 즉위를 위해 몸 바친 의리까지 갖춘 정인홍의 '무게'는 막중했다. 물론 서인이나 남인들은 그를 산림으로 인정하지 않았다. 하지만 정인홍이 조정을 떠나 합천에 머물러 있어도, 광해군의 부름을 받고 달려오지 않아도 그의 말 한마디는 조정 전체의 분위기를 좌우할 만큼 파괴력이 있었다. 광해군은 조정에 나오지도 않는 그에게 영의정까지 내리지 않았던가?

조정에는 '삼창'이, 조정 바깥에는 정인홍이 버티고 있었다. 서인이나 남인들의 눈에 그것은 '철옹성'이었다. 광해군 대에는 그 때문에 주변부에서 빙빙 돌았지만 이제 사정이 달라졌다. 권력을 잡은 이상 그 권력을 유지하기 위해 '삼창'이나 정인홍의 정치적 행태는 배울 가치가 충분했다. 인조반정 주체들 사이에서 '물실국혼', '숭용산림'의 밀약이 나왔던 것은 바로 이런 배경에서 이해할 수 있다.

인조반정이 성공한 직후 밀약은 바로 실천된다. 인조가 애초에 자신의 며느릿감으로 택한 것은 남인 윤의립(尹毅立)의 딸이었다. 그러나 이귀와 김자점은 갖은 수단을 동원하여 혼인이 성사되지 못하도록 방해했다. '무너뜨릴 때'는 광해군 대에 대한 부정을 표방했으면서도 '권력을 유지하기 위해서는' 광해군 대의 관행을 답습하려 했던 것, 거기에 인조반정 주체들의 모순이 자리하고 있었다. 그리고 바로 그런 이중성이 훗날 그들의 발목을 잡게 된다.

명, 명분과 실리를 놓고 고민에 빠지다

인조반정이 성공한 직후인 1623년 4월, 인조와 반정공신들은 명에 사신을 보내 광해군을 폐위시킨 사실을 알리고 인조를 승인해달라고 요청한다. 사절단은 정사 이경전, 부사 윤훤, 서장관 이민성으로 구성되었다. 이경전은 대북파 이산해(李山海)의 아들이었다. 윤훤은 서인 윤두수의 아들이면서 광해군의 측근이던 윤휘의 형이었다. 이민성은 남인이었지만 강홍립의 종사관으로 출전했다가 포로로 잡혔던 이민환의 친형으로 크게 보면 역시 친광해군 계열의 인물이었다.

그것은 한마디로 절묘한 인선이었다. 사절단에는 반정을 성공시키는 데 직접 관여한 실세는 한 사람도 포함되지 않았다. 혹시라도 이유야 무엇이든 신하의 처지에서 국왕을 쫓아낸 반정공신들의 '패륜'을 명이 질책할까 우려한 것이었을까? 아니면 광해군 대에 활약했던 이들의 경험을 활용하자는 포석인지도 몰랐다.

사절단은 4월 26일 서울을 출발하여 5월 22일 평안도 철산의 선사포에서 명으로 가는 배에 올랐다. 이미 만주 전역이 후금에게 점령된 터라 육로는 끊어졌고 명으로 가려면 바닷길을 이용해야 했다. 사신 일행은 선사포를 출발하여 가도를 거쳐 요동반도 연안을 따라 흩어져 있는 장자도, 녹도, 석성도, 광록도 등 섬들을 지나 산동반도의 등주에 상륙한 뒤 다시 육로를 따라 북경으로 가는 길을 잡았다.

사신 일행이 가도에 들러 요동총병 모문룡을 만나고, 요동반도 연안의 섬들을 지날 때까지만 해도 분위기가 괜찮았다. 모문룡은 사신 일행을 만난 자리에서 인조의 거사를 찬양하고, 인조가 명 조정으로부터 새로운 국왕으로 승인받을 수 있도록 적극 협조하겠다고 약속했다. 광해군에게 '찬밥' 취급을 받았던 그로서는 인조반정이 일어난 것이 기분 좋은 일이었다. 6월 6일 광록도에서 만났던 이천총(李千總)이란 명군 지휘관도 조선의 새 정권에 대해 긍정적인 평가를 내렸다. 이런 분위기를 접한 뒤 사신 일행은 자신들의 사행 목표가 생각보다 순조롭게 달성될 것 같다는 기대에 부풀었다.

하지만 등주에 상륙하여 본토로 접어들면서부터 분위기는 급변했다. 6월 13일, 등래순무(登萊巡撫) 원가립(袁可立)은 사신 일행에게 "왜 광해군을 쫓아냈느냐"고 힐난했다. 사신 일행은 등주에 11일이나 머물면서 원가립을 설득시키려 애썼지만 여의치 않았다. 사신 일행이 아무리 열심히 '반정'의 정당성을 설명해도 원가립에게는 '찬탈'이었기 때문이었다. 실제 원가립이 북경 조정에 올린 상소는 조선의 반정 주체들이 보기에는 경악할 만한 내용을 담고 있었다.

아무리 광해군이 무도했다고 하더라도 조카인 이종(인조)이 숙부를

> 폐위시킨 것은 명백한 찬탈입니다. 이종에게는 비단 광해군만이 아니라 중국도 안중에 없는 것입니다. 마땅히 죄를 따져 성토함으로써 기강을 세워야 합니다. …… 조선에 사신을 보내 그 죄를 밝히고 그 신민들로 하여금 찬탈한 역적을 토벌케 하고 쫓겨난 광해군을 복위시켜야 합니다.

"인조와 그 일당을 토벌하고 광해군을 복위시켜야 한다?" 당혹감 속에서 북경에 도착한 조선 사신 일행이 감지했던 명 조정의 분위기 또한 험악했다. 조선 문제를 관할하는 예부의 관리들을 비롯한 명의 대소 신료들은 인조반정을 '찬탈'이라고 매도하는가 하면 "충순(忠順)한 광해군이 무슨 죄를 지었길래 명 조정의 허락도 없이 함부로 폐위했냐?"고 비난을 퍼부었다. 일부 신료들은 무력을 사용해서라도 인조와 반정 주체들을 응징하고 광해군을 복귀시켜야 한다고 목소리를 높였다. 심지어 "반정 세력들이 거사 과정에서 궁궐에 불을 지르고 광해군을 살해했으며 3천 명의 일본군까지 끌어들였다"는 유언비어마저 돌고 있었다. 이런 분위기에서 사절단 일행은 '인조를 승인해달라'는 이야기를 꺼낼 수조차 없었다.

사절단으로부터 명 조정의 분위를 보고받은 인조와 반정공신들은 경악했다. 사실 당시 명의 입장에서 조선에서 정변이 발생했다는 소식은 곤혹스러웠다. 무엇보다 후금에게 만주 전체를 빼앗긴 상황에서 명을 후원해줄 우방은 조선밖에 없었기 때문이었다. 광해군이 비록 명에 대해 고분고분하지는 않았지만 그래도 원병을 보냈던 '충순한 군주'가 아니었던가?

더욱이 조선 땅 가도에는 모문룡이 주둔하고 있었다. 그는 한족들이 가슴에 품고 있는 비원(悲願)인 '만주 수복'을 위한 실낱같은 희망의 '불씨'이자 상징이었다. 하지만 모문룡은 조선의 원조가 없으면 버틸 수 없다. '후금을 견제할 배후 기지'로서 조선이 지니는 전략적 중요성은 두말할 필요가 없는 것이었다. 그런 조선에서 정변이 일어나 광해군이 폐위되다니? 정변으로 어수선해진 틈에 후금이 조선을 집어삼키기라도 한다면? 명은 그야말로 고립무원의 상황에 빠지고야 말 것이다. 전후사정을 들어볼 것도 없이 명에게 인조와 반정 주체들은 '난신적자'로 보였다.

명에게는 곤혹스러운 일이 또 있었다. 그래도 만주를 차지하고 있었을 때는 조선과 육로로 연결되어 궁금한 것이 있으면 요동도사를 시켜 바로 알아볼 수 있었다. 하지만 이미 만주 전체가 후금에 떨어졌다. 이제 조선 사정을 알려면 등주에서 배를 띄워 가도를 거친 뒤 평안도 철산에 상륙해야 했다. 위험하기 짝이 없는 뱃길이었다. 선불리 조선으로 가려는 신료가 없을 정도였다. 육로에 비해 시간도 훨씬 더 걸렸다. 해로를 통해 조선 사정을 파악하고, 궁극에는 조선을 '통제'하는 것이 여의치 않은 판국에 정변이 일어났다는 소식은 명에게는 더욱 갑갑한 일이었다.

1979년 10월 27일 아침, 필자는 라디오에서 흘러나오는 다음과 같은 뉴스를 들었다.

> 미국의 카터 대통령은 현재 한국에서 일어난 정치적 돌발 사태를 계기로 한국을 위해하려는 어떤 종류의 외부로부터의 기도에 대해서도 한미상호방위조약에 의거 단호하게 대처할 것임을 천명했다.

'10·26' 직후 미국 행정부가 취한 신속한 대응 조처의 내용이다. 이후 미국은 정보 채널을 총동원하여 한국 내정의 전개 양상을 주시하고 그 과정마다 커다란 영향력을 행사했다. '10·26' 이후 '12·12', '5·17', '5·18' 등 일련의 상황이 전개되는 과정에는 그 사전 사후를 막론하고 반드시 미국의 입김과 영향이 자리하고 있었다.

인조반정 직후 명 조정이 보인 반응 역시 꽤 유사했다. 명 조정은 조선 사신들을 붙잡아두는 한편, 산동을 관할하는 등래순무 원가립과 가도의 모문룡에게 '조선 사태'를 상세히 조사해서 보고하라는 '급전'을 띄웠다. 그와 별도로 정보원들도 조선에 들여보냈다.

급해진 것은 인조와 반정 주체들이었다. 명에게 빨리 승인을 받아내야만 내외에 정권의 정통성을 과시할 수 있었다. 명을 설득해야 했다. 그러려면 명이 광해군에 대해 품고 있는 '오해'를 풀어주어야만 했다. 명 조정과 가도의 모문룡에게 계속 사신을 보내 광해군이 명을 '주무르고 기만했던 실상'을 알리고, 인조의 거사와 즉위는 온 나라 신민들의 열망에 따른 것임을 알리려 애썼다.

뿐만 아니라 명이 들으면 '귀가 번쩍 뜨일' 이야기를 은근히 흘렸다. 이경전 등 조선 사신 일행은 인조에 대한 승인을 빨리 얻어내기 위해 명과 후금이 대치하고 있는 상황에서 조선이 차지하는 전략적 중요성을 거론했다.

> 조선의 새로운 정권은 명과 적극적으로 협력하여 후금을 토벌하려는 의지가 충만해 있다. 그런데 명이 인조를 승인해주지 않기 때문에 조선에서 인조의 명령이 먹혀들지 않는다. 그 때문에 군사력을 동원하

고 싶어도 그러지 못한다.

명으로서는 가장 절실한 이야기였다. 이경전 등은 당시 명이 인조반정과 인조를 승인하는 여부를 놓고 고민하고 있는 까닭이 무엇인지 간파하고 있었던 것이다.

"난신적자들을 토벌해야 한다"는 명 조정의 강경한 분위기도 시간이 흐르면서 조금씩 변화의 조짐을 보였다. '군신(君臣)' 사이의 명분이나 종주국의 위엄을 과시하려면 조선의 반정 주체들을 토벌해야 했지만, 현실적으로 마땅한 방법이 없었다. 더욱이 조선과의 관계에서 명분만 따지기에는 명의 현실이 너무 급박했다. 어떻게 해서든 조선을 후금과의 대립 구도 속에 적극적으로 끌어들여야 했다. '이이제이'를 하려면 조선을 다독거려야 했다.

신료들 가운데는 인조를 잠정적으로 승인하되 그가 얼마나 열성적으로 명을 도와 후금을 치는지 살펴본 뒤에 최종 결정을 내리자고 주장하는 자들이 나타났다. 명이 명분보다 실리를 선택하기로 마음을 정하는 순간이었다. 예부 주사(禮部主事) 주장(周鏘) 같은 인물은 아예 "오랑캐 세력이 더 압박해온 이후에 인조를 승인하면 조선이 전혀 고맙게 생각하지 않을 것"이라는 이유를 들어 빨리 책봉하자고 강조했다.

인조를 승인하기로 결정한 이후에도 반대하는 신료들이 적지 않았다. 동림당(東林黨) 계열의 예부 과도관(科道官) 위대중(魏大中)은 인조를 책봉해서는 절대 안 된다고 목소리를 높였다. 그는 '신하로서 임금을 쫓아낸' 인조를 책봉하는 것은 명분에 어긋나는 일이며 '간사한 자에게 상을 주어 반역을 가르치는 행위'라고 극언을 퍼부었다.

1625년(인조 3) 1월 희종황제는 모문룡에게 칙서를 내려 마침내 인조를 조선 국왕으로 인정한다고 밝혔다. 또 그 사실을 조선에 전달하고 조선과 힘을 합쳐 후금을 정벌하라고 지시했다.

명이 인조반정을 승인하기로 결정하기까지는 22개월이 걸렸다. 그 기간 동안 명은 '종주국으로서 번국에서 일어난 난신적자들의 찬탈 행위를 응징해야 한다'는 명분과, 어떻게든 '조선의 새로운 집권층을 움직여 후금을 치는 데 끌어들여야 한다'는 실리 사이에서 고민했다. 만주를 상실하고, 북경의 바로 코앞인 산해관까지 후금의 위협에 노출된 절박한 현실에서 명의 고민은 클 수밖에 없었다. 요컨대 인조반정은 그 발생과 이후의 전개 과정에서 국내 정치적 측면뿐 아니라 '명청 교체'라는 17세기 초 동북아시아 국제정치의 변동과도 깊이 연관되어 있었던 것이다.

정적에 의해 부활된 외교정책

오늘날 고등학교 국사 교과서에는 인조반정 이후 인조와 서인들의 대외 정책에 대해 다음과 같이 서술되어 있다.

> 인조를 옹립한 서인 정권은 광해군 때의 중립적인 외교정책을 지양하고 친명배금(親明排金) 정책을 뚜렷이 하였다. …… 이를 구실로 후금은 군대를 동원하여 압록강을 넘어 쳐들어오니 이를 정묘호란이라 한다.

우리가 흔히 상식처럼 받아들이고 있는 '광해군 대=중립외교, 인조반정 이후=친명배금'이란 인식이 교과서에도 반영되어 있는 것이다. 그런데 과연 그럴까? 인조반정 이후의 대외 정책은 광해군 대의 그것에 비해 어떻게 달라졌을까?

광해군의 대외 정책을 '명에 대한 배신'으로 여겨 폐위의 명분으로 삼았던 것을 고려하면, 인조와 반정 주체들이 '친명배금'을 대외 정책의 새로운 슬로건으로 내세웠던 것은 당연했다. 실제로 인조반정 이후 1627년 정묘호란이 일어날 때까지 인조 정권의 대외 정책에서 '친명'의 기치는 확실하게 유지되었다. 광해군이 했던 것과는 달리 가도에 머물던 모문룡에 대한 접대와 예우를 깍듯이 하고, 후금과 관련된 거의 모든 문제를 그에게 보고했다.

하지만 '배금'은 현실화되지 않았다. 오히려 인조반정 이후의 대후금 정책은 광해군 대 이래의 기미책에 바탕을 둔 현상 유지책이라고 보는 것이 역사적 사실에 부합된다.

1624년 4월, 가도의 모문룡은 조선에 사람을 보내 자신이 휘하 병력을 보내 후금을 칠 것이라 통고하고 명군을 인도할 길잡이를 보내달라고 요구했다. 그러나 '친명배금'을 공언했던 반정공신들은 이를 받아들이려 하지 않았다. 그들 역시 후금을 자극하여 사단을 만들고 싶지 않았기 때문이다. 모문룡 휘하의 명군 지휘관들과 접촉하고 있던 일선 지휘관들이 빨리 지침을 내려달라고 아우성을 치자 비변사가 내린 지시는 다음과 같았다.

> 우리나라의 백성들은 평소 한 발짝도 국경을 넘을 수 없고, 산천과 도로의 형세에 대해 아는 것이 없다고 말하라. 그럼에도 명군 지휘부의

고집 때문에 어쩔 수 없이 길잡이를 보내야만 한다면 그들에게 명군의 군복을 입혀 보내라.

반정공신들이 대부분 포진하고 있었던 비변사는 어떻게 해서든 후금에게 꼬투리를 잡힐 수 있는 사건은 피하려 했던 것이다.

'후금과 사단을 일으키지 않겠다'는 방침은 1627년 정묘호란이 일어날 때까지 그대로 유지되었다. 정묘호란을 맞아 국왕 인조를 비롯한 반정공신들은 후금이 제시한 강화 조건을 대부분 수용하고 화친을 맺었다. 백마를 잡아 그 피를 나눠 마시는 의식을 행하고 후금과 형제 관계를 맺었다. 후금군이 철수하는 대가로 해마다 면포 1만 5천 필 등을 세폐(歲幣)로 바치기로 약속했다. 반정공신 가운데 이귀가 강화를 맺는 데 누구보다도 적극적이었다.

반정공신들의 주도로 너무나 쉽게 강화가 맺어지자 재야의 사대부들과 조정의 젊은 언관들은 격렬하게 반발했다. 사간 윤황(尹煌)은 인조에게 상소를 올려 강화를 맺은 것이 아니라 항복한 것이며 그를 주도한 자들의 목을 베라고 직격탄을 날렸다.

오늘의 화친은 이름만 화친이지 실제로는 항복입니다. 전하께서는 요행을 바라는 간신들에게 속아 공론을 무시한 채 더러운 오랑캐의 사자를 친히 접견했습니다. 거만하고 무례한 모욕을 당하셨음에도 부끄러워하실 줄을 모르니 신은 통곡을 금할 수 없습니다. …… 바라건대 속히 오랑캐 사자와 화친을 주장하여 나라를 그르친 자들의 목을 베어 군율을 진작하소서.

연미정과 월곶돈대

강화도 월곶리는 임진강과 한강이 합류하는 지점으로 서해에서 서울을 잇는 지리적 요충이다. 1627년 정묘호란이 일어났을 때, 사진 왼쪽 언덕 위의 정자 연미정에서 강화도로 피난했던 조선 조정과 후금 대표 사이에 강화 협상이 이루어졌다. 이후 후금은 강화도의 전략적 중요성을 간파하고 1636년 병자호란 때는 강화도로 이어지는 길목을 차단하여 조선 조정을 곤경이 빠뜨렸다.

인조는 윤황의 상소 내용 가운데 '항복'이라는 말에 격노했다. 그는 윤황을 잡아다 국문하라고 지시했다.

'목을 쳐야 할' 대상자로 지목된 이귀의 반응 역시 흥미롭다. 자신이 주화파로 매도되는 데 흥분한 그는 윤황의 '과거'를 들추어냈다. 광해군 시절, 윤황이 대북파의 핵심 인물이었던 한찬남에게 목숨을 구걸했던 적이 있다고 퍼부은 것이다. 하지만 이귀의 '역공'은 대단히 궁색했다. '후금과 화친했다'는 것을 내세워 광해군을 쫓아냈던 자신 역시 정묘호란을 맞아서는 후금과 화친하는 데 앞장서고 말았다는 명분상의 곤경으로부터 빠져나오려는 안간힘이었다고 할 수 있었다.

같은 해 10월에는 강원도 횡성에 사는 이인거(李仁居)라는 인물이 역모를 꾀하다가 체포되었다. 이인거가 역모를 꾀했던 명분 역시 반정공신들이 취한 후금 정책에 대한 불만이었다. 그는 "조정에서 오랑캐와 화친했으므로 의병을 이끌고 상경하여 화친을 주장한 간신들의 목을 치고 서쪽으로 달려가 후금을 토벌하겠다"고 기염을 토했다.

인조와 반정공신들은 다시 한 번 충격에 휩싸였다. 인조는 이인거가 반란을 꾀하게 된 이유를 다시 윤황에게 돌렸다. 윤황이 '인조가 오랑캐에게 항복했다'는 내용을 사방에 퍼뜨렸기 때문에 민심이 동요했고, 그 틈을 타서 이인거가 반란을 꾀하게 되었다는 것이었다.

인조반정의 주체들은 '광해군이 후금과 밀통했다는 것', '재조지은을 배신했다는 것' 등을 명분으로 내세워 반정을 일으켰다. 그러나 반정 이후 그들이 보인 대후금 정책의 실제 모습은 광해군이 취했던 것과 별로 다르지 않았다. 좀 심하게 말하면 광해군이 취했던 대후금 정책을 계승한 것이라고 해도 틀리지 않다. 하지만 후금을 자극하지 않고 현상을 유지하려 했던 것이나 정묘호란 당시 쉽사리 주화론으로 돌아섰던 것 등은 그들이 내세웠던 반정의 명분을 상당 부분 희석시킬 수밖에 없었다.

권력 16년, 춘몽 16년

반정의 명분은 지켜졌는가?

사실 반정이 성공한 이후 인조와 서인들은 새 정권 내부의 안정을 다지기에도 겨를이 없었다. 우선 반정공신들 사이에서 논공행상을 놓고 문제가 생겼다. 문제도 보통 문제가 아니었다. 하마터면 또 한 번 쿠데타가 성공할 뻔했다. 1624년 일어난 '이괄(李适)의 난'이 바로 그것이었다.

이괄은 자존심이 강한 장수였다. 무과 출신이었지만 글씨도 잘 쓰고 문재(文才)도 제법 있었다. 1623년 3월 인조반정이 일어나기 직전, 광해군은 그를 북병사(北兵使)로 임명했다. 하지만 이괄은 임지로 부임하지 않고 반정에 가담했다. 반정 주체들은 병력을 지휘해본 경험이 풍부한 그에게 반정군 병력의 편성을 포함한 전체적인 기획을 맡겼다. 반정군의 대장으로는 김류가 뽑혔지만, 거사 과정에서 핵심적인 역할은 이괄이 담당했다고 할 수 있다.

그럼에도 반정 성공 후 논공행상 과정에서 김류는 1등으로 분류되었고 이괄은 2등이었다. 이괄은 도저히 그것을 받아들일 수 없었다.

> 중종반정이 일어났을 때 유자광은 모의에만 가담했다. 그럼에도 그는 1등공신에 책봉되었다. 그런데 나는 반정군의 병력 편성과 기획 전체를 담당했다. 어찌하여 내가 2등공신밖에 될 수 없다는 말인가?

이괄의 불만은 바로 이런 것이었다. 반정 직후인 1623년 여름, 인조는 그를 평안도병마절도사 겸 부원수로 임명했다. 후금의 위협에 대처하려면 그와 같은 장수가 필요했기 때문이다. 이괄은 씩씩거리며 임지로 부임했다. 하지만 임지에서도 마음이 편치 않았다.

쿠데타로 집권한 세력이 가장 두려워하는 것은 또 다른 쿠데타가 일어나는 것이다. 이괄이 평안병사로 부임한 직후 문회(文晦), 이우(李佑) 두 사람이 이괄을 밀고했다. 이괄과 한명련(韓明璉), 기자헌(奇自獻) 등이 모반을 꾀하고 있다는 내용이었다.

1624년 1월 17일 인조가 이괄을 잡아오라고 보낸 금부도사가 이괄의 병영으로 들이닥쳤다. 이괄은 그들을 베어 죽이고 남하했다. 이윽고 정부군의 주력인 장만(張晩) 휘하의 병력을 깨뜨리자, 임진강을 지키던 이귀는 도망쳐서 인조에게 파천하라고 건의했다.

인조는 결국 파천했고 이괄은 서울을 점령했다. 이괄은 서울 점령 직후 흥안군(興安君) 제(瑅)를 국왕으로 추대했다. 그는 선조의 열 번째 아들로 인조에게는 숙부뻘이었다. 한 번 배반한 인물은 계속 배반한다고 했던가? 인조가 경기방어사로 임명한 이흥립은 이괄에게 투항했다. 인조반정이 있었던 당해 훈련대장으로서 반정군에게 투항했던 바로 그 이흥립이었다.

정충신 등의 활약과 이괄 진영의 내분 때문에 '이괄의 난'은 가까스로 진압되었지만 그 후유증은 컸다. 우선 인조 정권의 기반이 허약하기 그지없다는 사실이 여지없이 폭로되었다. 인조가 서울을 떠나자마자 대부분의 인물들이 이괄에게 투항했던 것이 단적인 예였다. 인조에게 충성을 다짐했던 대북파의 잔여 세력들 역시 동요했다. 이안눌(李安訥) 같은 인물은 이괄의 난을 계기로 인조가 실각할 것으로 판단했다. 그는 "인조는 끝났다. 반정공신들 역시 박명하기 짝이 없다"는 등 '난언(亂言)'을 퍼뜨렸다가 문제가 되었다.

이괄에게 혼쭐이 난 반정공신들이 반란 진압 이후 내놓은 대책은 다분히 표피적이었다. 그것은 한마디로 기찰(譏察)을 강화한다는 것이었다. '공작 정치'의 냄새가 짙었다. '반(反)혁명 세력'을 색출한다는 명목으로 전 방위적인 사찰을 강화했다. 남인을 비롯한 정치인들뿐 아니라 조금이라도 의심이 가는 이들에게는 감시의 손길이 뻗쳤다. 특히 휘하에 병력을 거느리고 있는 지방의 무관들이나 과거 대북파와 조금이라도 연줄이 닿았던 사람들은 예외 없이 '사찰 리스트'에 올랐다.

한 예로 반정공신들은 남이흥(南以興)이란 인물에게 '공작'을 시켰다. 남이흥을 '의심가는' 대상 인물에게 접근시켜 스스로 역모를 꾀하려 한다고 고백토록 했다. 그리하여 '미끼'에 조금이라도 반응을 보이는 사람은 물론, 그 인척까지 잡아다 '족치는' 방식이었다. 반대 세력을 사찰하기 위한 공식 기구를 만들지 않았다 뿐이지 '5·16' 직후 중앙정보부를 만든 것과 별 차이가 없었다. 쿠데타를 일으킨 사람들이 가장 무서워하는 것은 역시 쿠데타였던 것이다.

기찰로 불리는 공작 정치가 강화되면서 부작용이 만만치 않았다. 그것은 사람들에게 불신풍조를 심어주었을 뿐 아니라 '감시'에 대한 두려움 때문에 마땅히 해야 할 일들을 하지 못하게 만들었다. 대표적인 것이 군사들의 훈련이었다. 기찰이 강화되면서 지방의 무관들은 습진(習陣, 병사들을 모아 진을 치는 훈련을 시키는 것)을 기피했다. 혹시라도 역모를 꾀하기 위한 병력 동원 훈련으로 오해받을지 모르기 때문이었다. 병사들의 훈련은 부족해질 수밖에 없었고 그 후유증은 후금의 침입을 받았을 때 그대로 나타났다.

남이홍은 1627년 1월, 정묘호란이 일어났을 당시 평안도병마절도사로 있었다. 안주성(安州城)으로 들이닥친 후금군을 맞아 싸우다가 성이 함락되자 그는 부하 몇 명과 더불어 화약에 불을 지르고 그 속으로 뛰어든다. 죽음을 앞둔 그는 다음과 같이 절규했다.

> 조정에서는 내가 마음대로 군사들을 훈련시키거나 기르지 못하게 만들었다. 강한 적을 대적하게 되었으니 죽는 것은 내 직분이나 다만 그것이 한으로 남는다.

그 역시 한때는 반정공신들에 의해 기찰의 선봉에 섰던 적이 있지만 임종 직전에 그 기찰에 대한 원한을 토로했던 것이다. 뒷날 밝혀진 사실이지만, 그는 절도사로 부임했던 이후 반정공신들의 기찰 때문에 한 번도 병사들을 모아놓고 훈련을 시키지 못했다고 한다.

남이홍이 폭사 직전에 남긴 말이 폐부를 찌르는 것처럼 반정 성공 이후 반정공신들이 보인 행태는 심각한 문제점을 남겼다. 사람들은 정권이 바뀌면 무엇이 어떻게 달라지는지 보고 싶어 하게 마련이다. 하지만 달라진 것이 별로 없었다. 논공행상조차 제대로 못해서 또 다른 쿠데타가 성공할 뻔했거니와, 그 이후에도 기찰만 횡행할 뿐 피부에 와닿는 변화가 없었다. 반정공신들은 직무 유기를 하고 있었다. 그것은 거의 전적으로 사욕(私慾)에서 비롯된 것이었다.

반정공신들은 거사가 성공한 이후에도 휘하에 거느렸던 사병(私兵)들을 풀어주지 않았다. 명분은 '정권 보위'였지만 사병의 대다수를 차지하는 군관(軍官)들은 대부분 그야말로 '사적으로' 부려지고 있었다.

> 난(亂)을 당하면 겉으로 '호위'를 빙자하지만 실제로는 일신의 안일을 위해 군관들을 부립니다. 집안의 재물을 나르게 하고, 강을 건널 때 호위토록 하고, 관사를 청소하라고 시킵니다. 하지만 종사가 위태로워 임금이 명령을 내려도 군관 한 사람을 국가를 위해 내놓는 사람은 없습니다.

남인 조경(趙絅, 1586~1669)이 지적했던 군관들의 문제점이다. 이러한 행태만이 문제가 된 것이 아니었다.

'광해군 대에 저질러진 비리와 폐단을 척결하겠다'고 반정 당시 내세웠던 구호는 그야말로 '구호'일 뿐이었다. 반정공신들 개인과의 친소 관계에 따라 폐모 논의 가담 등을 이유로 쫓겨났던 인물들이 다시 등용되었다. 대북파가 저지른 사회경제적 비리를 척결한다는 명목으로 재성청(裁省廳)이란 기구를 만들었지만 개혁 사업은 지지부진했다.

이이첨 등 권세가들에게 토지를 강탈당했던 사람들은 반정 이후에도 그것이 본래의 주인에게 반환되지 않고 반정공신들에게 '불하'되는 현실에 실망했다. 사대부들 사이에서는 "광해군 대와 똑같다", "다만 그 주인만 바뀌었을 뿐"이라고 반정 주체들에 대한 냉소적인 비판이 쏟아졌다. 인조와 반정공신들의 행태를 비난하는 익명서가 나도는가 하면, 민간에서는 허탈한 현실을 풍자한 노래인 「상시가(傷時歌)」가 유행했다.

아 훈신들이여
잘난 척하지 말아라
그들의 집에 살고
그들의 토지를 차지하고
그들의 말을 타며
또다시 그들의 일을 행하니
당신들과 그들이
돌아보건대 무엇이 다른가

반정공신들의 행태에 비판적인 분위기는 이처럼 당시 사대부 사이에 널리 퍼져 있었다.

물론 사대부들 대부분은 반정의 정당성 자체를 부정하지는 않았다. 서인과 남인을 막론하고 재야의 사대부들은 반정의 성공을 '하늘이 동방을 도우신 것(天佑大東)' 운운하면서 경하해 마지않았다. 하지만 반정을 통해 기대했던 변화와 개혁의 전망이 불투명하고 그 범위나 속도가 기대에 미치지 못할 때, 반정공신들이 '똑같은' 모습을 보일 때 그들의 실망은 클 수밖에 없었다.

실망이 커지면서 민심은 불안해지고 그를 틈타 반란 기도와 역모 사건이 꼬리를 물고 일어났다. 1624년 '이괄의 난'이 일어난 이래 1627년 '이인거의 역모 사건', 1628년 '유효립(柳孝立) 역모 사건', 1629년 '이충경(李忠慶)의 난' 등이 이어졌다. 유효립은 아예 인조를 몰아내고 광해군을 복위시키겠다고 공공연히 표방했다. 이충경 등이 지향했던 것은 훨씬 충격적이었다.

> 백성들은 15세에 군역을 시작하여 50세에 끝낸다. 천인을 해방시켜 양인을 만들고 …… 간신의 자식들은 향리로 만든다. 백성들의 피를 빨아먹는 어지럽고 포학한 정치를 끝장낸다.

이충경 일당이 내걸었던 슬로건 내용의 일부다. 더 흥미로운 것은 위의 내용이 이충경 등이 만든 『개국대전(改國大典)』이라는 새로운 개혁안에 들어 있다는 점이다. 『경국대전(經國大典)』이 상징하는 당시 조선의 체제를 '백성들의 피를 빨아먹는 포학한 정치'로 규정한 이들은 전혀 새로운 사회를 꿈꾸었던 것이다. 그것도 반정을 통해 '새로운 사회'를 건설한다고 표방했던 인조 대에 말이다.

요컨대 인조 정권이 반정공신들의 비리와 그에 따른 내분 때문에 발목이 잡혀 있을 때 기층 사회는 근본적인 개혁을 요구하고 있었다.

광해군의 최후

> 하늘이여, 하늘이여, 내게 무슨 죄가 있길래 어쩌면 이다지도 한결같

이 혹독한 형벌을 내린단 말인가? 차라리 신발을 벗어버리듯 인간 세상을 벗어나 팔을 내저으며 멀리 떠나 바닷가에서나 살며 여생을 마치고 싶노라.

1618년 10월 4일, 광해군이 독백처럼 뱉었던 말이다. '말이 씨가 된다'고 했던가? 인목대비를 폐위시키라고 요구하는 대북파 신료들의 끈질긴 요청에 진저리치면서 했던 그의 말대로 광해군은 바닷가에서 생을 마감한다.

광해군은 폐위된 직후 몇 번의 죽을 고비를 넘겼다. 그에게 원한을 품고 있던 인목대비가 끝까지 죽이려고 했기 때문이다. 인목대비는 반정이 성공한 직후 명에 보내는 보고서에 "광해군을 처단하게 허락해달라"는 내용을 집어넣으라고 고집했다. 하지만 "폐위되었지만 임금을 죽일 수는 없다"는 인조와 신료들의 결사적인 방어 덕택에 목숨은 부지할 수 있었다.

광해군은 반정 직후 부인 유 씨, 세자 자리에서 폐위된 아들 부부와 함께 강화도로 유배되었다. 겨우 목숨을 부지하고 혈육과의 생활이 보장되었지만 그는 곧 또 다른 슬픔과 충격을 맞는다. 강화로 옮긴 지 얼마 안 되어 부인과 아들 부부가 세상을 떠난 것이다. 폐세자는 연금된 집 마당에 땅굴을 파고 탈출을 시도했다. 하지만 천신만고 끝에 완성한 땅굴을 통해 밖으로 나오자마자 발각되었고, 곧이어 인조의 명으로 자진(自盡)해야 했다.

번복 많은 세상일 파란 같으니

시름 근심 부질없어 마음 한가해
이십육 년 참으로 한바탕 꿈이니
기꺼이 흰 구름 사이로 돌아가리라

폐세자가 강화도로 유배될 때 나룻배 위에서 지었다는 시다. 왕위에 올라보지도 못하고 나락으로 떨어진 절망이 체념을 거쳐 달관으로 변하는 듯했지만, 그 역시 미련을 떨쳐버릴 수는 없었던 모양이다. 그래서 절망적인 국면을 바꿔보려는 최후의 도박을 시도했다가 그것마저 실패하고 말았던 것이다.

폐세자빈의 죽음 역시 애처롭다. 그녀는 남편의 탈출을 돕기 위해 나무에 올라 망을 보다가 남편이 붙들리는 모습을 보고 바로 추락했다. 마지막 기대마저 무너져버린 충격 때문에 정신을 잃었던 것일까? 이윽고 그녀는 식음을 전폐하고 누웠다가 스스로 목을 매 목숨을 끊는다. 1623년 10월에는 광해군의 부인마저 세상을 떠났다. 이제 광해군에게 남은 혈육은 딸 하나뿐이었다. 아들과 며느리, 부인의 연이은 죽음에 충격을 받았는지 광해군은 몸져 누웠다.

혼자 남은 광해군은 1624년 '이괄의 난'이 일어나자 반란군들과 연결될 우려가 있다는 이유로 태안으로 옮겨졌다. 이괄이 반란을 일으킨 뒤부터 인조나 반정공신들이 보기에 광해군은 '눈엣가시'였을 것이다. 하지만 쉽사리 그를 '처리'해버릴 수는 없었다. 광해군이 영창대군을 죽였다는 것을 반정의 명분으로 내세운 그들이었기에, 그렇게까지 할 수는 없었을 것이다.

광해군은 '이괄의 난'이 진압되자 다시 강화도로 돌아왔다. 유배된 이후 그가 무슨 생각을 하며 지냈는지는 정확히 알 수 없다. 하지만 권력에 대한 미련은 쉽사리 뿌리칠 수 없었던 것일까? 1628년(인조 6) 허유(許逌), 유효립 등이 반란을 꾀했을 때 "광해군을 일단 복위시킨 뒤 인성군에게 왕위를 물려주게 하고 상왕으로 추대한다"는 등의 이야기가 나온다.

관련자들을 심문했던 공초 내용을 보면 당시 광해군도 어쨌든 '움직였던' 것은 분명해 보인다. 1627년 겨울, 유효립이 몇 차례 강화도로 사람을 보내 광해군 측근들과 연락했다는 것이다. 유효립은 광해군의 첫째 처남인 유희견(柳希鏗)의 아들이다. 유효립 등이 체포되자 금부도사가 강화도로 들이닥쳤다. 광해군 주변의 나인들을 잡아가기 위해서였다. 『인조실록』에는 금부도사가 왔을 때 광해군은 문을 막아서서 통곡했다고 나온다. 체포 과정에서 나인 한 사람은 칼을 빼 스스로 목숨을 끊고, 애영(愛英)이라는 나인 역시 칼로 찔렀지만 미수에 그쳤다고 한다.

1634년(인조 12)에도 그와 연결하려는 '움직임'이 있다는 이유로 광해군을 다른 곳으로 옮겨야 한다는 주장이 나왔다. 더욱이 당시는 후금과의 긴장이 높아져가던 시점이라 서울과 가까운 곳에 그를 내버려두면 안 된다는 주장들이 힘을 얻고 있었다. 이윽고 병자호란이 일어났던 1636년 광해군은 교동(喬桐)으로 옮겨졌다. 이듬해인 1637년에는 다시 제주도로 옮겼다. 인조가 남한산성에서 나와 청 태종에게 항복했던 바로 그해였다. 후금과 사단을 만들지 않으려고 애썼던 광해군인 만큼, 인조나 서인들의 입장에서는 그가 자신들과 가까이에 있는 것이 부담스러울 수밖에 없었을 것이다.

바람 불어 빗발 날릴 제 성 앞을 지나니

장독 기운 백 척 누각에 자욱하게 이는구나
창해의 성난 파도 저녁에 들이치고
푸른 산의 슬픈 빛은 가을 기운 띠고 있네
가고픈 마음에 봄 풀을 실컷 보았고
나그네 꿈은 제주에서 자주 깨었네
서울의 친지는 생사 소식조차 끊어지고
안개 낀 강 위의 외로운 배에 누웠네

제주도에 유배되어 있을 때 광해군이 읊었다는 시다. 왕위에 있던 옛 시절에 대한 그리움이 절절하다. 『인조실록』은 이 시를 보고 식자들이 슬픔에 젖었다고 적어놓았다.

폐위된 뒤 유배를 거듭하면서 광해군은 권력의 무상함을 절절히 느꼈을 것이다. 또 자신의 처절한 추락에 대해서도 실감했을 것이다. 『연려실기술』에 따르면 강화에서 태안으로 옮길 때 그를 호송한 별장들은 자신들이 윗방에 들고 광해군을 아랫방에 머물게 하는 모욕을 주었다고 한다. 제주도에서는 심부름하는 계집종에게도 면박을 받았다고 한다.

그런 와중에도 모진 것이 목숨이라 했던가? 광해군은 폐위된 이후에도 19년을 더 살았다. 그가 왕위에 있었던 세월보다 더 길었던 셈이다. 그는 1641년(인조 19) 7월 1일 제주도의 유배지에서 눈을 감았다. 그의 부음을 듣고 제주목사 이시방(李時昉)이 들어갔을 때는 계집종이 혼자 염을 하고 있었다고 한다. 한때는 왕이었지만 죽을 당시의 그의 처지는 여염 사람의 그것보다 나을 것이 없었다.

인조는 애도의 표시로 조정을 3일간 정지하라고 명했다. 이윽고 신료들 사이에서는 쫓겨난 옛 임금을 위해 어떤 상례를 베풀어야 하는가를 놓고 격론이 벌어졌다. 예조판서 이현영(李顯英)은 "광해가 쫓겨나긴 했지만 그 상례는 다른 종실들과는 달라야 한다"고 지적했다. 또 "광해가 윤기(倫紀)에 죄를 얻긴 했지만 관 뚜껑을 덮은 뒤에는 눈물이 날 수밖에 없다"고 했다. 이어 인조에게 궁궐 내에서나마 조의를 표하라고 건의하고 신료들도 상복을 입고 곡을 해야 한다고 했다.

하지만 반정공신 출신인 좌의정 신경진은 당장 제동을 걸었다. 그는 "신민들에게 죄를 지은 광해군에게 수의와 관을 마련해주는 것만으로도 과분하다"고 했다. 이귀의 아들인 이시백은 더 강경했다. 그는 이현영의 발언을 반정의 '정당성'을 부정하는 것이라고 몰아쳤고, 그를 잡아들여 국문해야 한다고 목소리를 높였다.

이현영의 발언을 계기로 논란은 계속되었다. 하지만 분명한 것이 하나 있었다. 광해군의 죽음이 식자들의 눈물샘을 자극하긴 했지만, 인조대의 조정에서는 아직 그를 위해 우는 것이 허용되지는 않았던 것이다.

광해군, 한반도, 그리고 오늘

광해군! 결과의 시각으로 보면 그는 분명 '패배자'였다. 왕위에 있으면서 아무리 탁월한 치적을 남겼다 하더라도 왕위를 빼앗긴 일차적 책임은 분명 그 자신에게 있을 수밖에 없다. 광해군의 몰락은 왕권과 신권의 대결에서 왕권이 패배했음을 의미하는 것이기도 하다. 선조 즉위 이래 관행으로 이어져오던 붕당 정치의 흐름 속에서 붕당 사이의 갈등을 조정하고 이끄는 역할을 제대로 해내지 못한 귀결이었다.

임진왜란이라는 전시 상황을 맞아 왕세자로 책봉되었을 때부터 그의 비극적인 최후는 예비되고 있었는지도 모른다. 왕위 계승자로서의 정통성 결여 때문에, 또 이를 물고 늘어지는 세력들 때문에, 그는 늘 전전긍긍했다. 스스로 '시혜자'라 자처하면서 유형무형의 압력을 가했던 명나라 역시 버겁기는 마찬가지였다.

하지만 일찍이 없던 대전란을 겪은 뒤 왕위에 올랐던 그가 내정과 대외 정책에서 남긴 치적은 결코 만만한 것이 아니었다. 전쟁을 일선에서 직접 겪었고, 그것이 남긴 참상을 직접 보았으며, 또 분조를 이끌고 전란을 극복코자 노력했던 그는 국왕이 될 자격이 충분했다. 왕위에 오른 뒤 전란의 후유증을 수습하고 국가의 기반을 재건하기 위해 기울인 그의 노력은 각별했다. 정파 사이의 대립을 완화시키려고 노력했던 것, 대동법을 시행했던 것, 『동의보감』을 반포했던 것, 전란 중 불탄 여러 출판물들을 다시 찍어냈던 것, 사고를 다시 정비했던 것 등등 재위 중에 남긴 치적은 볼 만한 것이 많았다. 더욱이 대동법의 시행은 고난받는 하층 민중에 대한 지배층의 양보라고도 할 수 있었다.

왜란 중의 체험이 바탕이 된 그의 대외 정책은 분명 탁월하고 일관성이 있었다. 조선시대의 군주들 가운데 주변국의 동향과 정세를 파악하기 위해 노력했던 인물을 들라면 단연 그를 첫 손가락에 꼽아야 할 것이다. "설사 전쟁이 일어나도 사자(使者)는 그 사이에 있어야 한다"는 그의 지론은 주변국에 대한 끊임없는 정보 탐색 노력과 맞물려 그가 펼친 대외 정책의 기반이 되었다. 후금을 다독이고 명나라를 주물렀던 그의 외교 역량은 바로 주변국을 알기 위해 기울였던 노력을 통해 길러졌다. 미국을 비롯한 열강의 입김에 휘둘려 중심을 잃고 끌려 다녔던 한국 현대사 속의 외교와 비교하면 그의 외교는 연구할 가치가 충분하다.

하지만 그의 외교는 내치에 의해 뒷받침되지 못한 한계가 있었다. '왕권을 강화해야 한다'는 강박관념은 정치적 반대파들에게 빌미를 줄 수 있는 무리한 정책을 낳았다. 궁궐 건설을 비롯한 왕권 강화를 위한 포석들은 내치를 헝클어뜨렸다. 더욱이 이이첨 등 대북파가 '토역 담당자'를 자임하고 그에게 '협조'하면서 상황은 악화되었다. 왕권 강화에 편승하여 정치적 입지를 굳히려던 대북파는 잠재적인 정적들까지 씨를 말리려 했고, 그 과정에서 '폐모살제'와 같은 무리수를 저지르고 말았다. 이미 성리학이 국학으로 정착되어가고 그것을 행동의 준칙으로 굳게 신봉하는 사대부들이 주도하던 조선왕조에서, 그와 대북파의 정책은 법가(法家)에 가까운 것으로 인식되었다. '정치의 담당자'이자 '관료 예비군'이었던 사대부 일반의 정서를 무시하고 그들을 포용하려는 노력을 기울이지 않은 채, 조도사로 상징되는 중앙 권력의 힘만으로 영건 사업 등을 몰아붙인 것은 사대부들의 긍지를 훼손했다. 그들은 정권에 등을 돌렸고, 이귀를 비롯한 정변을 꿈꾸던 서인들은 그 틈을 파고들었다.

광해군이 내정에서 좀 더 정치력을 발휘하여 신료들을 조정하는 데 성공했더라면 그의 비극적 말로는 피할 수 있었을 것이다. 하지만 역사에서 가정은 부질없는 것. 광해군과 그의 국왕으로서의 행적은 임진왜란이라는 대전란이 낳은 '시대적 산물'일 수밖에 없었다.

하지만 반정을 성공시켜 광해군을 쫓아낸 인조와 반정 세력들 또한 광해군의 한계를 뛰어넘지 못했다. 그것이 바로 17세기 초반 우리 역사의 비극이었다. 광해군의 '폐모살제'를 비판했지만, 인조 역시 자신의 혈육을 보호하지 못했다. 대북파의 탐학과 비리를 소리 높여 성토했지만

삼전도비(三田渡碑)

1637년 인조가 남한산성에서 나와 청 태종에게 항복한 뒤 세운 것으로 대청황제공덕비(大淸皇帝功德碑)라고 적혀 있다. 사진은 일제시대 조선사편수회가 만든 『조선사』에 실린 화보다. 일본인이 찍은 만주족 송덕비! '북쪽의 오랑캐와 남쪽의 왜구(北虜南倭)' 사이에서 분투해왔던 선조들의 모습이 눈에 밟힌다. 여전히 열강의 입감 속에 살고 있는 우리가 새겨 보아야 할 상징물이기도 하다.

반정공신들 역시 똑같은 과오를 저질렀다. 광해군 시대를 '파괴'하는 데는 성공했지만 더 높은 차원으로 새로운 시대를 '건설'해내지는 못했다. 광해군의 대후금 정책을 비판했지만 인조와 반정공신들 역시 기본적으로는 그 정책을 답습했다. 더욱이 일관성 없이 척화와 주화를 반복하다가 더 큰 비극을 불렀다. 정묘호란과 병자호란이 바로 그것이었다.

광해군이 왕으로 있던 17세기 초반의 한반도와 오늘의 한반도는 무엇이 다르고 무엇이 같은가? 달라진 것은 별로 없다. 17세기 초반, 임진왜란이 남긴 민생의 파탄을 재건하는 문제가 심각했다면 오늘은 IMF가 남긴 상처가 만만치 않다. 명청 교체가 기존의 제국 명과 떠오르는 제국 청의 대결에서 비롯된 것이라면 '세계화'니 '신자유주의' 운운하는 것은 결국 사회주의 붕괴 이후 미국 중심의 새로운 제국 질서를 구축하는 과정에서 강요되는 담론들일 것이다.

오늘 한반도 주변엔 중국이 그대로 있고, 일본이 여전하다. 뿐만 아니라 세계 최강 미국의 입김이 무시무시하다. 그나마 한반도는 갈라져 있다. 민족의 숙원인 통일을 이룩하는 과정에도, 통일을 이룩한 이후의 과정에도 한반도는 기본적으로 외세의 영향력으로부터 자유로울 수 없다. 남북정상회담이 열리기 전부터 주변의 열강들은 정상회담에서 다뤄야 할 의제의 내용까지도 자신들의 입맛에 맞게 주문하지 않았던가? 한반도에 미치는 열강의 입김은 분명 우리의 통일을 어렵게 하고 있다.

그러면 어찌 해야 하나? 실현 가능성이 없어 보였던 남북정상회담을 이루어냈듯이 한반도의 장래를 '열강끼리의 흥정 대상'이 아닌 '우리 민족 내부의 문제'로 만들어야 한다. 남북 사이에 화해의 분위기가 무르익어가는 와중에도 미국과 중국의 패권 다툼을 우려하는 목소리가 높다. 하지만 미국과 일본을 축으로 하는 해양 세력과 중국과 러시아를 축으로 하는 대륙 세력의 다툼에 우리가 끼어들면 안 된다. 중국과 미국의 대결이든, 중국과 일본의 대결이든, 우리가 어느 한 진영에 붙어야만 되는 상황을 맞는다면 우리는 불행해진다. 그것은 역사가 증명한다. 임진왜란, 명청 교체, 청일전쟁이 그러했으며 한국전쟁 역시 마찬가지다.

그런 측면에서 광해군의 외교적 행적 속에는 오늘의 우리가 배울 만한 교훈들이 적지 않다. 우선 명과 후금의 실체를 있는 그대로 간파했던 광해군의 냉철함이다. 한국전쟁을 치르고 냉전 시대를 거치면서 많은 한국인들에게 미국은 '은인'이자 '우방'으로 인식되어왔다. 임진왜란이나 식민지 지배처럼 일본에 의해 불행한 역사를 강요당했던 우리는 중국에 대해서는 상대적으로 우호적으로 생각하는 경향이 강하다. 하지만 미국이나 중국에게 '우리에 대한 선의'를 기대하는 것은 어디까지나 희망사항일 뿐이다. 그들은 철저히 자신들의 국익과 세계 전략을 염두에 두고 행동한다는 사실을 잊지 말자.

다음으로 명과 후금의 동향을 파악하려고 노력했던 광해군의 자세다. 우리 역사엔 친중파, 친일파, 친미파가 무수히 많았지만 중국, 일본, 미국을 제대로 아는 사람은 드물었다. 주변 국가의 동향을 민감하게 살피고 연구하여 그를 바탕으로 대응 전략을 마련하는 것이 절실하다.

마지막으로 유연한 외교를 통해 얻어진 '평화의 시간' 동안 자강책을 마련하려 했던 광해군의 자세다. 오늘의 우리 역시 주변 열강과 원만한 관계를 유지하되, 그 원만한 관계를 바탕으로 얻어지는 시간 동안 능력을 길러야 한다. 민주주의가 꽃피고 인간의 존엄성이 확실히 보장되는 나라, 그리고 경제적 실력, 문화적 역량, 군사적 잠재력 등에서 주변 열강이 결코 무시할 수 없는 '그럴듯한 나라'가 되어야 하지 않을까? 377년 전 '탁월한 외교정책을 펼친 군주' 광해군에게서 가장 확실히 배워야 할 점은 바로 그것이다.

연표

광해군과 그의 시대

	조선	중국	일본	세계
1563		척계광, 왜구 진압		
1565				스페인, 필리핀 점령
1567	선조 즉위		포르투갈 선박, 나가사키 내항	
1568		장거정(張居正), 권력 장악	오다 노부나가 입경	네덜란드 독립전쟁 발발
1570	퇴계 이황 사망	『서유기』 지음		
1571				레판토해전
1572	남명 조식 사망	신종황제 즉위		
1573	이이, 향약을 논함		무로마치 막부 멸망	
1574				무굴제국, 벵골 정복
1575	광해군 출생 동서분당 『성학집요』 지음	스페인인 광동 상륙	나가시노전투	
1576	정인홍 지평 임명		오다 노부나가 집권	
1578		포르투갈인에게 광동 무역 허용		러시아 동진(東進) 시작
1581	이이, 공안 개정 건의	일조편법 전국 시행		네덜란드 독립 선언
1582		마테오 리치 입국	오다 노부나가 암살당함	그레고리우스력 사용
1583	니탕개(尼湯介)의 난 진압	누르하치 거병		
1584	율곡 이이 사망			
1585	여진족, 함경도 침입		도요토미 히데요시 정권 장악	
1586				영국, 미국에서 감자와 담배 전래

1587	왜구, 전라도에 침입	마테오 리치, 남경에 거주	도요토미 히데요시, 기독교 금지령	
1588		누르하치, 건주여진 통일		영국 함대, 스페인 무적함대 격파
1589	기축옥사 발생	명, 누르하치를 건주위 도독첨사에 임명		프랑스 부르봉 왕조 성립
1590	황윤길·김성일, 통신사로 일본 파견		도요토미 히데요시 전국통일	
1591	정철, 건저의 사건으로 실각			
1592	임진왜란 발생 광해군 왕세자 즉위 명군, 조선에 참전 선조, 의주로 피난 광해군 분조 활동 시작	영하(寧夏)에서 반란 발발 명 경략 송응창 파견 누르하치, 조선에 원병 파견 제의	도요토미 히데요시 조선 침략	앙리 4세, 가톨릭으로 개종
1593	조명 연합군, 평양전투 승리 벽제전투 패전 권율, 행주대첩	명, 조선에 대해 강화 수용할 것을 강요 누르하치, 건주여진을 지배하고 송화강 유역까지 진출		터키, 신성로마제국과 전쟁
1594	훈련도감 설치 은이나 군량을 납부하는 자에게 면천, 면역 혜택	명에서 일본과의 화의 여부를 놓고 논쟁	도요토미 히데요시, 후시미성에 들어감	
1596	의병장 김덕령 옥사 광해군, 충청도에서 무군사 이끌고 활동 송유진의 난 발발	명과 일본의 강화 협상 실패		셰익스피어, 『한여름밤의 꿈』 출간 영국과 프랑스, 네덜란드 독립을 인정
1597	정유재란 발생 이순신 명량해전 승리	명, 조선에 다시 대규모 원병 파견	나가사키에서 천주교도 순교	

1598	이순신 노량해전에서 순국 왜란 종료 명 상인들, 종로에 난전 설치	이여송 사망	도요토미 히데요시 사망	앙리 4세 낭트칙령 반포
1599	북인, 대북과 소북으로 분열	여진, 만주문자 창제		
1600	선조, 명군 환송 때문에 계속 명군 장수들 접견		세키가하라의 전투	영국 동인도회사 창립
1601	대마도, 국교 회복을 요청하는 사절 파견			
1602	정인홍, 대사헌에 임명 선조, 인목대비와 재혼	마테오 리치, 『곤여만국전도』 간행		
1603	이광정, 유럽 지도를 전래	마닐라에서 화교 학살 누르하치, 홍경노성 건설	에도 막부 시작	스튜어트 왕조 성립
1604				프랑스 동인도회사 성립
1605	누르하치, 국서를 보내옴			세르반테스 『돈키호테』 출간
1606	관학 유생 등이 오현의 문묘종사 청함			
1607			도쿠가와 이에야스, 조선과 국교 회복	
1608	선조 사망, 광해군 즉위 대동법 실시 유영경 사사, 임해군 유배 명사, 광해군의 왕위 계승 과정 조사하러 입국	타타르, 소주(蘇州)에 침입		
1609	일본과 기유약조(己酉約條) 체결, 통상 재개		네덜란드, 히라노에 상관(商館) 개설	갈릴레이, 천체망원경 발명
1610	호패법 실시 여부를 놓고 논란 발생 『동의보감』 완성		도쿠가와 막부, 멕시코에 사신 파견	
1611	정인홍, 이언적과 이황 비판	동림당과 다른 당파의 당쟁 격화		

1612		동림당의 영수 고헌성 사망	도쿠가와 막부, 기독교 금령 반포	
1613	계축옥사 발생 김제남 사사 폐모 논의 시작		영국 선박에게 통상 허용	러시아 로마노프 왕조 성립
1614	최명길 삭탈관작 적성산 사고 건립	누르하치, 만주팔기 제도 완성		프랑스, 삼부회 소집
1615	경상도 유생들, 조식의 문묘종사를 청함 이원익 유배		도요토미 히데요시 가문 멸망	
1616	조식을 모신 백운서원에 사액 누르하치의 침략 소문에 도성민들 동요	누르하치, 후금 건국 명, 예수회 선교사 추방		갈릴레이, 지동설 때문에 종교재판 받음
1617	곽재우 사망 영건도감(營建都監) 설치 광해군, 후금 정세 탐지 지시	『금병매』 출간		
1618	광해군, 명의 원병 요청 거부 광해군과 비변사, 파병 여부를 놓고 논쟁	누르하치, 명에 선전포고하고 무순(撫順) 점령 명, 후금을 치기 위해 양호(楊鎬)를 총사령관으로 임명	나가사키의 무역 체제 정비	30년전쟁 시작
1619	강홍립의 조선군, 심하 전투에서 패전 서광계의 '조선감호론'이 알려짐	명군, 살리호투에서 누르하치에 대패		
1620		희종황제 즉위		메이플라워호, 미국에 도착
1621	명이 다시 원군 요구 모문룡, 조선에 들어옴 누르하치 진영에 정충신 파견			네덜란드 서인도회사 창립
1622	모문룡, 가도로 들어감	후금, 광녕 점령 백련교도의 난 발생		
1623	인조반정 발생, 광해군 폐위		영국, 히라노에 상관 설치	
1624	이괄의 난 발생	네덜란드, 대만 점령	스페인 선박 내항 금지	

1626		원숭환이 영원성에서 누르하치군 격파		
1627	정묘호란 발발	숭정제 즉위		
1628	네덜란드인 벨테브레, 조선에 도착	원숭환, 모문룡을 처형		영국 찰스 1세, 권리청원 승인
1633	후금, 조선에 국서를 보내 선박을 요구	공유덕(孔有德), 반란 이후 후금으로 망명 후금, 여순 점령		
1634				영국, 북아메리카에 메릴랜드 식민지 건설
1635			외국 선박의 정박을 나가사키로 제한	
1636	병자호란 발발	후금, 국호를 청(清)으로 고치고 황제를 칭함		하버드대학 창설
1637	인조, 청 태종에게 항복 광해군, 제주도로 유배	송응성의 『천공개물(天工開物)』 간행		
1639			쇄국령 반포	
1641	광해군 사망			네덜란드, 말래카를 포르투갈에게서 탈취
1644		명 멸망		

참고문헌

조선 측 사료

『조선왕조실록』

『비변사등록』

『승정원일기』

『국조인물고』

『대동야승』

『연려실기술』

『패림』

『당의통략』

『사대문궤』

『소무영사공신녹훈도감의궤(昭武寧社功臣錄勳都監儀軌)』

『영접도감도청의궤(迎接都監都廳儀軌』

『영접도감사제청의궤(迎接都監賜祭廳儀軌)』

『화기도감의궤(火器都監儀軌)』

『조선영접도감낭청의궤(朝鮮迎接都監郎廳儀軌)』

『충렬록』 등을 비롯한 각종 개인 문집류

중국 측 사료

『명실록(明實錄)』

『명사(明史)』

『청실록(淸實錄)』

『국각(國榷)』

『만력저초(萬曆邸鈔)』

『만문노당(滿文老檔)』

『명청사료휘편(明淸史料彙編)』

『동사서(東事書)』

『경략복국요편(經略復國要編)』

『변사소기(邊事小記)』

『석은원장고(石隱園藏稿)』 등을 비롯한 각종 문집류

필자의 논저

『임진왜란과 한중관계』, 역사비평사, 1999.

『정묘·병자호란과 동아시아』, 푸른역사, 2009.

『병자호란: 역사평설』 1·2, 푸른역사, 2013.

「광해군대의 대북 세력과 정국의 동향」, 『한국사론』 20, 1988.

「17세기 초 은의 유통과 그 영향」, 『규장각』 15, 1992.

「유몽인의 경세론 연구」, 『한국학보』 67, 1992.

「광해군대의 대(對)중국 관계」, 『진단학보』 79, 1995.

「한효순의 생애와 저술에 대하여」, 『신기비결 진설 당초기(神器秘訣 陣說 當初

記)』 해제, 일조각, 1995.
「17세기 초 명사의 서울 방문 연구」, 『서울학연구』 8, 서울시립대 서울학연구소, 1997.
「17세기 초 인조반정과 조명관계」, 『동양학』 27, 단국대 동양학연구소, 1997.
「임진왜란 시기 명군 참전의 사회·문화적 영향」, 『군사』 35, 국방군사연구소, 1997.
「정유재란기 명 수군의 참전과 조명연합작전」, 『군사』 38, 국방사무연구소, 1999.
「중개무역의 성행」, 『한국사』 30, 국사편찬위원회, 1998.
「폭군인가 현군인가—광해군 다시 읽기」, 『역사비평』 44호, 역사비평사, 1998.
「임진왜란 시기 '재조지은(再造之恩)'의 형성과 그 의미」, 『동양학』 29, 단국대 동양학연구소, 1999.

단행본 논저

고영진, 『조선중기 예학사상사』, 한길사, 1995.
김정기, 『1876~1894년 청의 조선 정책 연구』, 서울대 대학원 국사학과 박사학위논문, 1994.
김 호, 『허준의 동의보감 연구』, 일지사, 2000.
김종원, 『근세동아시아관계사연구』, 혜안, 1999.
김태준 지음, 박희병 교주(校注), 『증보조선소설사』, 한길사, 1990.
박광용, 『영조와 정조의 나라』, 푸른역사, 1998.
서인한, 『임진왜란사』, 국방부 전사편찬위원회, 1987.
신병주, 『남명학파와 화담학파 연구』, 일지사, 2000.

유봉학, 『연암일파 북학사상 연구』, 일지사, 1995.

윤남한, 『조선시대의 양명학 연구』, 집문당, 1982.

이성무 외, 『조선 후기 당쟁의 종합적 검토』, 한국정신문화연구원, 1992.

이이화, 『조선 후기의 정치사상과 사회 변동』, 한길사, 1994.

이태진, 『조선 후기의 정치와 군영제 변천』, 한국연구원, 1985.

이태진, 『한국사회사 연구』, 지식산업사, 1986.

임철호, 『설화와 민중의 역사의식』, 집문당, 1989.

임형택 편역, 『이조시대서사시』 상, 창작과 비평사, 1992.

전해종 외, 『중국의 천하사상』, 민음사, 1988.

전해종, 『한중관계사연구』, 일조각, 1970.

정병철, 『명말청초의 화북사회연구』, 서울대 대학원 동양사학과 박사학위논문, 1996.

정옥자, 『조선 후기 문화운동사』, 일조각, 1988.

정옥자, 『조선 후기 조선중화사상연구』, 일지사, 1998.

최소자, 『명청시대 중·한관계사 연구』, 이화여대 출판부, 1997.

최영희, 『임진왜란 중의 사회 동태』, 한국연구원, 1975.

한영우, 『정도전 사상의 연구』, 지식산업사, 1983.

한영우, 『조선 전기 사회사상 연구』, 지식산업사, 1983.

허선도, 『조선시대 화약병기사 연구』, 일조각, 1994.

홍순민, 『우리 궁궐 이야기』, 청년사, 1999.

旗田巍 지음, 이기동 옮김, 『일본인의 한국관』, 일조각, 1983.

洪學智 지음, 홍인표 옮김, 『중국이 본 한국전쟁』 (原則: 『抗美援朝戰爭回憶』, 解放軍文藝出版社 刊), 고려원, 1992.

稲葉岩吉, 『光海君時代の滿鮮關係』, 大阪屋號書店, 1933.

稲葉岩吉,『新東亞建設と史觀』,東京: 千倉書房, 1939.

百瀬弘,『明清社會經濟史硏究』,東京: 硏文出版, 1980.

傅衣凌 主編,『明史新編』,北京: 人民出版社, 1993.

北島万次,『豊臣秀吉の對外認識と朝鮮侵略』,東京: 校倉書房, 1990.

寺田隆信,『山西商人の硏究』,京都大 東洋史硏究會, 1972.

三田村泰助,『明と清』,東京: 河出書房新社, 1990.

楊昭全·韓俊光,『中朝關係簡史』,遼寧民族出版社, 1992.

陸戰史硏究普及會 編,『明と清の決戰』,東京: 原書房, 1972.

李光濤,『朝鮮「壬辰倭禍」硏究』,臺北: 中央硏究院歷史語言硏究所, 1972.

張晉藩·郭成康,『清入關前國家法律制度史』,濟陽: 遼寧人民出版社, 1988.

田中建夫 編,『前近代日本と東アシア』,東京: 吉川弘文館, 1995.

田川孝三,『毛文龍と朝鮮との關係について』,青丘說叢 三, 1932.

鄭樑生,『明·日關係の硏究』,雄山閣, 1984.

中村榮孝,『日鮮關係史の硏究』,東京: 吉川弘文館, 1965.

何寶善·韓啓華 外,『萬曆皇帝朱翊鈞』,北京: 燕山出版社, 1990.

논문

구덕회,「선조대 후반(1594~1608) 정치 체제의 재편과 정국의 동향」,『한국사론』 20, 1988.

김두현,「청조 정권의 성립과 전개」,『강좌 중국사』Ⅳ, 지식산업사, 1989.

김항수,「16세기 사림의 성리학 이해」,『한국사론』 7집, 1981.

남도영,「임진왜란시 광해군의 활동 연구」,『국사관논총』 9, 1989.

박원호,「15세기 동아시아 정세」,『한국사』 22, 국사편찬위원회, 1995.

손종성, 「임진왜란시 대명외교 — 청병외교를 중심으로」, 『국사관논총』 14, 1990.
송재선, 「16세기 면포의 화폐 기능」, 『변태섭박사화갑기념사학논총』, 1985.
신석호, 「조선왕조 개국 당시의 대명관계」, 『국사상의 제문제』 1, 1959.
오금성, 「명말 청초의 사회 변화」, 『강좌 중국사』 IV, 지식산업사, 1989.
오수창, 「인조대 정치 세력의 동향」, 『한국사론』 13, 1986.
유구상, 「임란시 명병의 내원고(來援考)」, 『사총』 20, 1976.
유승주, 「왜란 후 명군의 유병안(留兵案)과 철병안(撤兵案)」, 『천관우선생환력기념논총』, 1985.
이병도, 「광해군의 대후금 정책」, 『국사상의 제문제』 1, 1959.
이장희, 「임진왜란 중 민간 반란에 대하여」, 『향토 서울』 32, 1968.
이태진, 「정묘호란 후의 친명배금 정책」, 『조선 후기의 정치와 군영제 변천』, 1985.
이태진, 「강화도 외규장각 유지(遺地) 조사기」, 『규장각』 14, 1991.
이현종, 「명사접대고」, 『향토 서울』 12, 1961.
이현종, 「임진왜란시 류구(琉球) 동남아인의 내원(來援)」, 『일본학보』 2, 1974.
장지연, 「광해군대 궁궐 영건」, 『한국학보』 86, 1997.
전해종, 「가도(椵島)의 명칭에 대한 소고」, 『한중관계사연구』, 1959.
전해종, 「호란 후의 대청관계」, 『한국사』 12, 국사편찬위원회, 1978.
정만조, 「17~18세기 서원·사우에 대한 시론」, 『한국사론』 2, 1975.
정옥자, 「병자호란시 언관의 위상과 활동」, 『한국문화』 12, 1991.
정태민, 「임진란 중의 농민봉기」, 『신천지』 3-10, 1948.
조영록, 「선초의 조선 출신 명사고(明使考)」, 『국사관논총』 14, 1990.
최소자, 「호란과 조선의 대명청 관계의 변천」, 『이대사원』 12, 1975.

최소자, 「임진란시 명의 파병에 대한 논고」, 『동양사학연구』 11, 1977.
최영희, 「임진왜란 중의 대명사대(對明事大)에 대하여」, 『사학연구』 18, 1964.
한상권, 「16세기 대(對)중국 사무역의 전개」, 『김철준박사화갑기념사학논총』, 1983.
한영우, 「이수광의 학문과 사상」, 『한국문화』 13, 1992.
홍희, 「폐주광해군론」, 『청구학총』 20, 1935.
William S. Atwell, "International bullion flows and the Chinese economy-circa 1530~1650", 『Past and Present』 Vol. 95, 1982.
岡野昌子, 「秀吉の朝鮮侵略と中國」, 『中山八郎教授頌壽記念明清史論叢』, 1977.
孟森, 「皇明遺民傳序」, 『明清史論著集刊』, 世界書局, 1980.
山内弘一, 「李明初期における對明自尊の意識」, 『朝鮮學報』 92집, 1979.
石原道博, 「萬曆東征論」, 『朝鮮學報』 21, 22합집, 1961.
佐島顯子, 「壬辰倭亂講和の破綻をめぐつて」, 『年譜 朝鮮學』, 九州大朝鮮學研究會, 1994.
田中隆二, 「兼山 洪熹의 생애와 활동 — 일제하 대일협력자의 한 사례」, 『韓日關係史研究』 5집, 한일관계사연구회, 1996.
黃仁宇, 「1619年的遼東戰役」, 『明史研究論叢』 5輯, 江西古籍出版社, 1991.

※ 이 책에서 필자가 서술한 내용은 철저하게 사료와 기존의 연구성과에 토대를 두고 있다. 물론 필자의 추측이나 상상에 입각한 표현이 없지는 않지만, 그것들 역시 어떤 형태로든 자료에 근거를 두고 덧붙여진 것임을 밝힌다.